国家卫生健康委员会"十四五"规划教材

全国高等职业教育专科教材

U0618816

供护理、助产专业用

信息技术与
文献检索

第2版

主　编　胡树煜　崔金梅

副主编　钮　靖　张会丽　刘　楠

编　者　（以姓氏笔画为序）

刘　楠（通化医药健康职业学院）　　张会丽（临汾职业技术学院）

杨燕梅（新疆医科大学）　　　　　　胡树煜（锦州医科大学）

何　婷（济南护理职业学院）　　　　钮　靖（南阳医学高等专科学校）

何署芳（赣南卫生健康职业学院）　　耿　彧（锦州医科大学）

汪　颖（黑龙江护理高等专科学校）　徐红梅（重庆医药高等专科学校）

张　杰（沧州医学高等专科学校）　　崔金梅（山西医科大学汾阳学院）

新形态教材

人民卫生出版社

·北　京·

图书在版编目（CIP）数据

信息技术与文献检索 / 胡树煜，崔金梅主编.
2版. -- 北京：人民卫生出版社，2025.6. --（高等
职业教育专科护理类专业教材）. -- ISBN 978-7-117-
37614-3

Ⅰ. G254.9

中国国家版本馆 CIP 数据核字第 20259EX650 号

人卫智网	**www.ipmph.com**	医学教育、学术、考试、健康， 购书智慧智能综合服务平台
人卫官网	**www.pmph.com**	人卫官方资讯发布平台

信息技术与文献检索

Xinxi Jishu yu Wenxian Jiansuo

第 2 版

主　　编：胡树煜　崔金梅
出版发行：人民卫生出版社（中继线 010-59780011）
地　　址：北京市朝阳区潘家园南里 19 号
邮　　编：100021
E - mail：pmph @ pmph.com
购书热线：010-59787592　010-59787584　010-65264830
印　　刷：人卫印务（北京）有限公司
经　　销：新华书店
开　　本：850×1168　1/16　印张：17
字　　数：480 千字
版　　次：2019 年 1 月第 1 版　2025 年 6 月第 2 版
印　　次：2025 年 7 月第 1 次印刷
标准书号：ISBN 978-7-117-37614-3
定　　价：59.00 元
打击盗版举报电话：**010-59787491**　E-mail：WQ @ pmph.com
质量问题联系电话：010-59787234　E-mail：zhiliang @ pmph.com
数字融合服务电话：4001118166　E-mail：zengzhi @ pmph.com

高等职业教育专科护理类专业教材是由原卫生部教材办公室依据原国家教育委员会"面向21世纪高等教育教学内容和课程体系改革"课题研究成果规划并组织全国高等医药院校专家编写的"面向21世纪课程教材"。本套教材是我国高等职业教育专科护理类专业的第一套规划教材,于1999年出版后,分别于2005年、2012年和2017年进行了修订。

随着《国家职业教育改革实施方案》《关于深化现代职业教育体系建设改革的意见》《关于加快医学教育创新发展的指导意见》等文件的实施,我国卫生健康职业教育迈入高质量发展的新阶段。为更好地发挥教材作为新时代护理类专业技术技能人才培养的重要支撑作用,在全国卫生健康职业教育教学指导委员会指导下,经广泛调研启动了第五轮修订工作。

第五轮修订以习近平新时代中国特色社会主义思想为指导,全面落实党的二十大精神,紧紧围绕立德树人根本任务,以打造"培根铸魂、启智增慧"的精品教材为目标,满足服务健康中国和积极应对人口老龄化国家战略对高素质护理类专业技术技能人才的培养需求。本轮修订重点:

1. 强化全流程管理。 履行"尺寸教材、国之大者"职责,成立由行业、院校等参与的第五届教材建设评审委员会,在加强顶层设计的同时,积极协同和发挥多方面力量。严格执行人民卫生出版社关于医学教材修订编写的系列管理规定,加强编写人员资质审核,强化编写人员培训和编写全流程管理。

2. 秉承三基五性。 本轮修订秉承医学教材编写的优良传统,以专业教学标准等为依据,基于护理类专业学生需要掌握的基本理论、基本知识和基本技能精选素材,体现思想性、科学性、先进性、启发性和适用性,注重理论与实践相结合,适应"三教"改革的需要。各教材传承白求恩精神、红医精神、伟大抗疫精神等,弘扬"敬佑生命、救死扶伤、甘于奉献、大爱无疆"的崇高精神,契合以人的健康为中心的优质护理服务理念,强调团队合作和个性化服务,注重人文关怀。

3. 顺应数字化转型。 进入数字时代,国家大力推进教育数字化转型,探索智慧教育。近年来,医学技术飞速发展,包括电子病历、远程监护、智能医疗设备等的普及,护理在技术、理念、模式等方面发生了显著的变化。本轮修订整合优质数字资源,形成更多可听、可视、可练、可互动的数字资源,通过教学课件、思维导图、线上练习等引导学生主动学习和思考,提升护理类专业师生的数字化技能和数字素养。

第五轮教材全部为新形态教材,探索开发了活页式教材《助产综合实训》,供高等职业教育专科护理类专业选用。

胡树煜

教授

　　锦州医科大学健康管理现代产业学院副院长，硕士研究生导师。兼任全国高等院校人工智能与大数据创新联盟理事，全国高等院校计算机基础教育研究会医学专业委员会常务委员，辽宁省计算机学会理事，辽宁省线上线下混合式一流本科课程负责人，兴辽英才计划教学名师，辽宁省教学名师，锦绣英才 - 锦州高校名师。从事信息技术及计算机应用等领域教学科研工作 27 年。主持并完成省部级科研课题 8 项。发表学术论文 70 余篇。主编或副主编《计算机应用基础项目化教程》《大学计算机应用教程》《大学计算机应用实践教程》《卫生信息及大数据管理》等规划教材 16 部。

　　希望同学们坚定理想信念、志存高远、持之以恒、重视实践，树立终身学习理念，努力提高信息素养，勇担时代赋予的重任，做知识扎实、专业过硬、创新思维、全面发展的时代新人。

崔金梅

副教授

　　山西医科大学汾阳学院教学督导委员会委员。中国医院协会病案管理专业委员会委员、山西省计算机学会理事、山西省医院协会病案管理专业委员会常务委员。从事医学信息化、病案信息技术与医学数据挖掘等计算机医学应用的教学科研工作30年。发表论文10篇。主编或参编规划教材16部。主持并完成山西省教育厅高等学校教学改革创新项目3项，参与中华职业教育社重点子课题1项，主持并完成校级科研项目5项。获山西省教学成果奖（高等教育本科）二等奖1项，获中华职业教育社课题三等奖1项。

　　医学和教育信息化迅猛发展召唤着时代的弄潮儿。真诚地希望同学们勤奋学习，创新实践，努力提高信息素养和信息技能，做一个专业功底扎实，知识结构完善，擅于运用信息技术高效学习、合作、交流和解决问题的时代新人！

随着经济社会全面发展，信息技术已经全面融入生产和生活的各个领域，引领了社会生产发生新的变革，创造了人类生活的新空间，深刻地改变着全球的产业、经济、利益、安全等格局，已经成为人类生活不可缺少的核心部分。如何获取信息、处理信息、应用信息成为当今时代社会人才竞争的基本技能。

为提升学生应用信息技术解决问题的综合能力，实现信息的更大价值，增强信息意识，我们对第1版进行了修订。本次修订紧紧围绕立德树人根本任务，满足国家信息化发展战略对人才培养的要求，依据《高等职业教育专科英语、信息技术课程标准（2021年版）》（教职成厅函〔2021〕4号）要求进行编写。全书围绕高等职业教育专科各专业对信息技术学科核心素养的培养需求和高等职业院校的特点将相关知识和素材进行了融合，吸纳信息技术领域的前沿技术，有利于理实一体化教学。

本教材通过案例培养学生使用计算机解决问题的思维方式迁移运用到职业岗位与生活情境的相关问题解决过程中，提升计算思维。培养学生从信息化角度分析问题的解决路径，并将信息技术与所学专业相融合，通过创新思维、具体实践使问题得以解决。培养学生养成数字化学习与实践创新的习惯，开展自主学习、协同工作、知识分享与创新创业实践，形成可持续发展能力，促进数字化创新与发展能力。培养学生遵守相关法律法规、信守信息社会的道德与伦理准则、增强信息安全意识、理性判断和负责的行动，树立正确的信息社会价值观和责任感。

本教材编排新颖，内容翔实，图文并茂。全书紧扣专业发展脉络与前沿，采用现代化的信息手段，突出实用性、可读性、可操作性，涉及网址仅供参考。本书可作为高等职业院校医药卫生类专业学生信息技术与文献检索课程教材，也可供医学专业技术人员、教学与科研人员、图书情报人员研究参考。

教学大纲
（参考）

本书在编写过程中得到各位编者的真诚合作及其所在院校的大力支持，在此表示衷心的感谢！

由于编者学识水平有限，本书难免存在不足与疏漏之处，诚请广大师生和读者不吝指正，以便日后进一步修正和完善。

胡树煜　崔金梅

2025年6月

第一章 | 医学信息技术概述

教学课件

思维导图

信息时代,以计算机和网络技术为代表的信息技术已深入到我们日常生活、学习和工作的各个方面中。特别是近十年来,移动互联网、大数据和人工智能等信息技术迅速发展,在社会各领域中得到广泛的应用,日益改变着人们的思维方式,信息产业成为全球经济的主导产业,信息成为社会发展的重要资源,信息技术已成为衡量一个国家技术实力和综合国力的关键技术之一。

在医学领域,计算科学已从生理系统仿真建模、医院信息系统、数字医院、电子病历应用逐步发展到电子健康档案、移动医疗、智慧医疗,并在医学研究及临床实践中得到深入而广泛的应用,因此,掌握以计算机为核心的信息技术已成为新时代医学生必备的基本素质和技能。

第一节 信息与信息编码

一、信息的数字化

信息这个术语应用十分广泛,不同的学科会有不同的解释。从哲学的角度讲,信息与物质、能量共同构成了客观世界的三大基础资源,人类获取、积累并利用信息是认识和改造客观世界的必要过程。借助信息,人类才能获得知识、才能有效地组织各种社会活动。因此,信息是人类维持社会正常活动不可缺少的资源。信息论奠基人香农(Shannon)认为:"信息是用来消除随机不确定性的东西"。因此,信息只有通过计算机快速高效地处理才能最大限度地发挥作用,为人类所用。

现实世界中的信息需要用一定的形式表述出来才能被记载、传递和应用。人们使用一组符号及其组合对信息进行表达，通常称为数据。数据能表示信息，但同一数据可能有不同的解释，如：一般在人体体温检测中 37.3℃ 为发热的临界温度，当达到 38℃ 时被确定为发热病人；在几何学中 38° 表示锐角；而天气预报中的 38℃ 则表示天气炎热了。

信息与数据是密不可分的，数据是信息的载体，信息则是数据的内涵，是对数据的解释与应用。在计算机领域中，数据除了数值型数据外，还包含文字、语音、图形图像、视频等非数值型数据。同一信息可以有不同的数据表示方式，信息是抽象的，不随数据形式而改变。使用信息可以判断条件、估计某个问题是否已经发生、评估其他解决方案以及选择行动等。随着信息技术的高速发展，人们积累的数据量急剧增长，通过有效管理和处理数据，利用信息发现知识并为决策服务。

总之，数据是信息的源泉，信息是知识的基础，这些概念都是相对的。例如，当护士测量病人体温为 39℃ 时，这是需要挂急诊号的信息，也是临床医生处理该病人信息中的一个数据。又如，一张化验报告是化验室经过数据处理后获得的信息，也是临床医生分析疾病的数据。同样，在信息处理和知识挖掘的过程中，又将已经积累的许多知识视为数据。

信息处理离不开计算机，数字、符号、文字、图形、图像和音频、视频等各种信息已成为计算机处理的对象，那么这些信息是如何在计算机中存储和处理的呢？

信息的数字化是信息处理基础。所谓信息数字化是将复杂多变的信息转变为数字化数据，并将这些数字化数据转变为二进制代码，引入计算机内部，进行统一处理的过程。各种各样的信息在计算机都以"0"或"1"的数字形式被存储和处理，也就是进行二进制编码。

二、信息编码

编码与人们生产生活密切相关，学号、身份证号、邮政编码、商品条码、疾病代码等都是编码。

在计算机中，可用"1"和"0"两个数字来表达电压的高低、电流的有无、电容的充电放电、开关的接通断开、磁极的正负等。看似简单的"1"和"0"不仅要表达所有要计算的数据，而且表达计算以及控制规则。同时，也适合逻辑运算，即"1"表示逻辑代数的"真"，"0"表示"假"，实现数值量与逻辑量共存，便于用逻辑运算器件实现算术运算。

（一）信息的存储容量与单位

丰富多彩的计算机信息通过组合多个"0"和"1"的序列表示信息。如 01000010 可以表示一个信息，序列越长表示的信息越多，计算机所出现的信息均为"0"和"1"形成的序列。为了能有效地表示和存储不同形式的数据，人们使用了不同的数据单位。

1. **位**（bit，b）　计算机存储信息的最小单位，代表一个二进制数，由数字 0 或 1 组成。一个二进制位只能表示两种状态，要想表示更多的信息，就要把多个位组合起来作为一个整体，每增加一位，所能表示的信息量就增加一倍。例如，ASCII 码用 7 位二进制数组合编码，能表示 $2^7 = 128$ 个信息。

2. **字节**（byte，B）　计算机存储容量的基本单位。连续 8 个二进制位编为一组称为一个字节，即：1B=8b。通常，一个 ASCII 码占 1 个字节、一个汉字国标码占 2 个字节、整数占 2 个字节、实数用 4 个字节组成浮点形式等。但是随着计算机存储容量的不断扩大，用字节表示存储容量就显得太小，为此又出现了千字节（KB）、兆字节（MB）、吉字节（GB）、太字节（TB）、拍字节（PB）、艾字节（EB）等单位，它们之间的关系如下：

$$1KB = 2^{10}B = 1\,024B \qquad 1MB = 2^{20}B = 1\,024KB \qquad 1GB = 2^{30}B = 1\,024MB$$

$$1TB = 2^{40}B = 1\,024GB \qquad 1PB = 2^{50}B = 1\,024TB \qquad 1EB = 2^{60}B = 1\,024PB$$

3. **字**（word）　计算机一次存取、处理和传输的一组二进制数码的整体。一个字通常由若干字节构成，用来存放一条指令或一个数据。字长取决于计算机的内部结构，计算机型号不同，其字长也不同，一般为 8 的倍数。例如，字长为 32 位的计算机，一个字由 4 个字节组成，字长为 64 位的计算机，1 个字由 8 个字节组成。字长越长，一次处理的数字位数越大，运算越精确，速度越快。

在实际应用中,需要计算机处理的信息多种多样,包括各种进制的数据、不同语种的文字符号、各种图形图像和媒体信息等,无论是把信息送入计算机还是把结果呈现出来,基本上是以人们可接受的自然方式或者接近自然的方式进行,这些信息要在计算机中存储并表达,都需要完成"0"和"1"的数字化转换,即需要转换成二进制。

(二) 数值数据的表示

数值数据有大小和正负之分,无论多大或多小的数,在计算机内只能用"0"和"1"表示。在同一计算机内,数据的长度是固定统一的,以字节为单位,不足的部分用"0"填充,若数据超出预设字节长度,自动把超出的数位溢出丢弃。数在计算机中表达有两个关键点:符号问题和小数点问题。先把符号数字化,用"0"表示正号(+),"1"表示负号(−),计算机中 0 不分正负,只能是一个 0。

1. 带符号数 通常把二进制数的最高位定义为符号位,有符号的定点数可以用三种方法表示,即原码、反码、补码。所谓原码,就是一个二进制的最高位为符号位:0 表示正,1 表示负,其余位为数值位;正数的反码与原码相同,负数的反码是其原码逐位取反,即 0 变为 1,1 变为 0,但符号位 1 不变;正数的补码与其原码相同,负数的补码是在其反码的末位加 1,在补码表示法中,数 0 的表示是唯一的,以 1 个字节(8 位字长)为例,只有 00000000,同时,引入补码可以把减法运算变成加法运算,因此,在计算机中,数值数据用补码来表示和存储。

2. 浮点数 浮点数是小数点的位置是浮动的。在科学计算中为了表示特别大和特别小的数,常采用浮点数的形式,如:十进制数 N 可以表示成 $N = t \times 10^e$,$1 \leqslant |t| < 10$,其中 t 是尾数,e 是阶码。阶码的大小和正负决定了小数点的位置,尾数的大小和正负决定了该数的有效数字和数的正负。

类似于十进制数,为便于计算机中小数点的表示,规定二进制浮点数写成规范化的形式是 $N = \pm d \times 2^{\pm p}$,尾数 d 为定点纯小数,前面的 ± 表示数符,约定小数点的位置在符号位和数值的最高位之间,即尾数的绝对值大于等于 0.1 并且小于 1,从而唯一地确定了小数点的位置。阶码 p 是定点整数,前面的 ± 表示阶符,定点整数约定小数点的位置在机器数的最右边,所表达的数为纯粹整数,底数 2 是事先约定的,在机器数中不出现。

所谓定点,就是位置固定,可以不用显式地表示出来。定点整数和定点小数结合解决了浮点数的问题,阶码的存储位数越多则表达数的范围越大,尾数的存储位数越多则可表达数的精度越高。

(三) 非数值数据的表示

非数值型数据又称符号数据,包括字母、数字、汉字和其他计算机能够识别的符号等,在计算机内通常用若干位二进制数代表一个特定的符号。用不同的二进制数代表不同的符号,并且二进制代码集合与符号集合一一对应,这就是计算机编码。

为了使信息的表示、传送交换、存储或加工处理方便,在计算机中通常采用统一的编码方式,因此制定了编码的国家标准或国际标准,例如,西文字符(字母、数字、各种符号)和中文字符,由于形式的不同,使用不同的编码。

1. 西文字符 在计算机内的二进制编码形式普遍采用 ASCII 编码,即美国国家标准局(ANSI)制定的美国标准信息交换码(American Standard Code for Information Interchange)。每个 ASCII 码以一个字节存储,ASCII 码有 7 位码和 8 位码两种版本,即标准 ASCII 码和扩展 ASCII 码,标准 ASCII 码只用到一个字节的低七位,最高位为 0,可表示 $2^7 = 128$ 个字符,编码从 0 至 127,称为 ASCII 码基本集。

计算机源程序和文本文件一般都是由一系列连续的 ASCII 码组成的,一连串 ASCII 码组成的数据称为字符串,可以用来表示一个字符、一个单词、一句话或一篇文章。

2. 中文汉字 英文是拼音文字,所有字符都安放在键盘上,英文在计算机中的存储、处理和传输都使用 ASCII 码,汉字是象形文字,量大,笔画繁简不一,汉字编码注定要比英文编码复杂得多。

1980 年 1 月,王选针对汉字字数多、印刷用汉字字体多、精密照排分辨率高等所带来的困难,发明了汉字激光照排系统，使中文印刷业告别了"铅与火"，大步跨进了光与电的时代，汉字激光照排系统，就是把每一个汉字编成特定的编码，存储到计算机，输出时用激光束直接扫描成字。汉字激光照排系统为我国新闻出版全过程的计算机化奠定了基础，我国正是在这种不断的技术创新中追上了世界的发展。

为了使计算机能够处理、显示、打印、交换汉字字符等，我国国家标准局于1980年发布了国家汉字编码标准GB2312-80，全称是"信息交换用汉字编码字符集——基本集"（简称GB码或国标码），根据统计把最常用的6 763个汉字分为二级，一级字库包括3 755个常用汉字，按音序排列；二级字库包括3 008个次常用汉字，按偏旁部首笔画数排列。由于汉字数量众多，所以用两个字节来表示一个汉字。

3. 汉字的处理过程　计算机内部只能识别二进制数，汉字需要一个处理过程才能输入到计算机中，在计算机中存储，在屏幕上显示或在打印机上打印。从汉字编码的角度看，计算机对汉字信息的处理过程实际上是一系列汉字编码的转换过程，这些编码包括：汉字输入码（外码）、汉字内码、汉字地址码和汉字字形码（字模码）等。汉字信息处理中的各编码及转换流程（图1-1）。

图1-1　汉字信息处理系统模型

由图1-1可知，需要从键盘对每个汉字输入规定的代码，即汉字的输入码。由于键盘的大小和按键数量的限制，汉字的输入不能像英文字符那样，一键对应一个字符，只能多键输入一个汉字，这里的多键就是指输入一个汉字的编码需要多个键配合完成。汉字输入码可以通过音码、形码、音形结合码、数字编码、手写识别输入、语音识别输入等方案实现，也因此产生了目前几百种汉字输入编码，下面我们列举具有代表性的几种输入编码：

（1）**国标区位码**：数字形式的外码，它是国家标准局公布实施的一种输入码方案。区位码是一种无重码的输入码，即一个区位码对应一个汉字。

（2）**拼音输入编码**：用汉字的拼音符号作为输入编码。如汉字"护"的拼音是"hu"，这就是其拼音输入编码。由于同音字的存在，拼音输入方法是一种有重码的输入方法。

（3）**字形输入编码**：是一种以汉字的偏旁部首作为基本键位的输入编码。即把键盘上的某一键位对应某一偏旁部首（当然，某一键位也可能代表多个偏旁部首），按照组字规则，多个键位的组合就是汉字的字形输入编码。例如，五笔字型输入法就是这类编码的代表，它是目前用得比较广泛的输入编码。在五笔字型输入方案中，"湖"字的三个偏旁部首"氵""古""月"分别安排在键盘的"i""d""e"三个键位上，那么"ide"字符串就是"湖"字的五笔字型输入编码。

一般来说，字形输入码的重码少于拼音输入码，输入速度快；而拼音输入法容易学习，现在广泛流行的搜狗拼音输入法，由于其智能化程度不断提高，输入速度也很快。

不论哪种汉字输入方法，计算机都将每个汉字的输入码转换为相应的国标码，然后再转换为机内码，才可以在计算机内存储和处理。输出汉字时，先将汉字的机内码通过简单的对应关系转换为汉字的地址码，然后通过汉字地址码对汉字库进行访问，从字库中提取汉字的字形码，最后根据字形数据显示打印出汉字。

（四）多媒体信息表示

多媒体信息可以通过计算机展示丰富多彩的文、图、声信息，而在计算机内部都要转换成0和1数字化信息后进行处理，并以不同文件类型进行存储。

声音数字化的基本技术是脉冲编码调制（pulse code modulation，PCM），主要包括采样、量化和编码三个步骤。即将在时间上、幅度上连续的模拟信号变换成计算机所能处理的二进制数的形式，利用计算机进行存储、传递、编辑或处理声音信号。存储声音信息文件格式有很多种，常见的数字音频文件格式有 WAV、VOC、MP3、WMA 等。

图形是由直线、圆等图元组成的画面，计算机存储的图形是生成图形的指令，以矢量图形文件形式存储。计算机中的图像是对自然界中客观景物的数字化处理结果，例如照片、海报、书中的插图、影像等。通过摄像机拍摄得到的动态图像称为视频，而用计算机或绘图的方法生成的动态图像称为动画。

声音、图片、图形、动画和视频等信息编码后可以有效地将它们保存到计算机中，但是，存储这些信息的文件可能巨大，因此需要采用压缩编码技术对信息进行重新编码，减少存储空间。

不同的编码技术形成了不同格式的文件，常见的图像格式有 BMP、TIF、JPG、GIF、PNG 等，视频格式有 MPEG（moving pictures experts group），包括 MPEG、MPEG-7、AVI、MPG、MOV、RMVB 等。MP3 格式是应用于 MPEG 的一项有损压缩技术标准。

（五）条形码与 RFID

条形码与 RFID 是近年来广泛使用的一种物品信息标识技术。其方法是赋予物品一个特别的编号，由该编号可以获知该物品的详细信息。

1. 条形码技术 条形码是由一组规则排列的黑条、空及其对应字符组成，按照一定的编码规则排列，表达一组信息的图形标识符。根据条码结构和存储的信息量，分为一维条码、二维条码和三维条码：

（1）一维条形码：一维码只能在一个方向上通过宽度不等的"黑条"和"空白"的排列组合来存储信息，信息量的大小由条码的宽度和印刷的精度来决定。

通常一个完整的一维条形码是由两侧的空白区、起始符、数据字符、校验符、终止符等组成的（图 1-2）。其中，空白区用于提示扫描器准备扫描；起始符和终止符分别用来标识条形码的开始与结束位置，同时提供了码制识别信息和阅读方向信息；数据字符是指位于条形码中间的条、空结构，包含了所要表达的特定信息；校验符用于检查解码后的资料结果是否正确，如果正确即可输入系统中进行存储和计算，如果不正确则输出警告信息，以便用户重新输入。

图 1-2　一维条形码组成结构示意图

条形码技术是利用光的反射原理，由于黑线（深色的条）能够吸收光，条形码扫描器就获得弱信号；而空白（浅色的空）能反射光，扫描器获得强信号，并且不同的宽度决定了信号持续时间长短。光电转换器根据强弱不同与持续时间长短的不同转换成相应的电信号，电信号输出到条形码扫描器的放大电路增强信号后，再送到译码器将脉冲信号转换为数字电信号"0"或"1"。信号在根据一定的编码规则解码后，转换成相应的数字、字符信息，即可反映出商品信息。

一维条形码的特点是信息录入快，差错率低，但所携带信息量有限，条码的更多信息依赖于预先建立的数据库支持。一维条形码种类很多，常见的有 20 多种，目前使用频率最高的几种一维条形码有 EAN、UPC 等。其中 UPC 主要用于北美地区；EAN 条码又称通用商品编码，由国际物品编码协会（GSI）制定，是目前国际上使用最为广泛的一种商品条形码。EAN 商品条形码分为 EAN-13（标准版）和 EAN-8（缩短版）两种。

EAN-13 由 13 位数组成，分别为：前缀码（3 位），制造商代码（4 位），商品代码（5 位）和校验码（1 位）组成（图 1-3）。其中前缀码用来标识国家或地区，由国际物品编码协会负责分配，如 690~699 代表中国大陆。制造商代码由各个国家或地区的物品编码组织负责分配。

EAN13

EAN8

ER 1-3

条形码技术

图1-3 一维EAN条形码示意图

在医院信息系统（hospital information system，HIS）中，护士通过条形码核对病人和药品信息，住院病人在检验、检查以及调取病案资料中都用条形码标识（图1-4）。

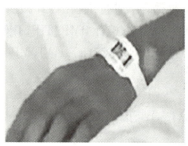
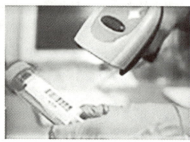

图1-4 医院信息系统中的条形码

（2）**二维条形码**：二维条形码是用某种特定的几何图形按一定规律在平面（二维方向）分布的黑白相间的图形记录数据符号信息的。二维码可以在水平和垂直方向的二维空间上存储信息，其存储量远远高于一维条形码，一个邮戳大小的二维码可存储数千个字符信息，信息内容可以包含图片，具有信息密度高、容量大、读取率高不仅能防止错误，而且能纠正错误等特点，自带数据文件不需依赖数据库，故而能对物品进行描述。

二维码有多种不同的编码方式，根据编码原理通常可分为堆叠式和矩阵式两类。常见的有堆叠式 PDF417 和矩阵式 QR code 码（图1-5）：①堆叠式二维码是由多行短小的一维条形码堆叠而成；②矩阵式二维码又称棋盘式二维码，是通过黑、白像素在矩阵中的不同分布进行编码。

随着移动互联网及智能终端的发展，二维码已经应用在生活的方方面面，如二维码名片、二维码溯源进行产品跟踪、手机扫码关注公众号或完成支付、阅读或观赏刊物的延伸内容。而在医院中，病人扫描二维码入组，出院后能够进行随访提醒。

（1）堆叠式PDF417　　（2）矩阵式QR code码　　（3）手机扫码

图1-5 二维码示意图

（3）**三维条形码**：三维条形码在二维条形码的基础上，结合条空宽度变化、条空颜色变化和纵向排列来表示信息，从而增加单位面积信息存储密度。其能够承载 0.6~1.8MB 的信息，具有存储信息量大、清晰度、质量高等特点。

条形码标识出物品信息并且使用特定的读取设备可将信息很快读入计算机，医院将病人信息和药品信息等相关信息制作成条形码代替输液单，在输液核对时护士只需要用特定的设备扫描条形码就可以获取病人和药品信息，达到输液核对的目的，避免了人工核对存在差错的风险，保证了用药安全。

2. RFID 技术　射频识别（radio frequency identification，RFID）是自动识别技术的一种，利用无线射频信号、电磁耦合和电磁辐射实现无接触式的自动识别和数据采集。RFID 技术超越了条形码，并能实现物品的掌控。

RFID 射频识别是一种非接触式的自动识别技术，通过射频信号自动识别特定目标对象并获取相关数据（图1-6）。RFID 技术从安全、服务和管理等方面给医疗行业带来了新的应用，可以进行流动资产追踪管理、病人流动与安全管理、药品管理、医疗器材追踪、门禁安全管理、医护人员识别和排班管理等方面的应用。

医用腕带也称为医用病人识别带、医疗腕带。腕带上存储有病人信息，用于识别病人身份，帮助护士实现无线移动护理及病人定位。有些医用腕带还能对病人进行实时监控，防止走失，对精神病病人、老人、儿童、急诊病人及传染病管理极为重要。婴儿腕带中带有防盗电子标签，在日常护理中，通过护士携带的手持式 RFID 读写器分别读取母亲与婴儿佩戴的医用腕带中的信息，确认双方的身份匹配，防止婴儿被抱错，从而降低医患纠纷风险。

图 1-6　RFID 读写器读取药物信息

知识拓展

RFID 系统

一个典型的 RFID 系统一般由标签、读写器以及计算机系统等部分组成（图1-7）。

图 1-7　RFID 系统组成示意图

RFID 工作流程通常如下：

（1）读写器通过天线发送出一定频率的射频信号；

（2）当 RFID 标签进入读写器工作场时，其天线产生感应电流，从而激活 RFID 标签；

（3）标签将自身编码等信息通过天线发送出去；

（4）读写器天线接收到来自标签的载波信号，将其传送至读写器；

（5）读写器对接收到的信号进行解调和解码后，送至计算机系统进行处理；

（6）计算机系统根据逻辑运算判断该标签的合法性，针对不同的设定做出相应的处理和控制，发出指令信号控制执行机构的动作。与传统的识别方式相比，RFID 技术具有快速扫描、数据容量大、抗污能力强、穿透性与无屏障阅读、无须光学可视、无须人工干预即可完成信息的输入和处理、操作方便快捷、安全性强等特点，能够广泛应用于生产、物流、交通、运输、医疗、防伪、跟踪、设备和资产管理等需要收集和处理数据的应用领域。

第二节　信息技术与信息社会

情景导入

小张在校学习期间，利用校园网完成所修课程的信息查询，在数字图书馆使用网络自主学习慕课，体会到在网络技术背景下学习方式的转变，今年他就要毕业了，想了解网络技术对医疗卫生领域发展的影响。

问题1：如何使用因特网？

问题2：物联网技术给医疗卫生行业带来了什么变化？

一、计算机网络技术

随着计算机技术的发展，网络技术也经历了从无到有的发展过程。虽然计算机在20世纪40年代就已经研制成功，但是直到20世纪90年代，随着互联网的出现，基于计算机技术、通信技术的网络技术才得以飞速发展。今天，计算机网络技术已经精彩纷呈，应用到人们的生活、学习和商业活动中，对社会各个领域产生了广泛而深远的影响。

（一）计算机网络的概念

计算机网络是现代通信技术与计算机技术相结合的产物。所谓计算机网络，就是把分布在不同地理区域的具有独立功能的计算机与专门的外部设备用通信线路互连成一个规模大、功能强的网络系统，从而使众多的计算机可以方便地共享硬件、软件和传递数据信息等资源。

（二）计算机网络的发展

计算机网络从形成、发展到广泛应用大致可以划分为以下四个阶段：

1. **面向终端的计算机通信网络**　1954年，美国军方的半自动地面防空系统将远距离的雷达和测控仪器所探测到的信息，通过通信线路汇集到某个基地的一台IBM计算机上进行集中处理，再将处理好的数据通过通信线路送回各自的终端设备。这种以单个计算机为中心、面向终端设备的网络结构，是一种主从式结构，这种网络与现在的计算机网络的概念不同，只是现代计算机网络的雏形。

2. **分组交换网**　美国国防部高级研究计划局（Advanced Research Projects Agency，ARPA）于1968年主持研制，次年将分散在不同地区的4台计算机连接起来，建成了ARPA网。建立该网络最初是出于军事目的，保证在现代化战争情况下，仍能够利用具有充分抗故障能力的网络进行信息交换，确保军事指挥系统发出的指令能够畅通无阻。到1972年，有50多所大学和研究所与ARPA网连接，而到1983年，入网计算机多达100台，ARPA网使用了分组交换技术，为现代计算机网络的发展奠定了基础，它也是Internet的前身。

3. **标准化网络**　由于ARPA网的成功，到20纪70年代，不少公司推出了自己的网络系统结构，最著名的有IBM公司的系统网络体系结构（system network architecture，SNA）和DEC公司的数字网络体系结构（digital network architecture，DNA）。随着社会的发展，需要各种不同体系结构的网络进行互连，但是由于不同体系的网络很难互连，因此国际标准化组织（International Standards Organizations，ISO）在1977年设立了一个分委员会，专门研究网络通信的体系结构。1983年，该委员会提出了著名的开放系统互连参考模型（open system interconnect，OSI），给网络的发展提供了一个可共同遵守的规则。从此，解决了不同厂家计算机之间的互联问题，也解决了运行不同操作系统的两个计算机的互联问题，计算机网络的发展走上了标准化的道路。

4. **网络互联与高速网络**　进入20世纪90年代，因特网（Internet）将分散在世界各地的计算机和各种物理网络连接起来形成覆盖世界的大网络。随着信息高速公路计划的提出和实施，Internet

迅猛发展起来,建立在全球网络互联的基础上,它将世界带入了以网络为核心的信息时代,因此又称为"国际互联网"。目前,全球以 Internet 为核心的高速计算机互联网络已经形成,是一个全球范围的信息资源网,是世界上最大、覆盖范围最广、提供服务最多的计算机网络。成为人类最重要的、最大的知识宝库,发展特点呈现出高速互连、智能与更广泛的应用。

(三)计算机网络的功能

随着计算机网络技术的迅猛发展及应用需求层次的日益细化,计算机网络的功能也在不断扩大,归纳起来,计算机网络主要有以下功能:

1. 资源共享　资源共享是计算机网络的目的与核心功能,包括计算机硬件资源、软件资源和数据资源的共享。资源共享功能是组建计算机网络的驱动力之一,使得网络用户可以克服地理位置的差异性,共享网络中的计算机资源。共享硬件资源可以避免贵重硬件设备的重复购置,提高硬件设备的利用率;共享软件资源可以避免软件开发的重复劳动与大型软件的重复购置,进而实现分布式计算的目标;共享数据资源可以促进人们相互交流,达到充分利用信息资源的目的。

2. 数据通信　数据通信是计算机网络最基本的功能,是实现其他功能的基础,用于实现计算机之间的信息传送。在计算机网络中,人们可以收发电子邮件,发布新闻、消息,进行电子商务、远程教育、远程医疗,传递文字、图像、声音、视频等信息。

二、Internet 及其应用

互联网的发展带来了人们思维的变化,信息搜索与网络化服务对社会和个人有深远影响,促进了互联网与现实世界网络的融合,也促进了基于互联网的创新。Internet 是全球最大互联网,Internet 的应用成为信息获取、信息交换与信息发布的基本手段。

(一)Internet 的起源与发展

Internet 起源于美国军事网络,即 1968 年的 ARPANET 网络计划。20 世纪 80 年代,世界先进工业国家纷纷接入 Internet,20 世纪 90 年代是 Internet 迅速发展的时期,互联网的用户数量以平均每年翻一番的速度增长。我国于 1994 年 4 月正式接入因特网,1996 年初,我国的 Internet 已经形成了中国科技网(CSTNET)、中国教育和科研计算机网(CERNET)、中国公用计算机互联网(CHINANET)和中国金桥信息网(CHINAGBN)四大具有国际出口的网络体系。

下一代互联网是一个建立在 IP 技术基础上的新型公共网络,能够容纳各种形式的信息,在统一的管理平台下,实现音频、视频、数据信号的传输和管理,提供各种宽带应用和传统电信业务,是一个真正实现宽带窄带一体化、有线无线一体化、有源无源一体化、传输接入一体化的综合业务网络。未来的互联网将实现随时随地、以任何一种方式高速上网,任何可能的东西都会成为网络化生活的一部分,真正实现数字化生活。

(二)Internet 接入方式

在使用 Internet 之前,必须先通过 ISP(internet service provider)接入 Internet,ISP 是 Internet 服务提供商。ISP 提供的功能主要是分配 IP 地址、提供联网软件配置、提供各种因特网服务和接入服务等。

目前个人接入 Internet 的方式主要有无线接入和有线接入两大类(表 1-1)。

表 1-1　Internet 接入方式

一级分类	二级分类	说明
有线接入	拨号连接	利用公用电话交换网通过调制解调器(modem)拨号实现用户的接入,这种方式已被淘汰
	ISDN 接入	综合业务数字网,俗称"一线通",通过专用的 ISDN modem 拨号上网。用户上网时,同时可拨打电话、收发传真,其极限带宽为 128Kb/s,不能满足高质量的宽带应用

一级分类	二级分类	说明
	ADSL 接入	利用普通电话线提供宽带数据业务的技术,在普通电话线的基础上,使用专门的 ADSL modem 接入网络,支持的上行速度 640Kb/s~1Mb/s,下行速度 1~8Mb/s
	cable 接入	利用有线电视缆线实现宽带接入
	光纤接入	使用光缆实现宽带接入。根据用户的不同需求有光纤到小区、到家 / 办公室、到桌面等多种接入方式。用户上网速度可达 10Mb/s 以上
无线接入	无线局域网 WLAN	基于 Wi-Fi、蓝牙、IEEE802.11 等技术的无线接入方式。既可满足各类便携机的入网,也可实现局域网共享接入,但本身覆盖范围局限,只限于公司单位或特定行业用户使用
	无线广域网（手机接入）	基于 GSM、CDMA、GPRS 等无线技术,借助移动运营商的通信网络,真正实现了随时随地无线入网。第 4 代移动通信网络 4G 具有"永远在线"的特点。5G 的速度是 4G 的百倍以上,延迟更短,实时性更好,有更广阔的应用前景,中国 5G 技术及其应用已经处于全球前列

（三）IP 地址

IP 地址是在 Internet 中用来标识某一台计算机的地址。根据 IPv4 标准,IP 地址由 32 位二进制数（4 个字节）表示,总数是 2^{32} 个,也可用十进制数表示,每个字节之间用"."分隔开。每个字节内的数值范围可从 0 到 255。如:60.28.175.133 是一个有效的 IP 地址。每个 IP 地址包括两个 ID（标识码）,即网络 ID 和主机 ID。其中网络 ID 用来标明具体的网络段,主机 ID 用来标明具体的节点。同一个物理网络上的所有主机都用同一个网络 ID,网络上的一个主机（包括工作站、服务器和路由器等）对应有一个主机 ID。

IP 地址

每一个 IP 地址在全球范围内都是唯一的。因此,IP 地址构成了整个 Internet 的基础,是互联网中的一个最基本最重要的资源。接入 Internet 中的计算机拥有了 IP 地址后,就可以与 Internet 中其他计算机进行数据通信。IP 地址由 Internet 网络信息中心（InterNIC）分配给 Internet 用户。

近年来由于 Internet 迅速发展,接入 Internet 的主机不断增加,2011 年 2 月 3 日,负责分配全球 IP 地址的互联网地址分配机构（the Internet Assigned Numbers Authority,IANA）对外宣布,互联网 IPv4 地址已分配完毕。为了解决这一问题,互联网协议 IPv6 应运而生。IPv6 的地址长度长达 128 位,地址空间是 IPv4 的 2^{96} 倍,能提供超过 3.4×10^{38} 个地址,并不断发展和完善,将取代 IPv4 成为下一代 Internet 的基础协议。

（四）域名系统

由于 IP 地址全是数字,为了便于用户记忆,Internet 引进了域名服务系统（domain name system, DNS）。域名和 IP 一样是不能重复的,每个域名必须要对应一个 IP。当键入某个域名的时候,这个信息首先到达提供此域名解析的服务器上,再将此域名解析为相应网站的 IP 地址。完成这一任务的过程称为域名解析。

域名简单地说就是 Internet 上主机的名字。Internet 域名系统采用层次结构,每一层构成一个子域名,子域名之间用圆点隔开,自左至右分别为:计算机名.网络名.机构名.顶级域名。如:www.pku.edu.cn 代表中国教育机构北京大学的万维网（world wide web,WWW）主机。

国际上,顶级域名采用通用的标准代码,分组织机构和地理位置模式两类。例如,gov 表示组织机构域名,其他国家地区采用主机所在地的名称为顶级域名,如 .fr（法国）、.jp（日本）等。根据《中国互联网络域名注册暂行管理办法》规定,我国的顶级域名是 .cn,次级域名分类别域名和地区域名（表 1-2）。

表1-2　部分在我国注册的计算机次级域名

二级域名	含义	二级域名	含义
.gov	政府	.bj	北京
.edu	教育	.tj	天津
.com	商业	.sh	上海
.org	团体	.ah	安徽
.net	网络	.zj	浙江

（五）Internet 提供的服务

Internet 已经成为人们获取信息的主要渠道，人们已习惯从感兴趣的网站上看新闻，收发电子邮件和下载资料，使用广泛的服务有电子邮件（E-mail）、万维网、文件传输（FTP）、远程登录（telnet）、网络日志、电子商务等。

现在，医学生在数字图书馆、数字教室、数字学校中，不仅要学习各种知识与技能，而且要掌握使用网络自主学习的方式方法，医学教育的传统模式随之改变，充分利用网络上的医学信息资源，将促进现代医学教学的改革和发展。

1. 电子邮件（E-mail）　电子邮件是最常见、最为广泛的 Internet 服务，是一个多功能的个人通信工具，除了写信、发信、看信、回信和转信外，也可以用来订阅电子杂志或者参与网络邮件用户组等。E-mail 系统综合了电话和邮政信件的特点，具有方便性、广域性、廉价性与快捷性。

电子邮件的地址，即 E-mail 信箱是邮件服务器上为用户开辟的一个专用存储空间。E-mail 地址格式为：用户名 @ 电子邮件服务器域名。用户名又叫注册名或邮箱账号，是由英文、数字组成，分大小写，不一定是用户的真实姓名，但通常是一个便于记忆的字母及数字组合；@ 含义和读音与英文介词"at"相同，意思是"位于……""在……地方"；电子邮件服务器域名即邮箱所在邮件服务器的域名。

由于电子邮件采用存储转发的方式，因此用户可以不受时间、地点的限制收发邮件。电子邮件中不仅可以传送文字、还可以传送图片、语音、视频、动画等多媒体信息。

2. 万维网 WWW　一般把"万维网"简称 Web。以超文本（hypertext）技术为基础，以面向文件的浏览方式提供文本、图形、声音和动画等，用超链接将各种信息联系起来，构成一个庞大的信息网。

（1）**WWW 服务的工作模式**：WWW 服务的工作原理是用户在客户端通过浏览器向 Web 服务器发出请求，Web 服务器根据客户端的请求内容，将保存在服务器中的某个页面发回给客户端，浏览器接收到页面后对其进行解释，最终将图像、文字、声音等呈现给用户。

（2）**超文本标记语言**（hyper text markup language，HTML）：HTML 是一种用来制作超文本文档的简单标记语言，常与 CSS、JavaScript 等编程语言一起用于网页前端以及移动应用界面的设计。HTML 文档能独立于各种操作系统平台，将所需要表达的信息按某种规则写成 HTML 文件，通过浏览器来识别，并将其渲染成可视化网页。HTML 描述了一个网站的结构语义及呈现方式，通过标签（tag），将影像、声音、图片、文字、动画、视频等内容显示出来，是一种标记语言而非编程语言。

（3）**超文本传输协议**（hyper text transfer protocol，HTTP）：超文本传输协议是互联网上应用最为广泛的网络协议，所有的 WWW 文件都必须遵守这个标准。设计 HTTP 最初的目的是提供一种发布和接收 HTML 页面的方法，HTTP 协议采用了请求 / 响应模型，客户端向服务器发送一个请求，请求头中包含了请求的方法、URL（uniform resource locator）、协议版本等。服务器以一个状态行为作为响应，响应内容包括消息协议的版本、成功或者错误编码信息等。

（4）**统一资源定位符 URL**：统一资源定位符是 Internet 上唯一标识资源位置和访问方法的一种简洁的表示，是互联网上资源的标准地址。互联网上的每个文件都有一个唯一的 URL，它包含了文件的位置信息。

主机 IP 地址指出该资源所在的主机地址。有时也包含端口号用于指定访问该资源所应使用的特定端口。

路径和文件名用于指定所要访问资源在该主机上的位置,图 1-8 所示是一个典型的 URL 示例。

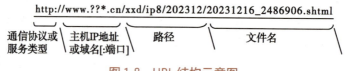

图 1-8 URL 结构示意图

3. 网络搜索引擎 搜索引擎是某些站点提供的用于网上查询的程序,也是 Internet 为有效快捷地查找到有用的信息提供的一种服务,它的主要任务是在 Internet 中主动搜索其他 Web 站点中的信息,并对其自动索引,索引内容存储在可供查询的大型数据库中。常用搜索引擎举例:

(1)**百度**(http://www.baidu.com):是一家主要经营中文搜索引擎服务的全球顶级中文网站,具有高准确性、高查全率、更新快以及服务稳定的特点。

(2)Google(http://www.google.com):是谷歌公司推出的一个互联网搜索引擎,它提供了简单易用的免费服务,用户可以方便地搜索相关结果。

4. 浏览器 操作系统中内置了 IE 浏览器,可以很方便地将计算机连接到 Internet,从 Web 服务器上搜索信息、浏览网页、查看源文件、收发电子邮件、下载资源和上传网页等。

5. 即时通信工具 自从聊天工具 ICQ 诞生以来,即时信息(instant message,IM)服务受到上网用户的广泛欢迎。随着即时通信应用被广大 Internet 用户的狂热追捧,新的即时通信工具越来越多,除了 ICQ 外,当下流行的还有腾讯 QQ(简称 QQ)、微信(WeChat)、MSN Messenger 等,这些即时通信工具为人们信息联系提供了快速便捷的途径。

> **知识拓展**
>
> ## TCP/IP 协议
>
> TCP/IP(transmission control protocol/internet protocol)协议是指传输控制协议 / 网际协议,是因特网用于计算机通信并保证数据可靠传输的一组协议。
>
> TCP 协议确保数据可靠传输,通俗讲,TCP 负责发现网络传输的问题,如果有问题会发出信号,要求重新传输,直到所有数据完全正确地传输到目的地。而计算机在 Internet 中互相联结,就需要标识地址,IP 协议是 TCP/IP 协议体系中的网络层协议,IP 给因特网的每一台联网设备一个(唯一)可识别的地址。
>
> 因特网(Internet)通过 TCP/IP 协议构架,将世界范围内的计算机网络互连起来实现信息传递,在网络上提供各种服务的全球性计算机网络。

三、物联网及其应用

近年来,光纤宽带已经进入千家万户,无线网络技术使数据交换不受时间和空间的限制,5G 时代实现毫秒级的端到端时延和可达海量的连接数,无限拉近人与人、人与物、物与物之间的距离,物联网(internet of things,IoT)正推动人类社会从"信息化"向"智能化"转变,改变了人们的生活和工作环境,促进信息科技与信息产业的发展。

物联网,即物 - 物相联的互联网,是互联网的延伸,是利用局域网或互联网等通信技术,通过装置在物体上的传感器、控制器,将机器、人员和物体等通过新的方式连在一起,使人与物、物与物相连，实现信息化和远程管理控制。

例如，我们熟悉的共享单车，就是通过物联网技术，将自行车联网、数据上传云端服务器，并通过手机 App 开展应用（图 1-9）。其主要工作过程如下：①打开手机 App 扫码；②读取单车信息；③手机将用户 ID、车辆 ID、解锁请求等上传云端服务器；④云端服务器通过网络向单车发出开锁指令，如果和单车连网出现故障，则向手机发出解锁授权，由手机通过蓝牙来开锁；⑤开锁成功后，单车会实时将自己的状态、位置等信息上传云端；⑥订单完成后，云端和手机进行计费操作等。

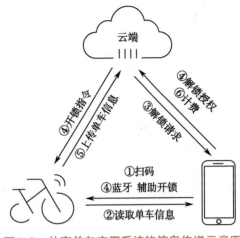

图 1-9　共享单车应用系统的信息传递示意图

物联网实质上是以数据为核心、多业务融合的信息化系统。物联网使医疗变得更加智慧，医疗物联网是指以智能的物联网和通信技术连接居民、病人、医护人员、药品以及各种医疗设备和设施，支持医疗数据的自动识别、定位、采集、跟踪、管理、共享，从而实现对人的智能化医疗和对物的智能化管理。

医疗物联网主要包括三个方面："物"是对象，是指健康与亚健康人、医生、病人、设备器械和药品等；"网"是流程，医疗的物联网概念，既可以是看得见的物理网络，也可以是看不见的无线网络，但必须是基于标准的流程；"联"是指信息交互连接。物联网技术广泛应用于医学教育、预防、保健、诊断、治疗、康复和养老等，实现医院、病人与医疗设备之间整合，全时空管理和协调网内资源，大大提高医疗服务水平，能在很大程度上弥补偏远地区医疗技术水平的不足，改善病患陪护人员医疗知识不足和专业人员短缺的现状，实现医疗过程或对象的个性化、全功能、全空间、全过程管理。

由此可见，物联网用复杂的 IT 技术，去造就简约的数字医疗，再用简约的数字医疗来完善医疗的标准化，逐步推进医疗流程的标准化。医疗流程的标准化又反过来促进医疗信息化的推进，形成良性循环。

2019 年底开始的新型冠状病毒感染（COVID-19）疫情给全世界人民带来了很大损失，相比于国外，我国在疫情的防控上做得比较好，与信息技术的大量应用不无关系，其中之一就是全国各地使用健康码进行疫情防控。健康码的生成包含了大量个人基础信息，同时结合了来自公安、移动运营商、国家卫生健康委员会、高铁站、机场、高速公路道口等渠道的信息，掌握用户行动轨迹，再通过分析处理生成不同状态的健康码。健康码充分利用了现代社会人和手机的紧密关系，调用手机上的摄像头、定位系统等产生的数据，并结合其他数据来分析出用户生活轨迹，为疫情的防控提供了很大的帮助，也是物联网中数字孪生应用的一个很好的实例。

在信息技术创新的过程中，还需注意信息安全问题。

四、信息社会责任与信息素养

随着现代信息技术的发展与应用，面对各种各样的大量信息，人们需要有足够的能力来获取、鉴别、评价和运用信息，这是全球信息化要求人们具备的一种基本能力。信息素养与社会责任是指在信息技术领域，通过对信息行业相关知识的了解、内化形成的职业素养和行为自律能力，对医学生在医疗行业内的发展起着重要作用。信息社会人人离不开信息，信息素养是信息时代需要不断培养和提高的一种基本素养。

1. 信息素养的定义　信息素养概念的酝酿源于美国图书检索技能的演变。1974 年美国信息产业协会主席保罗·泽考斯基首先提出，当时主要针对信息获取的技巧、信息定位和信息利用等。目前，信息素养具有代表性也较权威的定义是 2000 年由美国大学与研究图书馆协会提出的："能认识到何时需要信息和有效地搜索、评估和使用所需信息的能力"，其中强调信息素养可为一生学习奠定基础。

2. 医学信息素养的内涵 信息技术的进步对信息的分析和管理提供了有效的工具和手段。医疗实践和卫生管理有赖于有效的源源不断的知识和信息，使用信息技术有助于从文献中寻找信息、分析联系病人的资料，形成和调整学习过程，将别人的优质经验和做法转化为自己的思想和行动，主动吸收他人的技术和经验为医疗服务。信息技术有助于信息素养的培养。医学信息素养的内涵较丰富，主要包括以下几个方面：

（1）**信息意识**：是指个体对信息的敏感度和对信息价值的判断力，即人对各种信息的自觉心理反应，对信息的重视和敏感性，信息意识的强弱决定了人们利用信息能力的自觉程度。具备信息意识的人，能了解信息和信息素养在现代社会中的作用与价值，主动寻求恰当的方式捕获、提取和分析信息，以有效的方法和手段判断信息的可靠性、真实性、准确性和目的性，对信息可能产生的影响进行预期分析，自觉地充分利用信息解决问题，具有团队协作精神，善于与他人合作、共享信息，实现信息的更大价值。

医学生应该具备良好的信息意识，积极认识和重视信息和信息技术在临床医疗、科研和管理等重要作用，形成良好的信息习惯，善于捕捉、分析、判断和吸收医学领域信息知识，具备对医学信息的敏感性和洞察力。

（2）**信息知识**：是指与信息有关的理论、知识和方法。一般包括信息基础知识和现代信息技术知识等。

（3）**信息能力**：是指有效利用信息技术和信息资源获取、评价、利用和交流信息的能力。医学生应掌握的信息能力包括信息工具的使用能力及信息技术应用能力，信息获取和识别能力，信息加工和处理能力，创造、传播新信息的能力。

（4）**信息道德**：是指医学生在信息获取、利用、创造和传播过程中应遵守的一定伦理规范。主要包括了解与信息有关的伦理、法律和社会经济问题，以及在获得、存储、交流信息过程中遵循的法律和道德规范。信息时代的医疗工作者还包括遵守医学信息行为规范，尊重病人隐私，遵守病人病历文件和知识产权的权益，保密、并杜绝剽窃等行为的伦理约束。

（5）**信息社会责任**：是指在信息社会中，个体在文化修养、道德规范和行为自律等方面应尽的责任。具备信息社会责任的医学生，在现实世界和虚拟空间中能遵守相关法律法规，信守信息社会的道德和伦理规则；具备较强的信息安全意识与防护能力，能有效维护信息活动中个人、他人的合法权益和公共信息安全；关注信息技术创新所带来的社会问题，并对这些社会问题所产生的新观念和新事物，能从社会发展、职业发展的视角进行理性的判断和负责的行动。

在计算机网络应用逐步走入人们的工作、学习、生活中时，信息安全问题日益突出，培养信息道德亦越发重要，互联网应用可能会给个人隐私带来威胁，甚至黄色的、反动的、非法的信息污染，计算机病毒蔓延，黑客可以通过计算机网络窃取商业或军事机密，甚至破坏计算机系统等。保障信息安全除了依靠安全技术解决，还要加强信息素养教育和信息安全道德规范，必要时还得依靠相关法律予以制裁。

总之，信息素养包括关于信息和信息技术的知识和技能，运用信息技术进行学习、合作、交流和解决问题的能力，以及信息的意识和社会伦理道德问题。信息安全道德的产生是人类全面进入信息社会的重要标志。

3. 医学信息素养的培养 医学信息素养是指医务人员在应用信息技术、管理医疗信息、进行医学研究等方面具备的知识和技能，是医务工作者必须掌握的基本素质之一。医学信息素养的培养包括：数字化思维能力培养、信息技术知识和技能培养、医学专业知识和技能培养等方面。医学院校学生信息素养重要特色是将信息素养与医学专业素养相结合。

第三节 医学信息技术的发展与应用

小张从护理高职学校毕业了,找到一份三甲医院的护理工作,该医院正在进行信息化建设,他担心自己不熟悉现代化的工作环境,想了解一系列医院信息化发展和医学信息技术的应用。

问题1:在全球信息化进程中,医学信息化建设的基础和关键是什么?

问题2:医院信息化建设对现代化护理工作有什么转变和推进?

一、医学信息标准化

信息标准化常指信息表达上的标准化,实质上就是在一定范围内人们能共同使用的对某类、某些、某个客体抽象的描述与表达。计算机广泛引入信息处理技术以来,信息标准化的表达方式常用数字、字符等抽象符号表达,这是因为计算机处理这些抽象符号较之信息的其他表达方式(如语言、文字、图形、图像等)更节省、更快捷、更方便。而广义的信息标准化不仅涉及信息元素的表达,而且涉及整个信息处理,包括信息存储与管理、信息传递与通信、数据流程、数据技术规范要求等。

例如,数据库是存储各种信息的数据存储管理系统,数据库不仅可以存储文字符号信息,还可存储图像、图形、影像等多媒体信息,目前常见的数据库管理系统有 SYBASE、DB2、Oracle、MySQL、Microsoft SQL Server 等。1992 年,ANSI 把 SQL 语言作为关系数据库语言的美国标准,目前已成为全球数据库查询语言的标准。

信息标准化是信息化的基本保证,是信息化建设过程中最基础的要素。

(一) 国际医学信息标准化工作成果

世界发达国家投入了大量人力、物力进行医学信息标准化的工作,取得了令人瞩目的成绩。目前,国际公认的、权威性的、有关卫生信息的组织主要有国际标准化组织 ISO、美国国家标准学会的卫生保健信息标准委员会(the American National Standards Institutes Healthcare Informatics Standards Board,ANSIHISB)、欧洲标准化委员会(European Committee for Standardization,CEN)等。一些国家和地区正在联合起来共同研究、开发制定国际医学信息标准,促进全球范围内的远程医疗及医学学科的学术交流。在医疗环境中医护人员主要涉及医学术语的标准化。以下列举几个重要且被广泛应用的标准:

1. 国际疾病分类(international classification of diseases,ICD) ICD 源于 1891 年国际统计研究所组织的对死亡原因的分类,至今已有一百多年的发展史,一般 10 年修订一次。1946 年由世界卫生组织做了第六次修订,首次引入了疾病分类,保持病因为主的分类思想,产生了对诊断术语进行编码的标准。1975 年在日内瓦的第九次修订,即 ICD-9 在全世界范围内得到了广泛的推广与应用。我国原卫生部早在 1981 年批准北京协和医院成立世界卫生组织疾病分类合作中心。1987 年发布文件,要求医院采用 ICD-9 作为疾病分类统计报告标准,2002 年开始在全国县级及其以上医院和死亡调查点推广使用 ICD-10,成为我国疾病分类与代码的国家标准。

2007 年 WHO 正式启动 ICD-11 的修订,并于 2008 年发布 ICD-11,2019 年 5 月,第 72 届世界卫生大会审议通过了 ICD-11,并于 2022 年 1 月 1 日正式生效。

2. 北美护理诊断协会码(the north american nursing diagnosis association,NANDA) 护理学作为一门独立的学科,有属于自己专业的医学概念、术语和知识。国际上一些护理组织在发展护理标准编码体系上十分活跃,其中国内应用较广的护理标准是 NANDA 于 1994 年通过,内容简洁,编码十分紧凑，共有 128 项，分属于交换、交流、关系、评价、选择、感情、领悟、了解和感觉等 9 个人体反应形态。NANDA 是用来描述病人对疾病和健康问题反应的护理诊断标准，与 ICD 着重描述疾病本身不一样。

3. 一体化医学语言系统（unified medical language system，UMLS） 又称统一医学语言系统，是由美国国立医学图书馆开发的最重要、规模最大的医学信息标准化项目。1960 年编制的医学主题词表（medical subject heading，MeSH）用于世界文献的索引，形成了 ULMS 的基础，它为医学上描述自然语言的结构化以及电子病历的实现提供了新的途径。

（二）我国医学信息标准化工作情况

早在"九五"期间，我国就开始了军队卫生信息标准的研究工作，2004 年成立了卫生信息标准化专业委员会，逐步明确了我国医学信息标准化建设的必经之路——认识、共识、推广应用。至今已经启动和即将启动的相关标准研究项目有数十个之多，如《国家卫生信息标准基础框架》《国家医院信息基本数据集标准研究》《国家公共卫生基本数据集标准研究》《社区卫生信息基本数据集标准研究》等。建立中国的医学信息标准体系，是促进我国医疗卫生事业发展的重要手段。

（三）分类与编码

分类和编码是信息标准化的主要方法之一。分类法实质是一个序化系统，即将某一要素或特征作为分类的依据，并将所有分类的对象按照这个要素或特征的序化关系或内在规律进行排序。贯穿整个分类过程中的序化标准称为轴，如果分类系统只采用一个序化标准就称为单轴分类系统，否则称为多轴分类系统。

编码是指定一个对象或事物的类别代码或类别集合代码的过程，编码的基本方法包括命名法编码和分类法编码。

（1）**命名法编码**：以具体事务为对象，对每一个事务给予唯一的、明确的代码名称。

（2）**分类法编码**：指首先将某一范畴的对象分类，再对每一类至每一个具体对象予以编码。分类法编码是卫生信息标准编码中最常用的编码方式。

只有解决了标准化的问题，才能从真正意义上实现医疗的数字化、信息化，才能实现高效率的全社会医疗资源共享、跨区域医疗、系统医疗。

二、医院信息化建设

医院信息化建设本质是医院信息系统建设，医院信息系统已成为医院科学管理和提高医疗服务水平的重要手段。传统的医院信息系统是以财务管理为核心的管理信息系统，目的是提高医院效率与效益，服务对象主要是窗口业务和管理人员。而目前的医院信息系统是以电子病历为基础的临床信息系统，旨在提高医疗质量和减少医疗差错，服务对象是医护人员。

（一）医院信息化发展状况

1. 国外医院信息化发展状况 国外医院信息化起步较早，20 世纪 80 年代，医院信息系统的理论趋向成熟，基于电子病历的临床诊疗信息共享也得到足够的重视。

在美国，政府最早于 1987 年组织了对"卫生信息标准"这一战略技术的开发与推广，要求医疗机构尽快进入数字医疗时代。在 2006 年度的美国联邦政府预算中，为实现电子病历设立了 1 025 亿美元的专款，要求医疗界在 10 年内彻底取消传统的纸张病历，让所有美国人都拥有一份个人健康记录。

在加拿大，2000 年 9 月政府成立卫生信息网络系统，开始为每一个公民建立个人电子健康档案。

2. 我国的医院信息化发展经历的标志性事件

（1）20 世纪 70 年代末，计算机进入我国医疗行业，部分医院开始应用小型的部门信息管理系统，如住院系统、药房系统等。在此期间，北京积水潭医院以及南京军区总医院最先将医院信息系统（HIS）应用于医疗工作。

（2）1995年5月，全国范围内启动"金卫"工程，即国家医疗卫生信息网络工程。主要包括建设现代化医院信息管理系统，铺设医疗卫生信息高速网络、全面应用医疗保险卡和卫生保健卡。

（3）"十一五"期间，政府加大卫生事业资金投入，2005年至2009年的五年间，在我国医疗卫生总支出中，政府卫生支出比重增加了近十个百分点，社会卫生支出比重增加了约五个百分点，个人卫生支出比重则相应降低了近十五个百分点。

（4）2009年4月，正式发布《中共中央、国务院关于深化医药卫生体制改革的意见》，我国首次将医疗卫生信息化建设列入政府文件，信息化作为其中一大支柱，是实现医疗改革的技术保障。

（5）2010年10月，完成"十二五"卫生信息化建设工程规划编制工作：我国医疗卫生信息化建设路线可归纳为"3521"工程，即"建设国家级、省级和地市级3级卫生信息平台，加强公共卫生、医疗服务、新农合、基本药物制度、综合管理5项业务应用，建设健康档案和电子病历2个基础数据库和1个专用网络建设"。

（6）在新医改背景下，原卫生部先后下发了《电子病历系统功能规范（试行）》和《电子病历系统功能应用水平分级评价方法和标准（试行）》，指导各地开展电子病历系统建设。目前，主要按照国家卫生健康委员会发布的2018版《电子病历系统应用水平分级评价标准》，指标内容划分为0~8共9个等级，医疗机构通过电子病历应用水平评估了解医院电子病历应用情况，与其他同级别的医院对比，了解自身发展水平，有针对性做出下一步医院信息化建设规划。

（二）医学信息化发展阶段

一般认为，医院信息化发展可分为三个阶段：

1. 起步探索阶段　20世纪60年代，发达国家开始将信息通信技术应用于医疗卫生系统，以期达到降低医疗成本、提高医疗质量的效果，开发医院管理信息系统（hospital management informations system，HMIS）以实现医院各部门乃至整个医院信息化管理。实践证明，计算机与信息技术是提高医疗工作效率和医院运营效益的最有效措施。

2. 局部发展阶段　20世纪70年代，发达国家大型医院已经拥有初具规模的医疗信息子系统，为临床信息系统（clinical information system，CIS）的应用做好了准备。20世纪80年代，临床信息系统逐渐出现在具有良好计算机网络应用基础的大型医院中，围绕病患的电子病历展开信息化建设。目标是达到医护人员均有计算机终端设备，实现脱离纸质材料的信息处理。医院各部门之间网络互联，快捷传输电子病历、医疗影像等医疗信息资源。

3. 全面发展阶段　20世纪90年代至今，随着医疗理念变化和信息技术的迭代升级，全球更多国家尤其是发达国家加大资金投入，开展各个级别的、以电子病历和电子个人健康档案建设为核心的区域性医疗卫生信息化建设。区域医疗卫生服务（global management information system，GMIS）要求在某个区域内的医院、社区医疗之间的医疗资源可以远程共享。

目前，我国医疗信息化建设已迈入区域医疗卫生服务阶段。在政策驱动与大量资金投入下，我国医院信息化建设覆盖面越来越广，并围绕电子病历这一核心开始更多的临床管理信息化建设。理想的状态是，医院内所有的临床医疗服务全部实现无纸化作业，未来在完善医院临床信息化建设的基础之上，实现全国范围内的卫生医疗服务信息化。

（三）医院信息系统功能建设

医院信息系统必须具有对数据或信息的采集、存储、处理、传输和获取五个基本功能。医院信息系统的功能架构是依据医疗业务需求而构建的，依据不同业务部门功能，将医院信息系统划分为若干子系统，每个子系统再划分为若干模块。临床医疗功能划归临床信息系统（CIS），其余部分划为医院管理信息系统（HMIS）。

临床信息系统是医院信息系统的核心，主要包括电子病历系统、医生工作站、护理工作站或护理信息系统（nurse information system，NIS）、实验室信息系统（laboratory information management system，LIS）、放射科信息系统（radiology information system，RIS）、手术麻醉管理分系统、输血及血库管理分系统、重症监护管理分系统、营养管理分系统、临床决策支持系统等。CIS 是以处理临床信息为主的管理系统。

医院管理信息系统（HMIS）是以处理人、财、物等信息为主的管理系统，以事务管理为主要内容。二者的区别是显而易见的，CIS 以医疗过程为主要内容，医疗过程是一个基于医学知识、医疗经验的推理、决策的智能化过程，HMIS 主要处理和管理医疗过程产生的信息，这些信息传统上采用手工书写，其中部分内容作为医疗过程的记录称为病历。CIS 与 HMIS 之间既相互区别，又相互关联。例如，住院登记属于 HMIS，但所采集的病人的基本信息是 CIS 的信息基础；医嘱处方用药属于 CIS，但是处方划价收费又属于 HMIS；检验检查在 HMIS 中主要侧重"申请—检查—结果"事务性管理，而在 CIS 中更注重信息在临床诊断、治疗中的作用。在护理信息系统等其他业务子系统中同样会涉及 HMIS 和 CIS 这两方面的内容。

1. 电子病历 当医院信息系统（HIS）覆盖医院的整个医疗过程时，医院内全面记录关于病人健康状态、检查结果、治疗过程、诊断结果等信息的医疗文件全部电子化，能够完全代替纸张记录的信息时，就形成了电子病历。它是医院信息系统的核心部分（图 1-10）。电子病历是一个记录病人长期动态健康信息的数据中心。

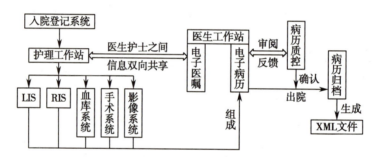

图 1-10 以电子病历为中心的信息共享示意图

作为病历发展的必然趋势，电子病历支持医院日常业务运行，同时，电子病历是 CIS 和 HMIS 的信息基础，体现了以病人为中心的医疗数据和管理数据的统一管理。

2. 医生工作站 根据原卫生部 2002 年颁布的《医院信息系统基本功能规范》，医生工作站与护理工作站都是临床信息系统的一个重要组成部分。

医生工作站是指协助医生完成日常医疗工作的计算机应用软件。其服务对象主要是临床一线的医护人员及其管理人员。医生工作站系统以电子病历为中心，支持医院建立病人电子病历库，为医生提供高效的电子病历和电子医嘱管理平台，为病人建立了连续的就医资料，极大地提高对病人的诊疗与服务水平。通过"病历质控"保证电子病历质量，为以后的病历统计分析提供有效的手段，并为电子病历临床数据库建设提供基础保障，对提高医院管理和医生的医疗水平产生非常重要的作用。医生工作站可以分成门诊医生工作站和住院医生工作站两种形式。

3. 护理工作站 护理信息系统一般包括临床护理子系统和护理管理子系统。而临床护理子系统一般也称为护理工作站，它是协助护士完成日常的护理业务处理，同时可方便地核对并处理医生下达的长期、临时医嘱，并对医嘱的执行情况进行管理的计算机应用软件。可以分成门诊护理工作站和住院护理工作站两种形式。由于各科室的护理工作的特殊性，临床护理子系统由通用的护理工作站和增加部分特殊功能的专科护理工作站组成，如急诊科护理工作站为专科护理工作站。

临床信息系统是医院信息系统的重要组成部分，是当前医院信息化发展最活跃的领域。在临床信息系统的研发和应用中，临床信息系统的基础是各个科室的业务处理，医务人员应用各个子系统处理日常医疗工作中的信息采集、信息传递、医疗文书并向全电子病历方向发展。

总之，从医院信息系统功能的角度看，各个业务子系统应紧紧围绕部门工作内容，以医疗业务工作作为系统的主要功能，以临床应用为目标，逐步发展为专业化、智能化的系统。

三、护理信息系统中的新技术应用

护理是临床医疗的重要组成部分，随着计算机在医疗领域的广泛应用，信息技术逐渐渗透到护理领域，在现有的医院信息系统中，如何跟踪医嘱的全生命周期，特别是护理记录信息，实现护理工作信息化，于是产生了护理信息系统。

（一）护理信息系统

护理信息系统（NIS）是指利用计算机软硬件技术、网络通信技术，帮助护士对病人信息进行采集、管理，为病人提供全方位护理服务的信息系统。自19世纪中叶南丁格尔创办护理学以来，护理临床实践和理论研究经历了以疾病护理为中心、以病人为中心和以人的健康为中心的3个主要发展阶段。目前，已经进入了以人的健康为中心的系统化整体护理阶段。

系统化整体护理是指以病人为中心，以现代护理观为指导，以护理程序为核心，并将护理程序系统化地应用于临床和管理的工作模式。作为现代护理的标志，它体现了护理工作的系统性、完整性、决策性与科学性。

整体护理是一项系统工程，仅护理程序就包括了评估、诊断、计划、实施、评价5个步骤，其中所包含的信息极其丰富和繁杂，它们互相重叠、交叉，又互为结果，而且必须完成的表格和记录也繁多，手工书写难以完成。同时系统化整体护理的根本目的不是完成这些记录，而是让护士走向床边，用更多的时间去贴近病人，去诊断和处理病人现存的或潜在的所有健康问题。实现系统化整体护理只有采用现代信息技术——护理信息系统。

护理信息系统的基本功能包括：①获取或查询病人的一般信息和既往住院或就诊信息。②实现对床边的管理和对病区的一次性卫生材料消耗的管理。③实现医嘱的录入、审核、确认、打印、执行和查询。④实现费用管理，包括对医嘱的执行、病人费用的后台自动计费、病人费用查询、打印费用清单和欠费催缴单。⑤实现基本护理管理，包括录入、打印护理诊断、护理计划、护理记录、护理请假单、护理排班表等。

护理信息系统可以采集、存储、提取临床信息和护理信息。信息有来自病人的、护理人员的，有来自治疗、护理、科研、教学和管理的，还有来自各种药品、设备、装置的不同类别信息。NIS具有信息复杂、随机性大、相关性强、质量要求高等特点。

从护理信息系统的发展看，护理信息具有重要价值，利用护理信息和护理知识，能对每一步护理过程提供临床决策。也就是说，不仅能够通过医院信息系统将采集的护理信息为临床各科医务工作者服务，还可以接受病人在临床医疗、临床检验相关信息为开展后续护理工作服务。

（二）信息技术对护理工作的推进

在医院信息系统中，病人挂号和入院时对每位病人进行了基本信息录入，但这些信息并不是实时跟着病人走，只有医护人员到办公区域的电脑终端上才能查到病人的准确信息。如果遇到突发事件，面对需要及时施救的病人，医护人员必须先查找病历，查看病人病史以及药物过敏史等重要信息，才能针对具体情况进行救治，HMIS的传统医护工作站会耽误抢救病人的最佳时机，采用条形码、RFID和手持设备等现代化信息技术手段，不仅避免使用信息系统对医疗过程的干扰，而且是实现系统化整体护理的基本保障，有效地提高了工作效率和服务水平，在临床中收到较好的效果。

病人身份确认和药物标识是指医护人员在医疗活动中对病人的身份进行查对、核实，以确保正确的治疗用于确定病人的过程。在护理工作中病人身份的辨识是非常重要的环节，通过条形码扫描进行护理操作的身份核对，是保障病人安全的关键环节，避免了人工核对存在差错的风险，保证了用药安全,减少了护理不良事件的发生。

利用 RFID 医疗腕带,存储了病人的相关信息,包括个人资料以及药物过敏史等重要信息,更多更详细的信息可以通过 RFID 电子标签的电子编码对应到数据库中。将标有重要资料的 RFID 医疗腕带系在病人手腕上进行 24 小时贴身标识,医护人员可以随时随地获取每一位病人的准确信息。通过特殊设计的病人标识腕带,能防止被调换或去除,确保标识对象的唯一性和准确性,有效地对病人进行管理。同时,医院的工作人员也佩戴有 RFID 技术的胸卡,可以在紧急时刻找到最重要的医护人员。

如果在手持设备上安装"移动医护工作站"应用,就可以解决护士工作局限在工作站的问题。护士只要携带掌上电脑,在任何地方都可以完成和记录护理工作。

1. 移动医护工作站　传统的 HIS 都是以有线联网的方式为用户提供服务,移动医护工作站应用无线网络技术,通过无线网络保持与整个信息系统网络实时连接,将病人信息从医生办公室和护理站带到了病人床旁。

移动医护工作站按照病人床旁的信息需求开发,医生可以在床旁查阅病人病历后直接下医嘱,护士可以在床旁提取病人医嘱、执行医嘱,可以将采集的病人体温、脉搏等信息直接录入系统中。

2. 床边医嘱系统　医嘱管理主要是对住院医生开具的住院医嘱进行执行的系统。床边医嘱执行是护士在病人床边通过病人身份核对系统直接在床边执行,记录病人的生命体征,录入的生命体征数据直接导入电子病历系统自动生成,不必到护士站计算机进行记录,避免了重复记录、事后补录,减少了中间环节。

3. 无线输液系统　静脉输液是临床医学治疗常用的手段之一,在静脉输液、皮试、输血等医嘱执行过程中,无线网络技术的应用可以使掌上电脑完成与存储病人输液信息的数据库之间的数据交互。通过手持终端扫描条形码对病人信息和药品信息进行实时确认。操作的执行人及时间由系统自动记录,护士不必再记录纸质执行单。

无线输液系统实现输液全程监管,输液过程中可能存在鼓包、血液回流、控制滴速、接瓶等不安全因素。通过射频识别技术、光电监测法与输液报警器对输液过程进行实时监控,病人或家属不需要离开座位就可以呼叫护士,护士收到请求后可以及时准确地提供护理服务,确保病人输液安全,提高了工作效率和输液服务质量,同时还自动完成绩效考核数据统计。

护士工作站前移到病房,有利于落实整体护理,为病人提供连续、全程护理服务,并让护士有更多的时间为病人提供床旁服务和交流,有利于加强护患沟通,密切护患关系。当护士走到病人床边时,使医疗过程中采集和录入病人信息的过程更符合人的思维过程,同时能够减轻护士工作量。

利用信息技术使护士从繁重的大量的非护理工作中解脱出来,给病人提供优质高效的医疗服务、人性化的护理服务,信息技术推动了护理工作现代化,成为当前医院信息化建设重点。

(崔金梅)

思考题

1. 标准的 ASCII 码用 7 位二进制位表示,可表示不同的编码个数是 128,为什么?
2. 简述 IP 地址与域名的关系。
3. 简述临床信息系统(CIS)与医院管理信息系统(HMIS)的区别与联系?
4. 为什么说电子病历是医院信息系统的核心?

ER 1-5

练习题

第二章 | Windows 操作系统

学习目标

1. 理解操作系统的基本概念；了解 Windows 10 操作系统的特点。
2. 掌握文件和文件夹的基本操作。
3. 熟练掌握 Windows 10 的基本操作。
4. 具有良好的综合运用知识，分析、处理问题的能力。

操作系统是计算机系统正常运行必不可少的重要组成部分，它为人们实施各种计算机应用奠定了重要基础。目前微机上常用的操作系统有 OS/2、UNIX、XENIX、LINUX、Windows、Netware 等。Windows 10 操作系统是微软公司所研发的跨平台及设备应用的操作系统，具有大量实用的新功能和趋于完美的操作体验，具备完善的硬件支持、跨平台的操作体验、节能安全的系统保护措施等特色。本章主要介绍操作系统的概念、功能、分类以及应用。

第一节　操作系统概述

情景导入

新学期开始啦，小王同学打算购置一台新的电脑，以满足学习和生活的需要。于是，他来到商城，销售人员热情地介绍了几款当前最流行的电脑，并询问他需要什么样的操作系统。这可把小王问住了，为此，他来到图书馆，打算好好了解一下操作系统。

问题 1：什么是操作系统？操作系统的特点和作用是什么？

问题 2：目前最常用的操作系统有哪些？怎样实现对数据的管理？

一、操作系统的概念

操作系统（operating system，OS），是电子计算机系统中负责支撑应用程序运行环境以及用户操作环境的系统软件，同时也是计算机系统的核心与基石。操作系统是控制和管理计算机软硬件资源、合理组织计算机工作流程，以及方便用户操作的程序集合。它的职责常包括对硬件的直接监管、对各种计算资源（如内存、处理器时间等）的管理，以及提供诸如作业管理之类的面向应用程序的服务等。从用户的角度讲，操作系统是用户与计算机之间的接口，用户通过操作系统让计算机工作，计算机又通过操作系统将信息反馈给用户。

计算机软件大体可分为系统软件和应用软件两大类，操作系统是计算机系统中最重要、最基本的系统软件。它与硬件、软件的层次关系如图 2-1 所示。它的主要功能是对计算机的硬件资源和软件资源进行管理、调度和分配。其他软件都是在操作系统的支持下进行工作的，如果操作系统遭到损坏,计算机系统将不能正常工作。

二、操作系统的功能、分类和特点

(一) 操作系统的功能

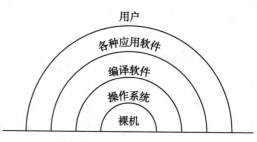

图 2-1　操作系统与硬件、软件的层次关系

操作系统的主要功能是资源管理、程序控制和人机交互等。计算机系统的资源可分为设备资源和信息资源两大类。设备资源指的是组成计算机的硬件设备,如中央处理器、主存储器、磁盘存储器、打印机、磁带存储器、显示器、键盘和鼠标等。信息资源指的是存放于计算机内的各种数据,如文件、程序库、知识库、系统软件和应用软件等。

从资源管理角度看操作系统具有以下五大功能:

1. 进程管理　又称处理器管理,其主要任务是对处理器的时间进行合理分配、对处理器的运行实施有效的管理。操作系统可以使 CPU 按预先规定的优先顺序和管理原则,轮流地为外部设备和用户服务,或在同一时间内并行地处理多项任务,以达到资源共享,从而使计算机系统的工作效率得到最大化。

2. 存储器管理　由于多道程序共享内存资源,所以存储器管理的主要任务是对存储器进行内存分配、存储保护和主存容量的逻辑扩充等管理。

3. 设备管理　根据确定的设备分配原则对设备进行分配,使设备与主机能够并行工作,为用户提供良好的设备使用界面。

4. 信息管理　前面三种管理都是针对计算机的硬件资源进行管理。信息管理也叫文件管理,主要是对系统的软件资源进行管理。它能有效地管理文件的存储空间,合理地组织和管理文件系统,为文件访问和文件保护提供更有效的方法及手段。

5. 用户接口　用户操作计算机的界面称为用户接口(或用户界面),通过用户接口,用户只需进行简单操作,就能实现复杂的应用处理。用户接口有两种类型:

(1)**命令接口**:用户通过交互命令方式直接或间接地对计算机进行操作。

(2)**程序接口**(application programming interface,API):程序接口也称为应用程序编程接口,供用户以程序方式进行操作。用户通过 API 可以调用系统提供的例行程序,实现既定的操作。

(二) 操作系统的分类

随着计算机技术的发展,人们开发了许多适用于不同机型、不同用户群的操作系统。

根据支持的用户数,可分为单用户操作系统和多用户操作系统,如:DOS 和 Windows;根据操作系统的使用环境和对作业处理方式可分为批处理操作系统、分时操作系统、实时操作系统;根据硬件结构不同可分为网络操作系统、多媒体操作系统和分布式操作系统等。

个人计算机操作系统主要用于台式机和笔记本电脑。比如:MacOS、Windows 7、Windows 8、Windows 10 等。手机操作系统主要有 iOS、Android、华为鸿蒙系统等。嵌入式操作系统主要有VxWorks、QNX、uClinux、RTEMS 等,主要用于汽车、家用电器等设备中的控制系统。

(三) Windows 10 操作系统

1. Windows 10 的不同版本　Windows 10 是微软公司发布的一个操作系统,共分为 7 个不同的版本,分别面向不同的用户和设备。

(1)**Windows 10 家庭版**(Windows 10 Home):普通用户使用最多的版本,主要面向个人计算机、平板电脑、二合一计算机等设备,拥有 Windows 全部核心功能,如 Edge 浏览器、虚拟桌面、Cortana 语音助手等。

(2)**Windows 10 专业版**(Windows 10 Professional):Windows 10 专业版主要面向商业用户,除了

Windows 10 家庭版所包含的功能之外,还新增了一些安全类和办公类功能,如允许用户管理设备和应用、保护敏感企业数据、云技术支持等。还内置了一系列 Windows 10 增强的技术,主要包括组策略、Bitlocker 驱动器加密、远程访问服务及域名连接。

(3) Windows 10 **企业版**(Windows 10 Enterprise):主要针对大型企业开放的版本,增加了大型企业用来防范针对设备、身份、应用和敏感企业信息的现代安全威胁的功能,如无须 VPN 即可连接的 Direct Access、通过点对点连接与其他个人计算机共享下载与更新的 Branch Cache、支持应用白名单的 APP Locker、基于组策略控制的开始屏幕等。

(4) Windows 10 **教育版**(Windows 10 Education):与企业版类似,主要针对大型学术机构设计的版本,具备企业版的安全、管理和连接功能。

(5) Windows 10 **移动版**(Windows 10 Mobile):主要面向尺寸较小、配置触控屏设备的移动设备,集成有与 Windows10 家庭版相同的通用 Windows 应用和针对触控操作优化的 Office 和 Outlook 办公软件。

(6) Windows 10 **移动企业版**(Windows 10 Mobile Enterprise):针对大规模企业用户推出的移动版,采用了与企业版相类似的批量授权许可模式,它将提供给批量许可用户使用,新增了企业管理更新,以及及时获得更新和安全补丁软件的方式。

(7) Windows 10 **物联网核心版**(Windows 10 IoT Core):针对专用嵌入式设备构建的系统版本,支持树莓派 2 与 Intel Minnow Board Max 开发板。系统功能、代码等方面都进行了大量的精简和优化,主要面向小体积的物联网设备。

2. Windows 10 的特点

(1) **全新蜕变的操作系统**:Windows 10 操作系统在 Windows 8 操作系统的基础上对于易用性、安全性等方面进行了深入的改进与优化。同时,Windows 10 操作系统还针对云服务、智能设备、人机交互等新技术进行了融合。

(2) **更加开放**:通过 Windows 会员计划,微软收到了近 700 万会员参与的 Windows 10 操作系统的测试意见和建议,微软也承诺每年会为 Windows 10 提供两次重大更新服务,包括安全更新以及新功能等内容,这样可以使计算机随时保持在最佳的状态。

(3) **硬件支持更加完善**:Windows 10 操作系统对计算机硬件要求低,只要能运行 Windows 7,就能更加流畅地运行 Windows 10 操作系统,此外,Windows 10 操作系统对固态硬盘、生物识别、高分辨率屏幕等设备都进行了优化支持与完善。

(4) **更加安全**:Windows 10 操作系统除了继承旧版 Windows 操作系统的安全功能之外,还引入了 Windows Hello、Microsoft Passport、Device Guard 等安全功能。

(5) **更加省电**:移动设备越来越普及,设备的电池使用时长也是用户考虑的重要问题之一,而微软也出于省电的目的,为 Windows 10 操作系统做了大量的改进,重要的一点就是 Modern 界面。Modern 界面简洁,没有华丽的效果,因此能降低操作系统资源使用率,而且微软完善了 Windows 10 电源管理的功能,使之变得更加智能。

(6) **不同平台相同体验**:微软着力于统一各平台用户体验,智能手机、平板电脑、桌面计算机都能使用 Windows 10 操作系统,而且操作方式与交互逻辑都相同,用户可以无缝切换平台,而不用付出任何学习成本,同时,通过微软云服务,可轻松在各个平台设备中分享数据。

第二节　Windows 10 的基本操作

情景导入

　　小王同学新买了一台电脑，拿回来后迫不及待地使用起来。他第一次接触到了 Windows 10（家庭版）操作系统，一下子被其简洁大方的界面、流畅的操作体验给吸引住了，但还有一些基本操作不是很熟悉。于是他特意来请教老师，老师给了他一个完整的学习方案。

　　问题 1：窗口和对话框最大的区别在哪？

　　问题 2：？和 * 有什么区别？

一、Windows 10 的启动和关闭

（一）Windows 10 的启动

　　在计算机上成功安装 Windows 10 操作系统以后，在连通电源的情况下，按下主机电源开关即可自动启动，计算机先进行设备自检，然后开始系统引导，启动 Windows 10，进入系统登录界面。如果未设置系统管理员密码，可以直接点击用户图标登录系统；如果设置了管理员密码，输入密码后按【Enter】键，即可登录系统。

　　也可以使用 Windows Hello 功能登录，它通过生物识别技术（面部识别、指纹识别等方式）来登录系统，比密码登录方式更加方便、高效、安全。在"系统设置"→"账户"→"登录选项"中进行设置即可。

（二）Windows 10 的关闭

　　退出操作系统之前，应先关闭所有打开或正在运行的程序。然后打开"开始"菜单，选择"电源"命令（图 2-2），在弹出的菜单中选择"关机"命令即可；若点击"重启"命令，系统将关闭 Windows，然后自动重新启动系统；若点击"睡眠"命令，系统将内存中的所有内容保存到硬盘、退出 Windows 系统、关闭电源，重新启动计算机时，将从硬盘上恢复"睡眠"前的任务。

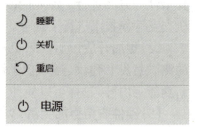

图 2-2　"电源"命令

二、认识 Windows 10 的桌面

（一）桌面

　　进入 Windows 10 之后，显示的界面就是桌面，也是用户与计算机交互的工作窗口。Windows 10 桌面主要由桌面背景、图标、任务栏、"开始"菜单等组成（图 2-3）。

（二）图标

　　桌面上的图标类似于图书馆中的图书标签，和读者通过图书标签方便地找到自己需要的图书一样，图标是一个小的图片或对象，代表一个文件、程序、网页或命令，它有助于用户快速执行命令和打开程序文件。桌面图标分为系统图标和快捷图标两种。

　　1. 系统图标　系统图标是 Windows 系统启动后自带的图标，包括计算机、用户文件、控制面板、网络、回收站。在安装完成 Windows 10 操作系统之后，桌面默认就只有一个回收站图标。其余图标可以根据需要进行添加，方法是在桌面空白处单击鼠标右键，在打开的菜单中选择"个性化"命令，打开"设置"对话框，单击左侧的窗格中的"主题"选项，再单击右侧窗格中的"桌面图标设置"，弹出"桌面图标设置"对话框（图 2-4），选择需要添加的系统图标，单击"确定"按钮，即可看到桌面新添加的系统图标。

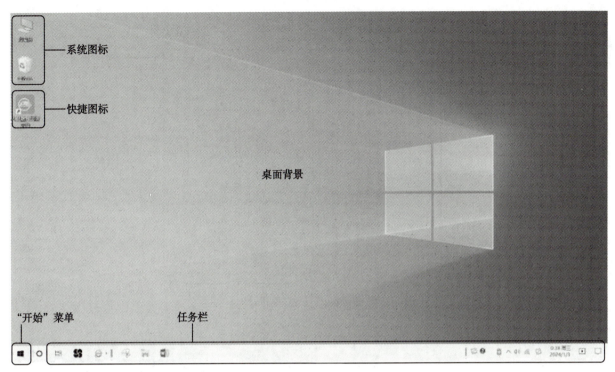

图 2-3　Windows 10 桌面

2. 快捷图标　快捷图标是用户自己创建的或者应用程序自动创建的图标，左下角有一个箭头。鼠标双击某个快捷图标，即可打开与之关联的程序或者文件。

（三）"开始"菜单

Windows 10 的"开始"菜单经过了全新设计，相对于之前的 Windows 版本使用起来会更加方便。单击屏幕左下角的按钮▦，即可打开"开始"菜单（图 2-5）。

"开始"菜单分成三列：最左栏包含用户账户头像、Modern 设置、快速文档和图片资源浏览以及电源按钮；中间为常用的应用程序列表以及按照字母索引排序的应用程序列表；右边一栏为"开始"屏幕，可将应用程序固定在其中。

1. 应用程序列表　在"开始"菜单中，应用程序以名称中的首字母或拼音升序排列，单击排序字母可以显示排序索引（图 2-6），通过索引可以快速查找应用程序。

图 2-4　"桌面图标设置"对话框

2. "开始"屏幕　"开始"菜单右侧界面称为"开始"屏幕，"开始"屏幕上显示的那些类似于图标的图形方块，称为动态磁贴（Live Tile）或磁贴，其功能和快捷方式类似，但是它的功能不仅限于打开应用程序。动态磁贴有别于图标，因为动态磁贴中的信息是活动的，在任何时候都显示正在发生的变化。动态磁贴中所呈现的都是用户接收到的信息和内容，可以非常方便地呈现用户在生活和工作上需要获取的信息。

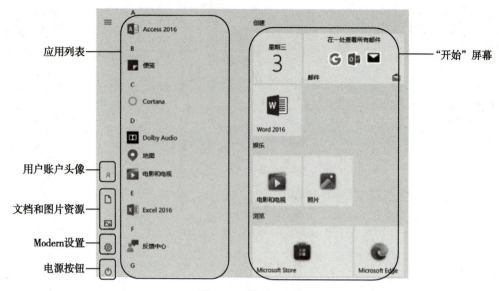

应用列表

"开始"屏幕

用户账户头像

文档和图片资源

Modern设置

电源按钮

图 2-5 "开始"菜单

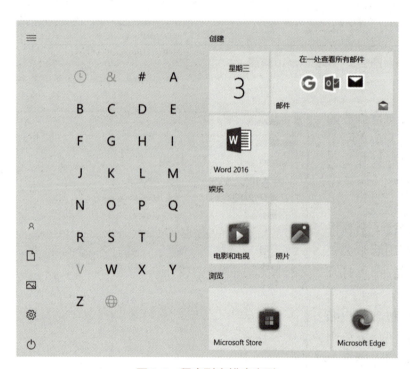

图 2-6 程序列表排序索引

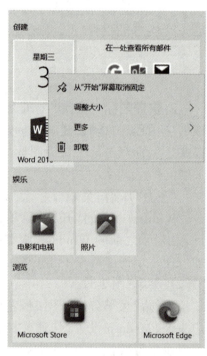

图 2-7 "磁贴"功能菜单

拖动"开始"菜单中的动态磁贴可自由移动至"开始"屏幕的任意位置或分组中,右键单击固定的动态磁贴或应用程序列表中的应用程序即可显示功能菜单(图 2-7):

(四) 任务栏

1.**任务栏的组成** 任务栏一般位于屏幕最底部(图 2-8),任务栏的主要功能是显示用户当前打开程序窗口对应的图标,以便在不同程序之间切换。

(1)"**开始**"**按钮**:位于任务栏最左边,单击后弹出"开始"菜单,在"开始"菜单中可以进行启动程序、查找文件及访问"帮助"等操作。

(2)**Cortana 搜索按钮**:是 Windows 10 新增加的功能,单击该按钮,展开搜索界面,在该界面中可以通过打字或者语音输入的方式快速打开某一个应用,也可以实现聊天、看新闻、设置提醒等操作。

图 2-8　任务栏的组成

（3）**"任务视图"按钮**：单击该按钮，可以让当前计算机出现多个桌面，其中"桌面 2"显示当前该桌面运行的应用窗口，"桌面 1"显示一个干净的桌面，还可以单击"新建桌面"按钮，再次新建一个桌面。

（4）**快速启动区**：主要是对经常使用的程序图标进行集中放置，单击该区上的图标，即可运行相应的应用程序，以便提高操作效率。用户可以通过右击对应的程序文件或快捷方式将其锁定到任务栏；也可通过同样方式"将此程序从任务栏解锁"；还可以通过鼠标左键拖拽方式移动任务栏上图标以改变其顺序。

（5）**任务切换区**：当启动某一应用程序时，在"任务栏"上出现应用程序的窗口标题按钮，显示已打开的程序或者文件。

（6）**通知区域**：位于任务栏最右侧，包括"语言栏""托盘区""通知和操作中心"等。可以让用户随时了解电脑的运行情况。通知区域包含了当前系统正在运行的一些程序的图标，这些图标表示计算机上某程序的状态，为程序的特定设置提供了便捷访问途径。不同用户的通知区域中显示的图标类型并不是完全相同和固定的，主要取决于系统中安装的程序、服务以及计算机制造商设置计算机的方式。通知区域中的某些图标如果在一段时间内未处于活动状态，他们就会自动隐藏起来，可以单击通知区域中的按钮来查看隐藏的图标。

语言栏是一个工具栏，它可以内置到任务栏右侧，也可以浮动于所有窗口的最前面，通过语言栏可以自由地选择输入法。除了 Windows 10 自带的输入法，用户也可安装其他输入法。

托盘区域位于任务栏右侧，用于显示后台运行的程序、时间日期。Windows 10 默认情况下显示 4 种系统图标，分别为操作中心、电源选项（仅针对笔记本电脑）、网络连接和音量图标。用户可通过"自定义选项"设置程序图标显示方式，当图标过多时可以单击向上箭头显示其他被隐藏的图标。

通知和操作中心在任务栏最右侧，有一个通知图标，单击通知图标会打开通知中心和操作中心，用于显示各种应用的通知和系统的各种设置操作按钮（图 2-9）。

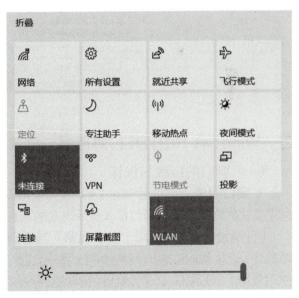

图 2-9　通知和操作中心

（7）**"显示桌面"按钮**：位于任务栏最右端，单击该按钮，则所有打开窗口均会被最小化，且只显示完整桌面，再次单击该按钮，原先打开的窗口会被恢复显示。该按钮功能与快捷键【Win】+【D】完全相同。

2.任务栏设置　任务栏的设置主要有任务栏的移动、尺寸的调整及属性设置。

（1）**任务栏的锁定**：在任务栏的空白处右击，弹出快捷菜单，若"锁定任务栏"命令前面有"√"，则表示任务栏已锁定，不能改变其某些设置。反之表示可以改变其某些设置。

（2）**任务栏的移动**：任务栏的位置不是一成不变的，当任务栏处于非锁定状态下时，在任务栏的空白处按下鼠标左键可以拖动任务栏到桌面的顶部、底部、左侧、右侧四个边缘，但是不能放在屏幕的中间。

（3）**任务栏尺寸的调整**：在任务栏非锁定状态下，将鼠标指针移到任务栏的上边缘，当指针变成双向箭头时，按住左键，拖曳边缘到理想的尺寸，释放鼠标左键即可。

（4）**任务栏设置**：在任务栏的空白处单击鼠标右键，在弹出的快捷菜单中选择"任务栏设置"命令，打开"设置"对话框（图2-10），可在其中进行"锁定任务栏""在桌面模式下自动隐藏任务栏""使用小任务栏按钮"等功能的"开""关"设置，以及"任务栏在屏幕中的位置"设置等。

图2-10　"任务栏设置"对话框

三、Windows 10 的窗口、对话框与菜单

（一）窗口的组成与操作

1. 窗口组成　窗口是 Windows 10 系统最基本的组成部分，是各种应用程序操作的地方，所有程序及文件内容都是以窗口形式显示出来的。在 Windows 10 系统中，窗口的组成结构如下（图2-11）。

（1）**地址栏**：地址栏用于显示和输入当前浏览位置的详细路径信息，用户可以通过下拉列表选择地址，直接访问本地或网络中的文件夹，也可以直接在地址栏中输入网址访问互联网，从而提高使用效率。Windows 10 的地址栏前端提供按钮功能，用户可以通过单击"后退""前进"或"向上"按钮分别返回上一个、下一个浏览过的位置或者上层目录，也可单击地址栏最右端的按钮打开用户访问的历史记录，单击按钮可以刷新当前目录或者网页。

（2）**快速访问工具栏**：快速访问栏位于窗口的顶端，其中包含了若干个功能按钮，可以通过点击功能按钮快速地进行相应的操作。默认情况下，快速访问工具栏只显示"属性"和"新建文件夹"按钮，点击右侧的下拉按钮，弹出下拉菜单（图2-12），可以选择是否添加其他的功能按钮。

（3）**选项卡**：选项卡存放常用的操作按钮。单击某一个选项卡，下方会弹出功能区，选项卡上的按钮会根据查看的内容不同而有所变化。

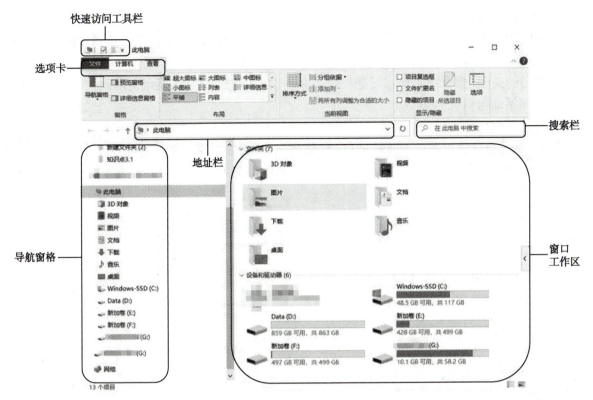

图 2-11　窗口的组成

（4）**搜索栏**：在 Windows 10 中，任意文件夹窗口右上方的搜索栏都具备动态搜索功能，搜索时至少需要确定搜索范围及搜索文件或文件夹的名字，搜索范围和名字越精确，搜索效率越高。

（5）**导航窗格**：导航窗格以树形结构显示文件夹列表，用户可通过导航窗格快速访问列表中的文件夹和文件，也可访问导航窗格中包含的收藏夹、库、计算机和网络四类内容。需要注意的是，每个节点均可通过单击进行展开或折叠。通过"查看"工具栏下面的"窗格"功能区可以设置是否显示导航窗格。

（6）**窗口工作区**：窗口工作区用于显示窗口中的主要内容，它是窗口的最主要部分。"计算机"窗口主要包括本机中所有硬盘盘符、可移动存储设备、网络位置和其他内容。可以通过"查看"工具栏调整窗口工作区内容的显示方式。

图 2-12　快速访问工具栏

2. 窗口的操作

（1）**窗口的打开**：鼠标双击应用程序、文件夹可打开相应的窗口；或右击应用程序、文件夹，弹出快捷菜单，选择"打开"命令，也可打开相应的窗口。

（2）**窗口大小的改变**：鼠标单击最小化、最大化或还原按钮可以改变窗口的大小；或将鼠标放于窗口边缘，鼠标变成双向箭头，鼠标左键拖动窗口边框即可改变窗口的大小。

（3）**窗口的移动**：当窗口未处于最大化状态时，将鼠标指针置于窗口的标题栏上，按下鼠标左键，拖动到目标位置即可。

（4）**窗口的排列**：窗口处于最大化状态时，鼠标右击任务栏空白处，从弹出的快捷菜单中可以看见有层叠窗口、堆叠显示窗口和并排显示窗口三种方式，选择其中一种方式，即可进行窗口排列，可用于多窗口的操作。

（5）**窗口的切换**：当同时打开多个窗口时，当前活动窗口只有一个，若要切换到目标窗口，则只需单击目标窗口即可。

（6）**窗口的关闭**：鼠标单击窗口标题栏右上角的"关闭"按钮，或在键盘上同时按下【Alt】+【F4】快捷键，关闭活动窗口。

（二）对话框的组成

对话框是人与计算机进行沟通的平台，它是 Windows 中的次要窗口，通过它可以完成特定的命令和任务。与窗口相比，对话框的大小不能改变，标题栏上无最大化和最小化按钮，通常会有"？"按钮，使用该按钮用户可以获得帮助信息。在 Windows 窗口菜单中，菜单命令后面带有"…"符号的，表示执行该命令后会弹出相应的对话框。

对话框中的可操作元素主要包括命令按钮、选项卡、单选按钮、复选框、文本框、列表框和数值框等（图 2-13）：

1. 选项卡　是设置选项的模块。单击任意一个选项卡，即可切换到该选项卡对应的对话框中，从中可完成相关的操作。

2. 文本框　是对话框中的一个空白区域，单击其空白处，会出现光标插入点，在插入点输入文字。

3. 单选按钮　同一组命令中必须选择而且只能选中一条命令。

图 2-13　对话框的组成

4. 复选框　单击方框即可选中相应项，同一组命令中可同时选择多条命令。

5. 下拉列表框　单击下拉列表框右侧的下拉按钮，将弹出一个下拉列表，从中可选择所需选项。

6. 数字选择框　直接输入数字或通过【调整】按钮，递增、递减数字。

7. 命令按钮　单击命令按钮可执行完成相关的命令或任务，【确定】和【取消】按钮最为常见。

（三）菜单的组成和操作

1. 菜单的组成　Windows 中大多数的命令都是通过菜单中的相关命令来实现的，菜单就是一组命令列表，这是 Windows 的特色之一。Windows 的菜单一般包括"开始"菜单、窗口菜单、快捷菜单、控制菜单和子菜单。

（1）**"开始"菜单**：存放操作系统或设置系统的绝大多数命令，而且还可以使用安装到当前系统里面的所有的程序。

（2）**窗口菜单**：是提供控制工作环境中窗口的命令，如工作区、工具、选项、历史记录、颜色等面板的选项。

（3）**快捷菜单**：是显示与特定项目相关的一列命令的菜单，即鼠标右击时常出现的那个菜单。

（4）**控制菜单**：在 Windows 操作系统中，每个应用程序都有一个控制菜单。提供还原、移动、大小、最大化、最小化、关闭窗口功能。右击标题栏的任意位置，或单击标题栏左侧的图标即可弹出控制菜单。同时按住【Alt】+【空格】按键也可以弹出控制菜单。每个程序都有的控制菜单具有相同的菜单命令。

（5）**子菜单**：菜单栏实际是一种树型结构，子菜单是菜单栏的一个分支。

2. 菜单的打开及有关约定　窗口菜单等可以用单击鼠标左键的方法打开,而快捷菜单要用鼠标右击的方法打开。

(1)**菜单分组线**:是将菜单中属同一类型的项目排列在一起,成为一组,各组间用横线分隔,方便用户查找。

(2)菜单中显示为黑色表示单击后可以执行,显示为灰色表示当前不可执行。

(3)菜单命令后带下划线的字母表示按下【Alt】键和该字母可打开该菜单。

(4)菜单命令中带下划线的字母表示在菜单打开的情况下,直接按下该字母执行相应命令。

(5)菜单命令右边的"…"命令表示执行该命令后可弹出对话框。

(6)菜单命令前有"●"符号表示单项目选定标记,即一组中只能选定一个命令。

(7)菜单命令前有"√"符号表示多项目选定标记,有"√"符号表示命令项生效,反之无效。

(8)菜单命令右边快捷键,可以快速地利用键盘执行菜单命令。

(9)菜单打开后最下边的"≫I"表示鼠标指针指向该符号,菜单自动会显示隐藏的命令。

(10)菜单命令左边的图标,表示这些图标均可在各类工具栏上找到。

四、Windows 10 的鼠标和键盘操作

(一)鼠标的基本操作

鼠标的常用操作方法有以下5种:指向、单击、双击、拖曳、右击。

鼠标指针的形状及其含义如表2-1所示。

表 2-1　鼠标指针形状及其含义

指针形状	含义	指针形状	含义	指针形状	含义
↖	正常选择	I	文字选择	↘	沿对角线调整 1
↖?	帮助选择	✎	手写	↗	沿对角线调整 2
↖○	后台运行	○	不可用	✛	移动
○	忙	↕	垂直调整大小	↑	候选
＋	精确选择	↔	水平调整大小	☝	链接选择

(二)键盘的基本操作

在 Windows 10 的系统中,有些操作使用鼠标很麻烦,使用快捷键就简单多了,掌握这些快捷键,可以大大加快操作速度,提高工作效率。Windows 常用的快捷键如表2-2所示。

表 2-2　Windows 常用的快捷键

快捷键	含义	快捷键	含义
F1	打开帮助	Windows + L	锁定系统
F5	刷新(可用于桌面和网页)	Windows + Tab	3D 效果显示切换窗口
Alt + F4	关闭当前窗口	Windows + E	打开资源管理器
Ctrl + A	选定全部内容	Windows + R	打开运行命令框
Ctrl + C	将选定内容复制到剪贴板	PrtSC	复制屏幕图像到剪贴板
Ctrl + X	将选定内容移动到剪贴板	Alt + PrtSC	复制当前窗口图像到剪贴板
Ctrl + V	将剪贴板内容粘贴到当前光标位置	Ctrl + Shift	在各种输入法之间进行切换
Ctrl + Z	撤销刚进行过的操作	Shift + Delete	彻底删除
Ctrl + Tab	窗口切换	Ctrl + Alt + Esc	打开 Windows 任务管理器

五、Windows 10 的文件管理

(一) 文件和文件夹的基本知识

计算机中通常把程序和数据以文件形式存储在外存储器上供用户使用。文件管理，就是操作系统中实现文件统一管理的一组软件、被管理的文件以及为实施文件管理所需要的一些数据结构的总称。从系统角度来看，文件系统是对文件存储器的存储空间进行组织、分配和回收，负责文件的存储、检索、共享和保护。从用户角度来看，文件系统主要是实现"按名取存"，文件系统的用户只要知道所需文件的文件名，就可存取文件中的信息，而无须知道这些文件究竟存放在什么地方。

1. 磁盘　磁盘是存储计算机数据的主要设备，可以包括硬盘、移动硬盘、U 盘、光盘等多种类型的磁存储设备。在磁盘存储数据之前必须先在磁盘中创建分区，然后使用一种指定的文件系统对分区进行格式化，最后为格式化好的分区分配驱动器号。分区是在基本磁盘中划分出的独立单元，用于存储文件和数据，各个分区在逻辑上相对独立。

磁盘分区由盘符来加以区别，盘符通常由磁盘图标、磁盘名称和磁盘使用信息组成，用大写英文字母加冒号来表示，如 C:(简称 C 盘)。用户可以根据自己的需求在不同的磁盘内存放相应的内容，并为磁盘分区设置自定义的名称。

2. 文件　文件是一组相关信息的集合，该集合的名称就是文件名。如：一个程序，一首歌曲，一张图片等都可以认为是一个文件。文件由文件名和文件图标组成。在 Windows 中，文件名一般由文件名称和扩展名两部分组成，这两部分由一个点隔开。如"考试成绩.docx"，"考试成绩"是文件名，而".docx"是扩展名。Windows 文件的命名规则如下：

(1) 支持长文件名，但最多不得超过 256 个字符。

(2) 在命名时不能出现以下西文字符：

\　/　:　*　?　"　"　<　>　|

(3) 命名时不区分英文字母大小写。如 TEXT1.DOC 和 text1.doc 表示同一个文件，但在显示时，会保留大小写格式。

(4) 除了开头，允许使用空格，也可以使用多个分隔符，如"助产 计算机应用基础.成绩.docx"等。

文件的扩展名一般由 1~4 个字符组成，常见的文件类型如表 2-3 所示。

表 2-3　常见的文件类型

文件类型	扩展名	文件类型	扩展名	文件类型	扩展名
网页文件	.HTML	系统文件	.SYS	文本文件	.TXT
压缩文件	.ZIP 或 .RAR	临时文件	.TMP	Word 文件	.DOCX
帮助文件	.HLP	声音文件	.WAV 或 .MP3	Excel 文件	.XLSX
可执行文件	.EXE	图像文件	.JPG 或 .PNG	演示文稿文件	.PPTX

3. 文件夹　文件夹是在磁盘上用于存储程序、文档、快捷方式和其他文件夹的一种容器。文件夹也有自己的名称，其命名方式与文件相似，但文件夹没有扩展名。一个文件夹中，可以保存许多文件，也可以有下属子文件夹，每一个文件夹中也可以再建立文件夹，称为子文件夹。以此类推，即可形成文件和文件夹的"树形"关系，叫作树形结构的文件系统。由一个根文件夹和若干层子文件夹组成树型结构，称为文件夹树(一棵倒置的树)。在树型结构的文件系统中，根文件夹就像树的根，各文件夹像树的分枝，文件则像树的叶子。

4. 通配符　"*"和"?"属于通配符，"*"表示任意一串字符，而"?"表示任意一个字符。通配符常用于文件搜索、查找和替换、文件夹的查找，比如："*.txt"表示所有的文本文件，"a?c.docx"表示

所有以 a 开头、主文件名只有三个字符但第二个字符任意的 .docx 文件。

5. 文件路径　在对文件进行操作时，除了要知道文件名外，还需要指出文件所在的盘符和文件夹，即文件在计算机中的位置，称为文件路径。例如，在 D 盘下的"歌曲"文件夹里的"我和我的祖国.mp3"文件，它的路径为"D:\歌曲\我和我的祖国.mp3"。

（二）Windows 文件资源管理器

Windows 10 使用了全新的文件资源管理器，可以使用以下 3 种方法打开文件资源管理器：单击任务栏中的"文件资源管理器"按钮；或单击"开始"按钮，在打开的"开始"菜单中选择"文件资源管理器"命令；或按下【Windows】+【E】组合键。打开后的资源管理器窗口（图 2-14）默认情况下左侧导航窗格显示的是"快速访问"，"快速访问"类别中包含的项目，是用户经常使用的文件夹和最近使用过的文件。

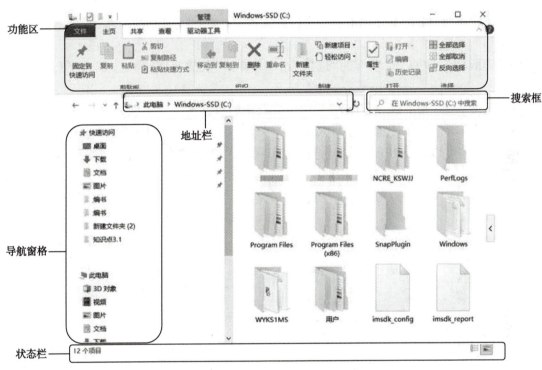

图 2-14　Windows 10 资源管理器窗口

1. 地址栏　地址栏显示了当前文件或文件夹在计算机中的位置，用路径的形式表示。Windows 10 的地址栏采用了"导航按钮"形式，方便位置的跳转，这些位置可以是文件夹、子文件夹、库以及网络位置。直接单击路径中文件夹的名称，可跳转至该文件夹；也可单击路径中文件夹右侧的下拉按钮，即可打开该文件夹所包含的子文件夹列表，选择即可跳转至子文件夹。

2. 功能区　所有命令都以图形化的方式排列在功能区中，配合选项卡使用。

3. 搜索框　搜索框位于资源管理器右上角，可以直接输入要查找的内容，以便在当前文件夹和子文件夹中快速找到指定的内容。搜索时可以结合通配符进行模糊搜索。

4. 导航窗格　导航窗格为用户提供了快速访问计算机中特定位置的方法。在导航窗格中可以访问的位置按类型进行了分组，比如"快速访问""此电脑""网络""家庭组"等。每个类别包括了具体的可访问位置，每个位置都用树形结构展示目录层次。如果文件资源管理器中未显示导航窗格，可以在功能区中的"查看"选项卡中单击"导航窗格"按钮，然后在弹出的菜单中选择"导航窗格"命令。

5. 状态栏　状态栏位于文件资源管理器的底部。在文件资源管理器中选择文件或文件夹后，状态栏会显示所选对象的数量和容量。如果不选择任何对象，状态栏中只显示当前文件夹中包含的对象总数。状态栏最右侧包含两个视图按钮，它们的功能与"详细信息"和"大图标"两个命令功能相同。

（三）文件和文件夹的基本操作

文件和文件夹操作在文件资源管理器和"此电脑"窗口都可以完成。这些操作一般有新建、选择、复制、移动、重命名、删除、查找以及查看属性等。

1. 选择文件和文件夹　对文件或文件夹进行操作之前，需要选取文件或文件夹，然后才能进行其他操作。

（1）**选择一个**：鼠标单击目标文件或文件夹；

（2）**选择多个连续的**：鼠标单击第一个文件或文件夹，按下【Shift】键，再单击最后一个文件或文件夹；

（3）**选择多个不连续的**：鼠标单击一个文件或文件夹，按下【Ctrl】键，再单击其他目标文件或文件夹；

（4）**全部选取**：在"主页"选项卡的"选择"组中，单击"全部选择"命令，或按下【Ctrl】+【A】快捷键；

（5）**取消选取一个**：按下【Ctrl】键，鼠标单击要取消的目标文件或文件夹；

（6）**取消选取**：单击其他任意地方即可。

选中多个文件可以使用功能区的复选框来实现：在文件资源管理器的"查看"选项卡中选择"项目复选框"（图 2-15），然后将鼠标指向文件或文件夹时，在其左上角或左侧会显示一个复选框，选中该复选框即可选择对应的文件或文件夹。

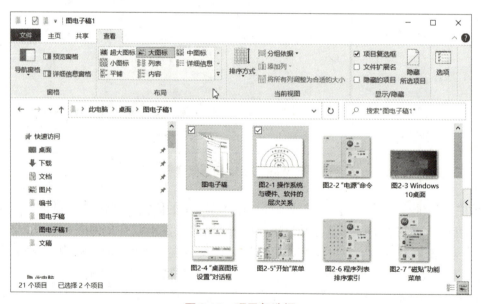

图 2-15　项目复选框

2. 新建文件和文件夹

（1）**用鼠标右键新建**：要新建一个文件夹，可以右击当前窗口空白处，然后在弹出的快捷菜单中选择"新建"→"文件夹"命令（图 2-16），然后会在当前位置出现一个新的文件夹，默认名称为"新建文件夹"，名称会自动高亮显示，并处于可编辑状态，用户可以在此处输入新的名称，然后按回车键或者鼠标单击桌面或窗口空白处确认完成对文件夹的命名。

用鼠标右键也可新建文件，在打开快捷菜单的子菜单中会列出可以创建的文件类型，根据需要选择即可。

（2）**使用功能区按钮新建**：单击"主页"选项卡上的"新建"组中的"新建文件夹"按钮，会在当前窗口中新建一个名为"新建文件夹"的文件夹；单击"主页"选项卡上的"新建"组中的"新建项目"按钮，在下拉列表中选择要新建的文件类型，会在当前窗口中新建一个文件（图2-17）。

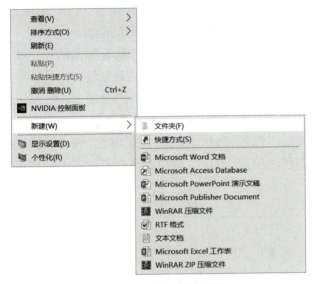

图 2-16　"新建"快捷菜单

图 2-17　新建项目

3. 重命名文件和文件夹　更改文件或文件夹名称的操作称为重命名，有以下三种方法。

（1）鼠标右击要改名的文件或文件夹，在弹出的快捷菜单中选择"重命名"。

（2）选中要改名的文件或文件夹，单击"主页"→"组织"→"重命名"。

（3）选择要改名的文件或文件夹，然后按【F2】功能键。

4. 复制、移动文件和文件夹　移动是指将原位置上的文件或文件夹转移到目标位置上，完成后原位置上的文件或文件夹不再存在。复制是指在目标位置上创建一个和原位置上完全相同的文件或文件夹，主要有以下四种方法。

（1）**使用快捷菜单命令进行**：选择要进行操作的文件或文件夹，在选中的图标上单击鼠标右键，在打开的快捷菜单上选择"剪切"或"复制"命令，然后到目标位置，鼠标右击空白处，在打开的快捷菜单上选择"粘贴"命令即可。

（2）**使用功能区按钮进行**：打开资源管理器窗口，选择要进行操作的文件或文件夹，单击"主页"→"组织"→"复制到"或"移动到"按钮，再单击目标位置即可。

也可以单击"主页"→"剪贴板"→"复制"或"剪切"按钮，再打开目标位置，单击"主页"→"剪贴板"→"粘贴"按钮。

（3）**使用鼠标拖动进行**：鼠标拖动法适用于文件和文件夹位于同一个位置上或者原位置和目标位置同时在屏幕上显示的情况。

选择要进行操作的文件或文件夹，然后按住鼠标左键向目标位置拖动，在将文件移动到目标文件夹或者目标位置上方时会显示"移动到……"字样，此时释放鼠标即可完成移动。如果在拖动的同时按住【Ctrl】键，则会显示"复制到……"字样，释放鼠标即可完成复制。

（4）**使用键盘组合键进行**：选中要进行操作的文件或文件夹，按下【Ctrl】+【X】键，进行剪切，按下【Ctrl】+【C】键，进行复制，按下【Ctrl】+【V】键，进行粘贴。

5. 删除与还原文件和文件夹　对于计算机中不需要的文件或文件夹，可将其删除，以释放出更多的磁盘空间来存放其他文件或文件夹。通常情况下，删除的文件或文件夹会移动到"回收站"中，

当确定不再需要时,才将其彻底删除。删除文件和文件夹的方法有以下几种:

(1)选中想要删除的文件和文件夹,单击【Delete】键,将该文件或文件夹放入回收站。

(2)选中想要删除的文件和文件夹,直接拖动到桌面的"回收站"图标上即可完成删除。

(3)右击想要删除的文件和文件夹,在打开的快捷菜单中选择"删除"命令。

从硬盘删除到回收站中的文件或文件夹,如果发现是误操作,可以双击打开"回收站"图标,右击该文件或文件夹,在弹出的快捷菜单中选择"还原"命令,会被还原到删除前的位置。

6. 查看文件或文件夹属性　选中需要查看属性的文件或文件夹,单击右键,在弹出的快捷菜单中选择"属性"命令,打开"属性设置"对话框(图2-18),一般修改只读、隐藏两种属性。

文件或文件夹设置隐藏属性后,图标会变成浅色。可选择窗口的"查看"选项卡,在"显示 / 隐藏"组中单击"隐藏的项目"复选框,文件或文件夹即不可见。也可单击"查看"→"显示 / 隐藏"→"选项"按钮,打开"文件夹选项"对话框,单击"查看"选项卡,在"高级设置"列表框中选择"不显示隐藏的文件、文件夹或驱动器"按钮(图2-19),单击"确定",即可隐藏所有设置了隐藏属性的文件、文件夹或驱动器。

图 2-18　"属性设置"对话框

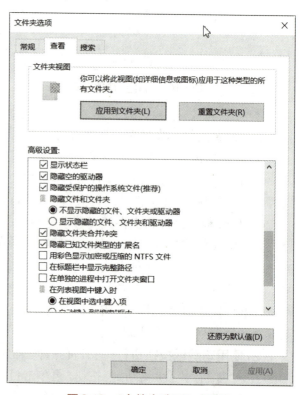

图 2-19　"文件夹选项"对话框

7. 搜索文件或文件夹　Windows 10 操作系统提供了通过文件资源管理器搜索文件或文件夹的功能。打开文件资源管理器或文件夹的窗口,在右上角有一个搜索框,可以在其中输入要搜索的内容或者关键字,必要时可以使用通配符,搜索结果将显示在下方,每一项结果中包含的搜索关键字会自动使用黄色底纹进行标记。搜索内容的范围取决于当前在文件资源管理器中打开的文件夹。

为了提高搜索效率,可在"搜索"选项卡的"优化"组中进行设置,如选择"修改日期""类型""大小"或"其他属性"来设置搜索条件。设置的条件越多,得到的搜索结果越精确。

8. 为文件或文件夹创建快捷方式　快捷方式是 Windows 操作系统提供的一种快速启动程序、打开文件或文件夹的方法。它的图标左下角都有一个非常小的箭头。创建快捷方式主要有以下两种方法:

（1）单击鼠标右键，在打开的快捷菜单中选择"新建"→"快捷方式"命令，然后浏览到需要创建快捷方式的文件或文件夹，最后为其命名即可。

（2）如果需要在桌面创建快捷方式，可右击需要创建快捷方式的对象，在弹出的快捷菜单中选择"发送到"→"桌面快捷方式"命令。

（四）库的使用

在 Windows 10 操作系统中，库的功能类似于普通文件夹，但它只是一个管理文件的索引，并没有真正存储任何文件，这些文件仍然存储在他们原来的位置上，而不是存储在库中。只要将经常访问的文件夹添加到库中，以后就可以在库中统一对这些文件夹进行访问，而不再需要在所有可能的位置上反复打开文件夹以查找文件。

1. 默认库、新建库　Windows 10 操作系统提供了"文档""图片""音乐"和"视频"等 4 个默认的库，用户可以将这类的文件资源添加到库中。除了系统默认提供的 4 个库以外，用户还可以根据实际需要创建新的库，然后将经常访问的文件夹添加到创建的库中。

打开文件资源管理器，单击"主页"→"新建"→"新建项目"下拉按钮，在打开的下拉列表中选择"库"，然后输入库的名称，按【回车】键，即可新建一个库。

2. 添加文件夹到库　只有向库中添加文件夹以后，才能发挥库的实用功能。需要注意的是，只能在库中添加文件夹，而不能添加单独的文件。右键单击要添加的目标文件夹，然后在弹出的菜单中选择"包含到库中"→"创建新库"命令（图 2-20）。

3. 从库中删除文件夹　在想要从库中删除的文件夹图标上右击，选择"删除"命令即可。这种删除方式只是删除了文件夹在库中的位置，并没有将文件夹从计算机中真正删除。当然，直接从计算机上删除的文件也会自动从库中清除。

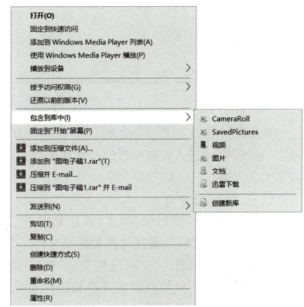

图 2-20　添加文件夹到库

4. 删除库　如果某个库不再使用，可以将整个库删除。如果库中包含一个或多个文件夹，在删除库的时候也会将其中所有文件夹删除。右击要删除的库图标，在打开的快捷菜单中选择"删除"命令即可。

六、控制面板

控制面板是 Windows 系统图形用户界面的一部分。它允许用户查看并更改基本的 Windows 系统设置，如：添加 / 删除软件，控制用户账户，更改辅助功能选项等。

在 Windows 10 操作系统中，可以使用下面的几种方法打开控制面板：

方法一：通过运行命令打开控制面板。

按组合键【Windows】+【R】，打开"运行"对话框→输入命令"Control"→单击"确定"按钮或按【Enter】，启动控制面板窗口。

方法二：从桌面访问控制面板

双击桌面上的控制面板图标，启动控制面板窗口。

方法三：使用搜索启动控制面板

在任务栏"搜索"框中，输入"控制面板"→在搜索结果中单击"打开"命令，进入控制面板窗口（图2-21）。

图 2-21 控制面板窗口

Windows 10 中控制面板的默认显示方式为"类别"，单击"查看方式"下拉列表，选择"大图标"或者"小图标"可进入控制面板的经典视图模式。在"类别"显示视图下，将 Windows 10 系统设置分成了8个大类。

（一）系统和安全

在"控制面板"窗口中，单击"系统和安全"项，则进入"系统和安全"窗口，在此窗口中可查看当前的计算机状态以及备份计算机重要文件。

1. 查看系统状态　在"系统和安全"窗口中单击"系统"选项，进入系统"设置"窗口（图2-22），在该窗口中可查看计算机设备规格和操作系统规格并进行系统设置。其中，设备规格包括：设备名称、处理器（型号）、机带 RAM（主存容量）、设备 ID、产品 ID、系统类型、笔和触控；Windows 规格包括：版本、版本号、安装日期、操作系统内部版本、体验。

图 2-22 系统"设置"窗口

在窗口中单击"复制"按钮可复制设备规格或 Windows 规格的具体内容和参数；单击"重命名这台电脑"按钮，可修改该台计算机的设备名称。还可以通过窗口左侧的导航栏，切换到其他系统设置项（如屏幕、声音、电源和睡眠、远程桌面等）。

2. 查看计算机安全状态 在"系统和安全"窗口中单击"安全和维护"选项，进入系统"安全和维护"窗口（图 2-23），在该窗口中可以查看并设置本机的安全与维护状态，其中，安全设置状态包括：网络防火墙、病毒防护、Internet 安全设置、用户账户控制（UAC）；维护状态包括：报告问题、自动维护、文件历史记录、驱动器状态。

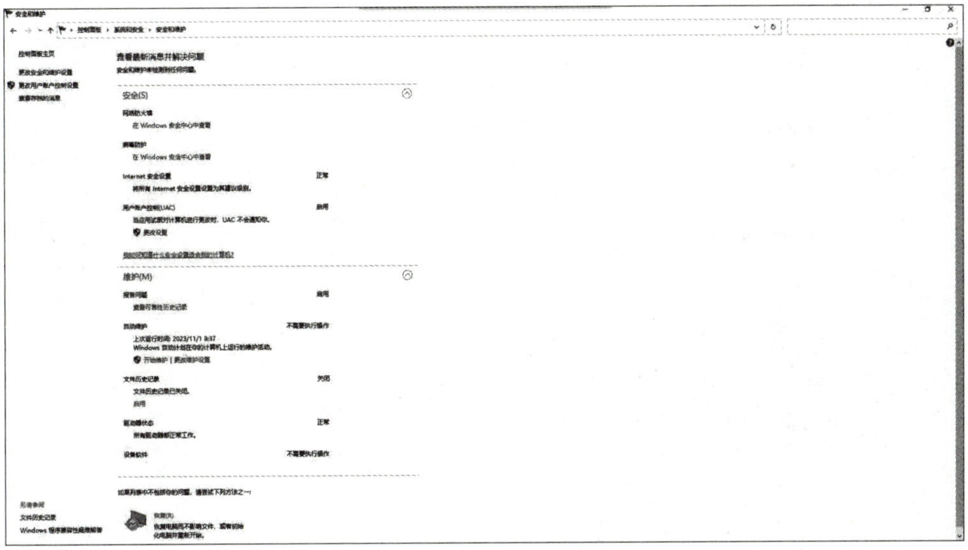

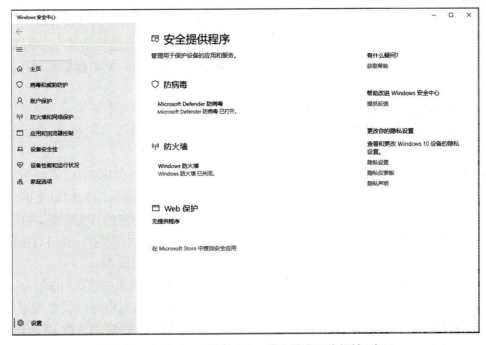

图 2-23　"安全和维护"窗口

在"安全"策略下执行"网络防火墙"→"在 Windows 安全中心中查看"命令，打开"Windows 安全中心 - 防火墙和网络保护"窗口（图 2-24），在该窗口中可查看本机的防火墙和网络保护状态，分别单击"域网络""专用网络"或"公用网络"，均可查看并设置相应防火墙的开关。

图 2-24　"Windows 安全中心 - 防火墙和网络保护"窗口

在"安全"策略下执行"病毒防护"→"在 Windows 安全中心中查看"命令，打开"Windows 安全中心 - 病毒和威胁防护"窗口（图 2-25），在该窗口中可查看本机对当前威胁和对病毒的防护状态，单击"快速扫描"按钮可对系统中的文件进行安全性检查扫描，扫描完成后，系统将显示扫描结果。除了快速扫描，Windows 10 还支持对扫描选项和允许的威胁进行设置，并可查看来自 Windows 安全中心的最新保护操作和建议。

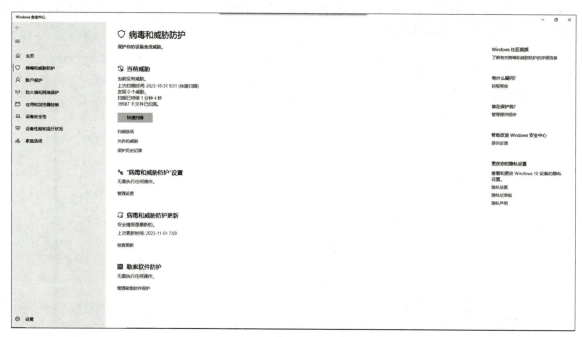

图 2-25 "Windows 安全中心 - 病毒和威胁防护"窗口

此外，在维护策略下，可查看计算机的可靠性和问题历史记录，Windows 还将根据每日计划，在用户未使用计算机的时候自动运行预定的维护，维护过程制定的任务包括：软件更新、安全扫描和系统诊断等。

如想要撤销最近的系统更改但不更改文档、图片和音乐之类的文件，可单击"安全和维护"窗口下的"恢复"按钮，在打开的"恢复"窗口中根据需要按照向导进行高级恢复设置。

此外，在"系统和安全"窗口中还包含了多项对于计算机系统和安全进行设置的选项，如"Windows Defender 防火墙""电源选项""文件历史记录""备份和还原""BitLocker 驱动器加密""存储空间""工作文件夹"、管理工具等。

（二）网络和 Internet

在"控制面板"窗口中，单击"网络和 Internet"项，进入"网络和 Internet"窗口，在此窗口中可查看当前计算机的网络状态以及对 Internet 选项进行设置。

1. **"网络和共享中心"设置**　在"网络和 Internet"窗口单击"网络和共享中心"命令，进入"网络和共享中心"窗口（图 2-26），在查看活动网络策略中单击"以太网"命令，打开"以太网 状态"对话框（图 2-27），在该窗口中单击"详细信息"按钮，可查询本机网络连接的详细信息，如：物理地址、IP 地址、IP 默认网关、DNS 服务器等；单击"禁用"按钮可将当前以太网关闭，关闭后按钮自动变为"启用"；单击"诊断"按钮，可对当前网络进行诊断并对疑难问题进行反馈。

单击"属性"按钮，打开"以太网属性"对话框（图 2-28），在项目列表中选择"Internet 协议版本 4"或"Internet 协议版本 6"，单击"属性"按钮，在弹出的对应属性对话框中可以设置指定的 IP 地址、网关地址、DNS 服务器地址等网络属性，也可根据网络实际情况选择"自动获取 IP 地址"选项。在"以太网 属性"对话框中，单击"安装"按钮，可以根据用户需要安装客户端、服务、协议等网络功能。

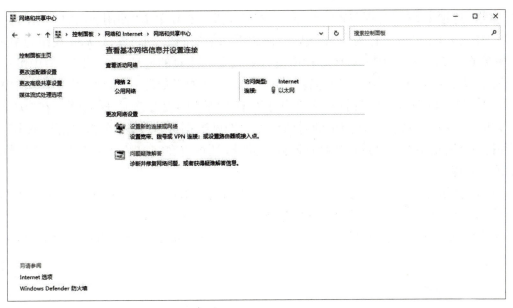

图2-26 "网络和共享中心"窗口

图2-27 "以太网 状态"对话框

图2-28 "以太网 属性"对话框

此外,还可在"网络和共享中心"窗口进行更改网络设置,单击"设置新的连接或网络"按钮,根据向导指示即可设置或者连接到新的网络;如有疑难问题,可单击"问题疑难解答"按钮进入相应窗口获取系统帮助。

2. "Internet 选项" 设置 在"网络和 Internet"窗口单击"Internet 选项"命令,可打开"Internet 属性"对话框(图2-29),计算机用户要想安全有效地使用 Windows 10 内置的 Edge 浏览器查看 Internet 信息,就必须对 Internet 属性进行设置。Internet 属性的设置包括常规、安全、隐私、内容、连接、程序和高级几类:

（1）**"常规"选项卡**：在"常规"选项卡"主页"栏中（图2-29），单击"使用当前页"按钮，则将当前浏览器窗口中打开的 Web 页作为主页；单击"使用默认值"按钮，则将默认 Web 页作为主页；单击"使用新标签页"按钮，则可在主页地址栏中输入要设置为主页的地址；在"启动"栏中可选择每次启动浏览器的方式："从上次会话中的标签页开始"或"从主页开始"；在"标签"栏中，单击"标签页"按钮，打开"标签页浏览设置"对话框，可在其中对有关浏览的设置选项进行选择；在"浏览历史记录"栏中，单击"设置"按钮，可在弹出的对话框中对网站数据进行设置，单击"删除"按钮，可在弹出的对话框中对浏览历史记录进行选择性删除。此外，还可以在"常规"选项卡中对浏览器的颜色、语言、字体等功能进行设置。

（2）**"安全"选项卡**：在"安全"选项卡（图2-30）中可设置 Internet、本地 Internet、受信任站点、受限制站点的安全级别，还可单击"自定义级别"按钮，在弹出的"安全设置"对话框中对需要的安全因素进行启用或禁用设置；在选项卡中选择"受信任的站点"，单击"站点"按钮，可添加或者删除受信任的站点。

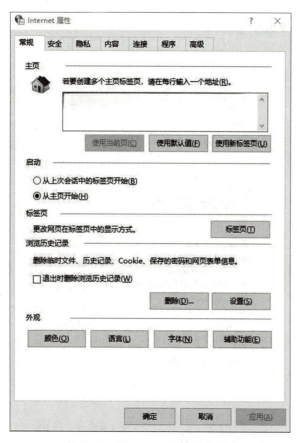

图 2-29　"Internet 属性"对话框

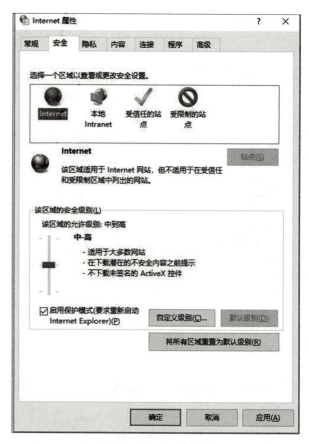

图 2-30　"安全"选项卡

（三）硬件和声音

在"控制面板"窗口中，单击"硬件和声音"项，进入"硬件和声音"窗口（图2-31），在此窗口中可查看当前计算机的硬件设备状态并对它们的属性进行设置。

1.设备和打印机　为计算机添加打印机的操作步骤如下：

步骤一：在"硬件和声音"窗口中单击"设备和打印机"命令，打开"设备和打印机"窗口→单击工具栏中的"添加打印机"按钮，打开"添加设备"对话框（图2-32），系统开始搜索已经连接到本计算机的打印机设备。

图2-31 "硬件和声音"窗口

步骤二：如要添加的打印机已经连接到本地，则在列表中选择该设备后单击"下一步"按钮；如要添加的打印机未被检索到或者要添加的设备是网络打印机，则单击"我所需的打印机未列出"按钮，弹出"添加打印机"对话框（图2-33），并按照实际情况在对话框中进行选择，单击"下一步"按钮并根据向导手动添加设备。

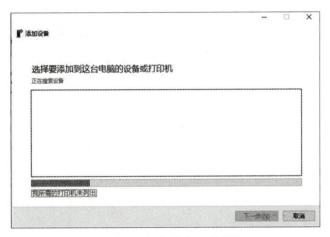

图2-32 "添加设备"对话框

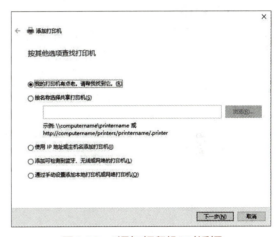

图2-33 "添加打印机"对话框

步骤三：添加向导内容包括：选择连接端口、安装驱动程序、选择要使用的驱动程序版本、输入打印机名称、设置打印机共享、设置默认打印机、打印测试页等。

Windows系统可以安装多个打印机的驱动程序，但同一时刻只能有一台被设置为默认打印机，用户可右击安装好的打印机图标，在弹出的快捷菜单中将该打印机设置为默认打印机。也可在"设备和打印机"窗口中删除已经安装的打印机驱动。

添加其他硬件设备的过程与添加打印机过程类似。

2. 声音 在"硬件和声音"窗口中单击"声音"命令，打开"声音"对话框（图2-34），在"播放"选项卡中，可选择默认设备进行配置和属性设置，用以控制声音的输出。

在"录制"选项卡中，可选择录制设备，并进行相应的属性查看和设置。

在"声音"选项卡中，可为Windows和程序产生的活动事件定义声音方案。

在"通信"选项卡中，可设置使用计算机拨打电话或接电话时，调整系统不同声音的音量。

图 2-34　"声音"对话框

（四）程序

在"控制面板"窗口中，单击"程序"项，进入"程序"窗口（图 2-35），在此窗口中可查看当前系统中程序的安装情况，并对系统需要的程序进行添加、卸载、更新等设置。

图 2-35　"程序"窗口

程序和功能　在"程序"窗口中单击"程序和功能"命令，打开"程序和功能"窗口（图 2-36），在该窗口中，可卸载或者更改已经安装在系统中的程序、系统更新，启用或关闭 Windows 功能。

（1）**卸载与更改程序**：在"程序和功能"窗口中的程序列表中可通过单击"名称""发布者""安装时间""大小"和"版本"等字段名来查看已经安装在系统中应用程序的详细信息。如需卸载程序，只需选中该程序后单击列表上方的"卸载"按钮（有时为"卸载 / 更改"），系统将自动运行卸载程序。

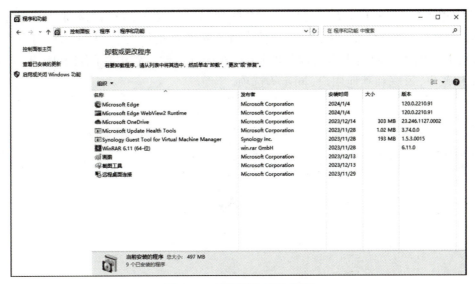

图 2-36　"程序和功能"窗口

　　单击窗口左侧导航栏中的"查看已安装的更新"命令，打开"已安装更新"窗口，在窗口列表中可查看已经安装的更新程序，系统更新的卸载与应用程序的卸载方法相同。

　　(2)**启用或关闭 Windows 功能**：在"程序和功能"窗口左侧的导航栏中单击"启用或关闭 Windows 功能"命令，打开"Windows 功能"窗口（图 2-37），在窗口中可对要启动或关闭的系统功能进行设置：要启动则选中功能前的复选框，要关闭则清除功能前的复选框。

（五）用户账户

　　在"控制面板"窗口中，单击"用户账户"项，进入"用户账户"窗口（图 2-38），在此窗口中可查看和管理当前系统中用户账户的情况。

图 2-37　"Windows 功能"窗口

图 2-38　"用户账户"窗口

在窗口中单击"用户账户"命令，打开"用户账户"窗口（图 2-39），在该窗口中可对账户名称、类型（标准、管理员）进行修改；单击"在电脑设置中更改我的账号信息"命令，打开"设置"窗口（图 2-40），可对当前账户创建头像，并可通过窗口左侧导航栏设置电子邮件和账户、登录选项、连接工作或学校账户、家庭和其他用户、同步等选项。

图 2-39 "用户账户"窗口

图 2-40 "设置"窗口

在"用户账户"窗口单击"管理其他账户"命令，可对本地账户进行名称、类型、密码的修改并可添加、删除系统用户；在"用户账户"窗口单击"更改用户账户控制设置"命令，可设置系统通知用户计算机更改消息的时机，有助于预防有害程序对计算机设置进行篡改。

此外，在"用户账户"窗口左侧的导航栏中，还可管理用户凭据、创建密码重置盘、管理文件加密证书、更改用户环境变量等。

（六）外观和个性化

在"控制面板"窗口中，单击"外观和个性化"项，进入"外观和个性化"窗口（图 2-41），在此窗口中可对 Windows 的外观和文件资源管理器等进行查看和管理。

图 2-41　"外观和个性化"窗口

1. 任务栏和导航　在"外观和个性化"窗口中，单击"任务栏和导航"命令，打开任务栏"设置"窗口（图 2-42），在该窗口中，可对任务栏的锁定、隐藏、使用小任务栏按钮、在任务栏按钮上显示角标等状态进行启动或关闭操作；可通过下拉列表设置任务栏在屏幕上的位置并可设置任务栏上按钮的合并状态。

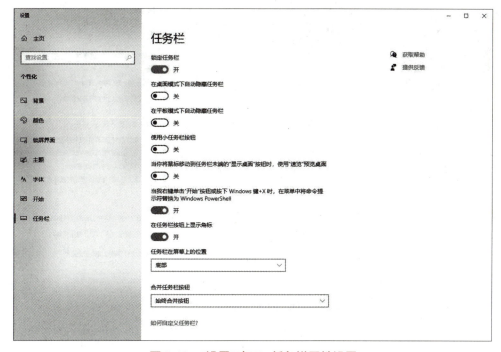

图 2-42　"设置"窗口 - 任务栏属性设置

在"设置"窗口左侧的导航栏中，单击"背景"命令，打开背景"设置"窗口（图 2-43，该窗口也可通过在系统桌面空白处右击鼠标，在弹出的快捷菜单中选择"个性化"命令打开），在该窗口中可为系统更换"图片""纯色""幻灯片放映"类型的背景,并可设置背景与桌面的契合度:填充、适应、拉伸、平铺、居中、跨区。

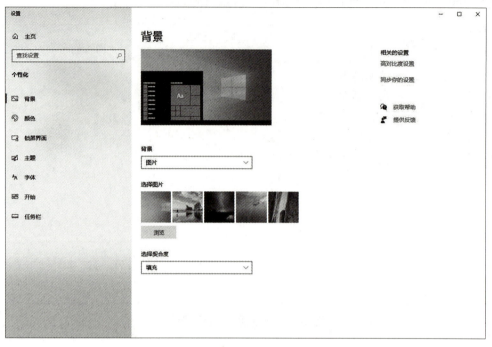

图 2-43 "设置"窗口 - 背景属性设置

在"设置"窗口左侧的导航栏中,单击"颜色"命令,打开颜色"设置"窗口,在该窗口中,可设置用户默认的 Windows 颜色模式、透明效果、主题色等。

此外,还可通过在"设置"窗口左侧的导航栏设置系统的锁屏界面和屏幕保护程序;设置系统应用的主题、系统桌面的图标;查看、添加、卸载系统使用的字体;设置开始菜单的布局状态等。

2. 文件资源管理器选项 文件资源管理器是 Windows 系统提供的资源管理工具,可用来查看本机的所有资源,它提供了树形的文件系统结构,使用户能更清楚、直观地认识计算机的文件和文件夹。另外,在文件资源管理器中还可对文件进行各种操作,如:打开、复制、移动等。

在"外观和个性化"窗口中,单击"文件资源管理器选项"命令,打开"文件资源管理器选项"对话框(图 2-44),在"常规"选项卡中,可设置文件夹的浏览方式、鼠标打开项目的方式和隐私设置;在"查看"选项卡中,可对系统中文件和文件夹的显示进行高级设置;在"搜索"选项卡中,可对文件搜索方式进行设置。

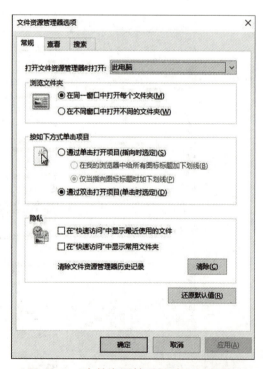

图 2-44 "文件资源管理器选项"对话框

(七)时钟和区域

在"控制面板"窗口中,单击"时钟和区域"项,进入"时钟和区域"窗口(图 2-45),在此窗口中可对系统的时间、时区、日期和数字格式进行查看和管理。

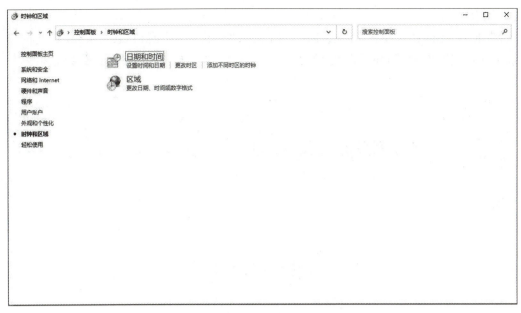

图 2-45 "时钟和区域"窗口

1. 日期和时间 在"时钟和区域"窗口中，单击"日期和时间"命令，打开"日期和时间"对话框（图 2-46），在该对话框的"日期和时间"选项卡下，可对当前系统日期、时间和时区进行设置和修改；在"附加时钟"选项卡下，可附加新时钟显示其他时区的时间，并可通过单击任务栏时钟或悬停在其上来查看这些附加的时钟；在"Internet 时间"选项卡下，可查看系统时钟与 Internet 时间服务器的同步情况并更改设置。

2. 区域 在"时钟和区域"窗口中，单击"区域"命令，打开"区域"对话框（图 2-47），在该对话框的"格式"选项卡下，可对系统中时间和日期的格式进行设置；在"管理"选项卡下，可更改系统区域的设置。

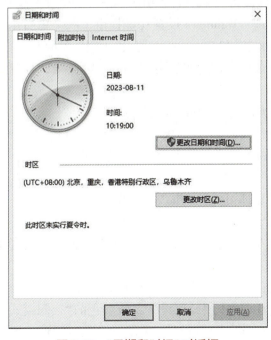

图 2-46 "日期和时间"对话框

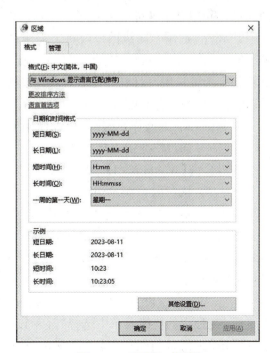

图 2-47 "区域"对话框

（八）轻松使用

在"控制面板"窗口中,单击"轻松使用"项,进入"轻松使用"窗口(图 2-48),在此窗口中可进行优化系统显示、更改与设置鼠标与键盘的工作方式、启动系统语音识别、设置麦克风等。

图 2-48 "轻松使用"窗口

七、Windows 设置功能

Windows 设置功能是在 Windows 8 及以后的版本中引入的新设置界面,它提供了一种更简化和现代化的方式来管理和调整系统设置。控制面板和 Windows 设置功能有一定的重叠,但并不完全重复。控制面板是 Windows 系统中传统的设置和管理工具,提供了更全面和深入的系统设置和管理选项。它包含了各种应用程序和工具,用于管理硬件设备、网络设置、用户账户、安全性和隐私、程序卸载等,适用于高级用户或特定需求的配置和管理。Windows 设置功能提供了一个更简化和易于使用的界面,主要集中在常见的系统设置选项,如网络和 Internet、个性化、应用、时间和语言、更新和安全等。用户可根据具体需求和设置选项的复杂程度,选择使用"Windows 设置"或"控制面板"来进行系统设置和配置。

在 Windows 10 操作系统中,可以使用下面的几种方法打开 Windows 设置:

方法一:通过快捷键直接打开。

按组合键【Windows+I】,可直接打开 Windows 设置窗口。

方法二:从"开始"菜单访问。

单击"开始"按钮→单击"设置"图标(齿轮状图标),即可打开 Windows 设置。

方法三:使用搜索启动 Windows 设置。

在任务栏的"搜索"框中,输入"设置"→在搜索结果中单击"打开"命令,进入 Windows 设置窗口(图 2-49)。

单击"Windows 设置"窗口中的"系统"命令,打开屏幕"设置"窗口(图 2-50),也可通过在桌面右击鼠标,在弹出的快捷菜单中选择"显示设置"打开。在该窗口中,可设置系统颜色的"夜间模式"。设置系统的"缩放与布局"、设置"显示器分辨率""显示方向"、进行"高级显示设置""图形设置"。在窗口左侧的导航栏中还可设置"投影到此电脑"、设置"远程桌面"、系统"剪贴板"等属性。

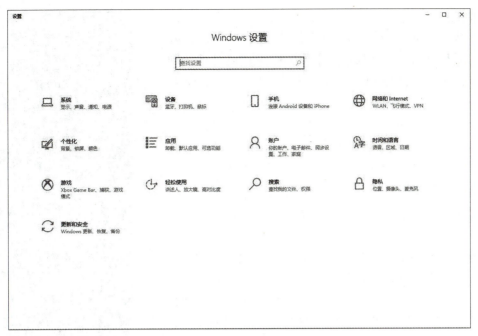

图 2-49 "Windows 设置"窗口

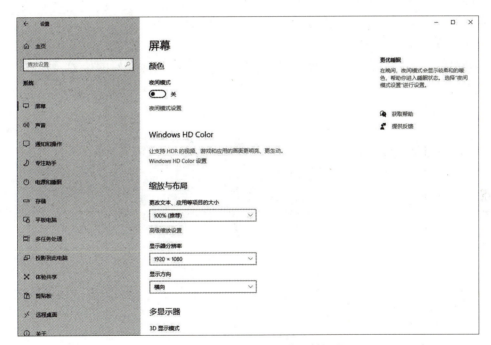

图 2-50 "设置"窗口 - 屏幕属性设置

此外，在"Windows 设置"窗口中，用户还可将计算机与蓝牙、手机等设备连接，并设置打开和识别用户游戏的方式。随着 Windows 系统的更新，微软正在逐步将系统设置的重点从控制面板转移到 Windows 设置上。

八、Windows 10 系统小工具

为了方便用户操作，Windows 10 系统附带了一系列的应用小程序。其中，部分存在于"Windows 附件"中。单击"开始"按钮，在程序列表中选择"Windows 附件"命令，则可见到 Windows 附件中包含的小程序（图 2-51）。

（一）画图

画图是 Windows 自带的位图编辑工具软件，可以对各种位图格式的图片进行编辑和美化，在画图中用户可自己绘制图画，也可对本地存储或扫描的图片进行编辑修改并保存为 .png、.bmp、.jpeg、.gif 等格式，比起专业图形处理工具更加简单易用。

单击"开始"→"Windows 附件"→"画图"命令，打开"画图"程序窗口（图 2-52），程序界面由以下几部分组成：

1. 快速访问工具栏 快速访问工具栏中的命令按钮是用来快速执行程序命令的，主要包括"保存""撤销""重做"和"自定义快速访问工具栏"。

2. 功能区 画图的功能区包括"文件""主页"和"查看"三个选项卡。"文件"选项卡主要包括"新建""打开""保存""另存为""打印"等命令；"主页"选项卡中包括"剪贴板""图像""工具""形状""颜色"等常用命令组；"查看"选项卡中包括"缩放""显示或隐藏""显示"命令组。

3. 绘图区 绘图区位于程序窗口的中央，默认打开一张空白的画布，用户可以在画布上绘制图画也可将本地或扫描的图片粘贴到画布上进行处理。

图 2-51 "Windows 附件"程序

4. 详细信息栏 详细信息栏位于程序窗口底部，用于显示当前光标的位置、画布的大小、显示比例等信息。

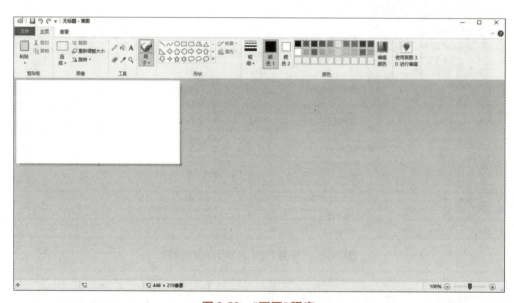

图 2-52 "画图"程序

（二）截图工具

Windows 附件自带可以截取任意形状的截图工具，单击"开始"→"Windows 附件"→"截图工具"命令，打开"截图工具"程序窗口（图 2-53），新建截图的具体操作步骤如下：

步骤 1：单击"模式"按钮选择要截图的方式（任意、矩形、窗口、全屏）。

步骤 2：单击"新建"按钮，则鼠标指针变成"十"字形状，使用鼠标拖拽的方式选择要截取的图像区域。

图 2-53　"截图工具"程序

步骤 3：选好后释放鼠标即可完成截图，此时在"截图工具"窗口中显示截取的图像，用户可根据需要对图像进行添加墨迹、保存、打印等操作。

（三）步骤记录器

步骤记录器用来记录用户在使用计算机时的操作步骤，最终可保存为文字形式或图文并茂形式，用户可以使用步骤记录器来记录使用某工具处理问题的过程，以便从中发现问题，或者也可使用该程序制作计算机操作或软件使用教程。

单击"开始"→"Windows 附件"→"步骤记录器"命令，打开"步骤记录器"程序窗口（图 2-54），单击"开始记录"，对系统或者软件进行操作，其间可以"暂停记录"，也可单击"添加注释"按钮对需要特殊标记的操作进行图文并茂的注释，操作完毕后单击"停止记录"按钮，操作步骤显示在"步骤记录器"窗口中，单击"保存"按钮可将上述操作步骤以压缩文件（.zip）的形式保存在计算机上用以回放。

图 2-54　"步骤记录器"程序

实践：Windows 的基本操作和文件、文件夹的操作

【实践目的】

1. 掌握在任务栏中添加应用程序快捷方式的方法。
2. 掌握设置个性化桌面背景的方法。
3. 掌握设置屏幕分辨率的方法。
4. 掌握进行账户设置和权限管理的方法。
5. 掌握文件夹与文件的操作。

【实践内容】

1. Windows 的基本操作

（1）在任务栏中添加常用的应用程序的快捷方式。

（2）设置个性化的桌面背景。

（3）设置桌面分辨率为最大。

（4）设置计算机用户账户的密码。

2. Windows 的文件夹、文件操作

（1）在 D 盘根目录上建立两个新文件夹"排班表 2023.08"和"排班表 2023.09"；同时建立记事本文件"新文本文档.txt"。

（2）将"新文本文档.txt"移动到"排班表 2023.08"文件夹中，并将文件改名为"2023 年 8 月.txt"；同时将"2023 年 8 月.txt"复制到文件夹"排班表 2023.09"下，改名为"2023 年 9 月.txt"；将"2023 年

9月.txt"文件属性设置为隐藏、存档。

(3) 删除 D 盘上的文件夹"排班表 2023.08"。

(4) 搜索"2023 年 9 月.txt"文件。

(5) 为搜索到的"2023 年 9 月.txt"创建快捷方式到桌面。

【实践步骤】

1. Windows 的基本操作。

(1) 在任务栏上添加 Word 快捷方式的方法：在桌面上拖动 Word 图标至任务栏的快速启动栏处，在快速启动栏中显示"固定到任务栏"的屏幕提示，释放鼠标。

(2) 可通过桌面右击鼠标→"个性化"、Windows 设置→"个性化"、控制面板→"外观和个性化"→"任务栏和导航"→"背景"多种方式启动背景"设置"窗口（图 2-55），在窗口中设置符合个性化的背景模式、图片并设置契合度。

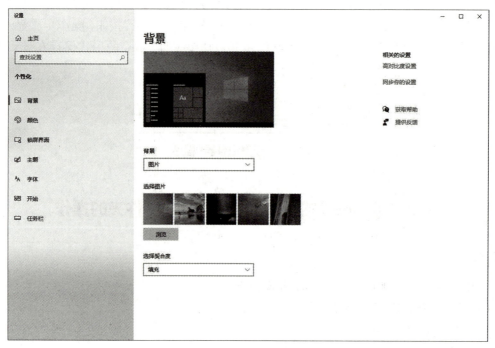

图 2-55　背景"设置"窗口

(3) 可通过桌面右击鼠标→"显示设置"、Windows 设置→"系统"等多种方式启动屏幕"设置"窗口（图 2-56）。单击窗口中"显示器分辨率"下拉列表，在其中选择系统提供的最大分辨率，在弹出的屏幕提示对话框中单击"保留更改"按钮。

(4) 可通过控制面板→"用户账户"→"用户账户"→"管理其他账户"→单击账户→"更改密码"，打开"更改密码"窗口（图 2-57），分别输入"当前密码""新密码""确认新密码""密码提示"等内容，单击"更改密码"按钮。

2. Windows 的文件夹、文件操作。

(1) 在 D 盘根目录上右击鼠标→"新建"→"文件夹"→建立两个新文件夹→分别命名为"排班表 2023.08"和"排班表 2023.09"；在 D 盘根目录上右击鼠标→"新建"→"文本文档"，命名为"新文本文档.txt"（图 2-58）。

(2) 选中"新文本文档.txt"，按快捷键【Ctrl】+【X】，打开文件夹"排班表 2023.08"，按快捷键【Ctrl】+【V】（也可使用快捷菜单中的命令进行移动）。

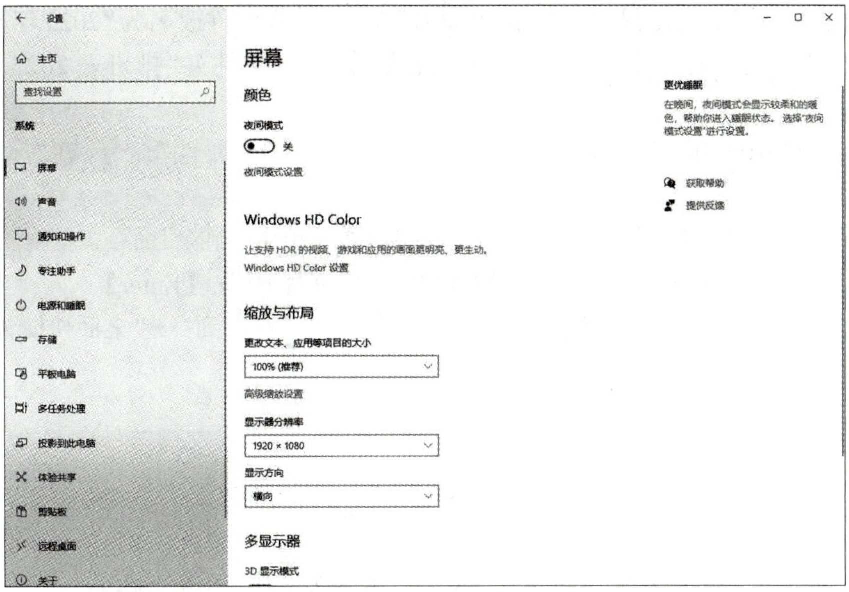

图 2-56　屏幕"设置"窗口

图 2-57　"更改密码"窗口

图 2-58　新建文件夹与文件

在"新文本文档.txt"上右击鼠标，单击"重命名"命令，并将文件改名为"2023年8月.txt"。

选中文件"2023年8月.txt"，按快捷键【Ctrl】+【C】，打开文件夹"排班表2023.09"，按快捷键【Ctrl】+【V】。

将文件改名为"2023年9月.txt"，在文件上右击鼠标，单击"属性"命令，在"属性"对话框"常规"选项卡下勾选"隐藏"。

（3）选中D盘上的文件夹"排班表2023.08"，右击鼠标，单击"删除"命令。

（4）在D盘根目录窗口右上角搜索栏中输入"2023年9月.txt"→【Enter】。

（5）在搜索到的"2023年9月.txt"文件上右击鼠标，单击"发送到"→"桌面快捷方式"。

（张　杰　汪　颖）

思考题

1. 什么是操作系统？它有哪些基本功能？
2. Windows中如何选择多个连续的文件、多个不连续的文件、全部文件？

练习题

第三章 | Word 文字处理软件

教学课件

思维导图

ER 3-1　ER 3-2

学习目标

1. 熟悉 Word 的工作界面和功能特点,掌握文本编辑和文档排版。
2. 掌握表格应用和图文混排,掌握页面格式设置。
3. 掌握长文档编辑、邮件合并等 Word 的高级编辑功能。
4. 具有高效的文本处理和信息展示能力。

Word 是 Microsoft 公司推出的 Office 办公软件的核心组件之一,它是一个功能强大的文字处理软件。使用它不仅可以进行简单的文字处理,还能制作出图文并茂的文档,以及进行长文档的排版和特殊版式编排。

第一节　文档处理软件

情景导入

小张作为一名新入职的护士,在岗前培训会上,护理部主任强调除了要干好本职工作之外,还要具备一定的文字处理能力,例如会制作培训会议通知、护理记录单、健康教育手册与邀请函等,要完成这些工作就要掌握 Word 这个软件的应用。

问题1: Word 软件的用户界面是什么样的?

问题2: Word 具有哪些功能?

一、以任务为导向的工作界面

(一) Word 应用程序的启动与退出

1. Word 的启动

方法一:单击桌面下方的开始按钮,在打开的"开始"菜单中选"所有程序"→"Microsoft Office"→"Microsoft Word"。

方法二:双击桌面上的快捷方式图标,即可启动 Word 程序。

方法三:若电脑磁盘中保存的有已经创建的 Word 文档,双击该文档即可启动 Word 并打开该文档。

2. Word 的退出

方法一:单击 Word 主窗口右上角的"关闭"按钮。

方法二:在 Word 窗口中切换到"文件"选项卡,然后单击左侧窗格的"关闭"命令,关闭当前文档,重复这样的操作,直到关闭所有打开的文档,方可退出 Word 程序。

方法三：在 Word 主窗口中切换到"文件"选项卡，然后单击左侧的窗格的"退出"命令，即可快速退出 Word 程序。

方法四：双击左上角的系统控制按钮，即可快速退出 Word 程序。

（二）Word 的工作界面

启动 Word 时，首先显示的是软件的欢迎画面，然后进入其工作界面。Word 的工作界面主要由标题栏、功能区、文档编辑区及状态栏等部分组成（图 3-1）。

图 3-1　Word 工作界面

1. 标题栏　标题栏位于 Word 工作界面顶端。从左到右依次为控制菜单图标、快速访问工具栏、当前操作文档名称、程序名称和窗口控制按钮组。

（1）**控制菜单图标**：单击该图标，将会弹出控制菜单，可以对窗口执行还原、最小化和关闭等操作。

（2）**快速访问工具栏**：它包含一组常用操作的快捷按钮。在默认情况下从左到右依次为"保存""撤销""恢复"3 个按钮，单击这些按钮可以执行相应操作。单击最右侧的"自定义快速访问工具栏"按钮，在打开的下拉列表中选择需要的选项，如"新建"等，可以自定义快速访问工具栏。

（3）**窗口控制按钮**：从左到右依次是"最小化"按钮、"最大化"按钮/"还原"按钮和关闭按钮。单击它们执行相应的操作。

2. 功能区　功能区位于标题栏的下方，默认情况下包含"文件""开始""插入""布局""引用""邮件""审阅""视图"等选项卡，单击某个选项卡可以将其展开。

（1）当在文档中插入图片、艺术字或形状等对象时，功能区会显示与所选对象设置相关的选项卡，这种选项卡称为上下文选项卡，例如，选中表格后会显示"表格工具 - 布局"选项卡。

（2）每个选项卡都代表一个活动区域，每个选项卡又由若干个按钮组组成。例如，"开始"选项卡由"剪贴板""字体""段落""样式""编辑"5 个按钮组组成。这些按钮组将相关功能按钮显示在一起，这些功能按钮又称为命令。

（3）有些按钮组的右下角有一个带有箭头的小图标，称为对话框启动器，单击对话框启动器会打开对应的对话框或任务窗格提供该按钮组更多的功能选项。

（4）在 Word 的功能区中，"文件"选项卡取代了 Word 以前版本的"文件"菜单，单击"文件"选项卡时会看到许多传统版本的按钮和命令。

3. 文档编辑区 文档编辑区位于窗口中央，是工作区域，文档内容录入、编辑的区域。在编辑区内有一条闪烁的黑色竖线，称为光标，所在位置是插入点。在输入文字时插入点会向右移动，到达一行末尾会自动换行，如果要强制换行可以按回车键。使用键盘移动插入点的操作（表 3-1）。

表 3-1　键盘移动插入点

操作键	操作方法	操作键	操作方法
→\←	按一下，光标向左/右移动一列	Page Up	按一下，光标向前/上翻一页/屏
↑\↓	按一下，光标向上/下移动一行	Page Down	按一下，光标向后/下翻一页/屏
Home	按一下，光标移动到行首	Ctrl + Home	按一下，光标移动到本文文首
End	按一下，光标移动到行尾	Ctrl + End	按一下，光标移动到本文文尾

滚动条可以使文本等内容在窗口中滚动，以便显示区域外的内容。标尺用来定位文本中的文本、段落、表格和图片等内容。

4. 状态栏 状态栏位于窗口底端，用于显示当前文档的页数/总页数、字数、输入语言和输入状态等信息。状态栏的右侧有两栏功能按钮：视图切换按钮和显示比例调节工具。

二、字处理软件主要功能与特点

Word 拥有强大的编辑排版功能，Word 可以编辑文字、表格、图像、动画，还可以插入其他软件的制作信息，实现真正的图文混排。Word 还拥有强大的打印功能和丰富的帮助功能，Word 具有对各种类型的打印机参数的支持性和配置性，帮助功能还为用户自学提供了方便。下面我们来了解一下 Word 的一些功能和视图方式。

（一）Word 的功能

1. 快速最小化功能区 如果要加大屏幕上工作区域空间，双击活动选项卡的名称或者按快捷键【Ctrl】+【F1】，可让功能区最小化，再次双击选项卡或者按快捷键【Ctrl】+【F1】，可以还原功能区大小。在 Word 操作界面的右上角，添加了一个"最小化功能区"按钮■，单击此按钮可以随时关闭或开启功能区。

2. 自定义功能区 可以根据需要设置功能区显示的选项卡及按钮组。操作方法是选择"文件"选项卡，在弹出的视图左侧窗格选择"选项"命令，打开"Word 选项"对话框。切换至"自定义功能区"选项面板，在"自定义功能区"列表中设置显示的选项卡及按钮组，如选中"开发工具"复选框（图 3-2）。

3. 增强文字效果 Word 中，可以直接套用特殊效果在文字上，还可以加上"阴影""映像""发光""柔化边缘"等文字效果。选中文字，在"开始"选项卡中，单击"字体"按钮组右下角的对话框启动器，弹出"字体"对话框，单击对话框下方的"文字效果"按钮，弹出"设置文本效果格式"对话框，在对话框中进行设置，即可得到特殊文字效果。

4. 快速查看文档的"导航"窗格 单击"视图"选项卡，勾选"显示"按钮组的"导航窗格"复选项，"导航"窗格就显示在窗口左侧。在该窗格中可以通过标题样式快速定位到文档所需位置，浏览文档缩略图，通过关键字搜索定位文档等。

5. 丰富的图片格式设置功能 在 Word 中，不仅可以对图片设置阴影、映像、亮度和对比度等，还能对图片设置各种艺术效果，以及调整图片的版式（图 3-3）。

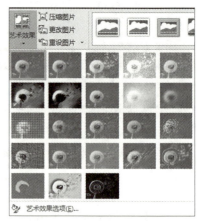

图 3-2　Word 选项对话框　　　　　　　　　　图 3-3　设置图片艺术效果

　　Word 还提供了一个删除背景的功能，通过该功能可以去除图片背景，或者消除图片中的不需要元素。方法是：选中图片，从显示的"图片工具 - 格式"选项卡下选择"调整"按钮组中"删除背景"按钮。此时会弹出"背景消除"功能区（图 3-4），根据需要进行调整后，单击"保存更改"按钮，背景即被删除。

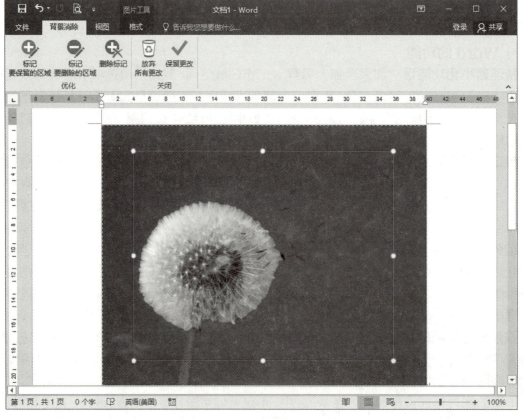

图 3-4　编辑"背景"消除

除此之外，在 Word 中，如果要用照片或其他图像来阐述案例，只需在 SmartArt 形状中插入图片即可。

6. 屏幕截图 Word 新增了屏幕截图功能，可以将不同打开文档的屏幕整个画面或者当前屏幕部分画面截取并插入到 Word 文档中去。方法是：

（1）将光标移动到要截取屏幕图像的位置。

（2）切换到"插入"选项卡，单击"插图"按钮组中的"屏幕截图"按钮，弹出"屏幕截图"面板（图 3-5）。

（3）单击"屏幕截图"面板内"可用的视窗"栏内的一幅打开文档界面视图图像，即可在光标处插入选中的界面视图图像。

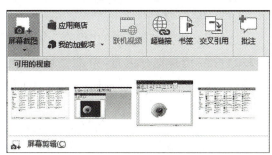

图 3-5 "屏幕截图"面板

（4）如果要截取某个软件或者文档界面，需要先打开相应的窗口，然后将光标定位到要插入截图屏幕图像处，选择"屏幕截图"面板的"屏幕剪辑"命令，这时屏幕亮度变亮，鼠标指针成十字状，在需要截取的图像处拖拽出一个矩形区域，松开鼠标，即可在光标处插入截取图像。

（二）Word 的视图模式

Word 中提供了多种视图模式供用户选择，这些视图模式包括"页面视图""阅读视图""Web 版式视图""大纲视图"和"草稿"等五种视图模式。用户可以在"视图"功能区中选择需要的文档视图模式，也可以在 Word 文档窗口的右下方单击视图按钮选择视图。

1. 页面视图 页面视图是默认的视图模式，可以显示 Word 文档的打印结果外观，主要包括页眉、页脚、图形对象、分栏设置、页面边距等元素，在该视图模式中文档的显示与实际打印效果一致。

2. 阅读视图 阅读视图以图书的分栏样式显示 Word 文档，"文件"按钮、功能区等窗口元素被隐藏起来。在阅读视图中，用户还可以单击"工具"按钮选择各种阅读工具。

3. Web 版式视图 Web 版式视图以网页的形式显示 Word 文档，Web 版式视图适用于发送电子邮件和创建网页。

4. 大纲视图 大纲视图主要用于显示标题的层级结构，并可以方便地折叠和展开各种层级的文档。大纲视图广泛用于长文档的快速浏览和设置中。

5. 草稿 草稿取消了页面边距、分栏、页眉页脚和图片等元素，仅显示标题和正文，是最节省计算机系统硬件资源的视图方式。

第二节　Word 基本操作

情景导入

　　小张一大早接到护理部领导通知，要求她起草一份"新入职护士培训通知"文件，12:00 之前通知到各部门，你能完成吗？

　　问题 1：怎样新建保存文档？

　　问题 2：如何进行文本编辑和格式设置，怎样向文本中插入日期？

　　问题 3：打印之前怎样完成页面设置？

一、文档管理

（一）创建文档

启动 Word 程序，系统会自动创建一个名为"文档 1"的新文档。在打开一个 Word 文档的同时，如果想再创建一个文档，可以选择"文件"选项卡下的"新建"命令，在右侧窗格的"可用模板"选项组中选择"空白文档"选项，然后单击"创建"按钮，系统会自动创建一个名为"文档 2"的新文档，用同样的方法，可以创建"文档 3""文档 4"等。

（二）保存文档

选择"文件"选项卡中的"保存"命令，或者单击快速访问工具栏中的"保存"按钮，或按【Ctrl】+【S】组合键，选择保存位置，都能够打开"另存为"对话框（图 3-6）。然后在对话框中设置保存路径和文件名称，单击"保存"按钮，新创建的 Word 文档将以 docx 为默认扩展名保存起来。

图 3-6 "另存为"对话框

知识拓展

如果对已存盘的文档进行了修改，需要对其再次保存，使修改后的内容覆盖原有的内容。可以使用上面的方法完成该操作，则不弹出"另存为"对话框，同名保存。当需要将文件另行保存时，执行"文件"→"另存为"命令，在打开的"另存为"对话框中选择不同的保存位置、保存类型或文件名称，然后单击"保存"按钮。

Word 每隔一段时间为用户自动保存一次文档，以避免因突然停电或发生意外而导致文件没能及时存盘，使损失率降到最低。在"文件"选项卡中选择"选项"命令，打开"Word 选项"对话框，在"保存"选项卡中选中"保存自动恢复信息时间间隔"复选项，在右边的数值框中调整时间间隔。

（三）打开文档

打开以前保存的文件会在程序中重新加载该文件，供用户查看、修改或打印。打开单个文件时，在文件夹窗口中双击文件图标，或者将资源管理器中的 Office 文件拖拽到相应的工作区。

在 Word 文档中打开文档时，可以使用下列方法打开"打开"对话框，选择"文件"选项卡中的"打开"命令，或者按【Ctrl】+【O】组合键，然后在对话框的"查找范围"下拉列表中指定文件的位置，在下方的列表中选择文件名称，最后单击"打开"按钮。

一次打开多个连续文档时，在"打开"对话框中单击第 1 个目标文件的名称，然后按住【Shift】键，并单击最后一个目标文件的名称，此时这两个文件以及二者之间所有文件被选中，最后单击"打开"按钮。如果要打开多个不连续的文档，可用【Ctrl】配合使用。

另外，执行"文件"→"打开"→"最近"命令，右侧显示的列表中会显示近期使用过的文件，选择其中之一即可快速将其打开。

二、文档编辑

（一）录入文本

新建一个文档后，就可以向 Word 中录入文本了，如果要输入汉字首先要切换到中文输入法，在光标处录入即可。

Word 有插入和改写两种文本输入方式，Word 窗口状态栏中的显示为"插入"按钮时，当前处于插入状态，显示为"改写"按钮时，当前处于改写状态。两种方法可以切换输入方式，一是单击状态栏中的按钮，二是按键盘上的【Insert】键。插入和改写两种输入方式的区别是：当光标后面有内容时，若采用的是改写输入方式，输入的内容将覆盖光标右侧的内容；如果采用的是"插入"输入方式，光标后面的内容将依次后移。

在输入文档的过程中，输完一段后，可以按回车键创建一个新段落，Word 通过插入一个段落标记来标记段落的结束。段落标记是非打印字符，不会被打印机打印出来，可以通过选择"开始"→"段落"按钮组中的"显示/隐藏编辑标记"按钮来显示和隐藏段落标记。

（二）插入日期、时间和特殊符号

1. 插入日期和时间　在文档中插入日期和时间有两种方式：键盘直接输入和自动更新插入。

用键盘直接输入的方式输入时间、日期，直接输入即可，不受系统时间的限制，所以不会自动更新。

自动更新方式插入的时间和日期会随系统时间和日期的改变而自动更新，在打印文档时，打印出来的总是当前的日期和时间，这适用于通知、信函等文档类型。具体的操作步骤如下：将光标移动到要插入日期和时间的位置，选择"插入"→"文本"→"日期和时间"按钮，打开"日期和时间"对话框（图 3-7）。从可用格式列表中选择一种日期格式，同时勾选右下角的"自动更新"复选框。

2. 插入特殊符号　将光标移动到需要插入符号的位置，选择"插入"→"符号"→"其他符号"，打开"符号"对话框，双击要插入的符号即可以将该符号插入到文档中。如果要频繁地插入某个特殊符号还可以自定义插入符号的快捷键。

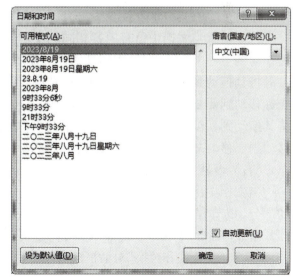

图 3-7　"日期和时间"设置对话框

（三）选择文本

当需要对文档内容进行修改、删除、移动、复制等编辑操作之前，必须先选择要编辑的文本。在需要选择的文本的起始位置单击后按住鼠标左键不放拖动到文本结束处释放鼠标，即可选定该部分文本，选择后的文本呈蓝底黑字显示。选定文本的方法很多可以使用鼠标、也可以使用键盘，选定文本的其他操作方法（表3-2）：

表3-2　选定文本的操作

用键盘选择			
小范围内选定文本		大范围内选定文本	
操作键	操作方法	操作键	操作方法
Shift + ↑	向上选定一行	Alt + Ctrl + Shift + PgDn	选定内容扩展至文档窗口结尾处
Shift + ↓	向下选定一行	Alt + Ctrl + Shift + PgUp	选定内容扩展至文档窗口开始处
Shift + ←	向左选定一行	Ctrl + Shift + Home	选定内容扩展至文档开始处
Shift + →	向右选定一行	Ctrl + Shift + End	选定内容扩展至文档结尾处
Shift + Home	选定内容扩展至行首	F8 + 方向键	扩展选取文档中具体的某个位之后
Shift + End	选定内容扩展至行尾	Ctrl + Shift + F8 + 方向键	纵向选取整列文本
Ctrl + Shift + ↑	选定内容扩展至段首	Ctrl + A	选定整个文档
Ctrl + Shift + ↓	选定内容扩展至段尾	Ctrl + 小键盘数字键5	
用鼠标选择			
行的选择	把鼠标移到某行的左边距区域，鼠标就变成一个指向右上方的箭头，单击就可以选中这一行		
句的选择	按住【Ctrl】键，单击文档中的一个地方，鼠标单击处的整个句子就被选中		
段落的选择	把鼠标移到段的左边，鼠标就变成一个斜向右上方的箭头，双击即选中一个自然段或者将鼠标置于段中任一位置，三击鼠标即选中一个自然段		
文字块的选择	定位光标到文字的开始位置，按下鼠标左键移动鼠标光标到要选择文字的结束位置松开，就选中了文字块。这个方法对字、句、行、段的选取都适用		
全文选择	使用快捷键【Ctrl】+【A】，或在左页边距的区域三击		

（四）复制与移动文本

　　若要输入与文档中已有内容相同的文本，可以使用复制操作；若要将所需文本内容从一个位置移动到另一个位置，可使用移动操作。复制文本时选中要复制的文本，按住【Ctrl】键后按住鼠标左键将其拖动到新位置，松开左键；或选中要复制的文本，单击"开始"选项卡中的"复制"按钮，把光标移动到要复制文本的位置，单击"粘贴"按钮。移动文本时，选中要移动的文本，按住鼠标左键将其拖动到新位置，松开左键；或选中要移动的文本，单击"开始"选项卡中的"剪切"按钮，把光标移动到要移动文本的位置，单击"粘贴"按钮。

（五）查找替换文本

　　当文档中出现某个多次使用的文字或短语错误时，可使用查找与替换功能来检查和修改错误的部分，以节省时间避免遗漏。将光标定位到文档开始处，单击"开始"→"编辑"组中的"替换"按钮，此时弹出"查找和替换"对话框窗口（图3-8）。在"查找内容"文本框中输入"2023"，在"替换为"文本框中输入"2024"，单击"全部替换"按钮即可将整个文档中所有的"2023"替换为"2024"。单击"更多"按钮可以展开"搜索选项"进行高级查找和替换操作。

图3-8　"查找和替换"对话框

(六) 撤消和恢复操作

Word 有自动记录功能，在编辑文档的过程中执行了错误的操作可以进行撤消，也可恢复被撤消的操作。单击"快速访问工具栏"的"撤消"按钮，可以撤消前一步或几步的操作；单击"恢复"按钮可以恢复被撤消的操作。组合键【Ctrl】+【Z】和【Ctrl】+【Y】也可分别实现撤消和恢复操作。

三、文档格式化及打印输出

(一) 设置字符格式

Word 文档中的文本内容包括汉字、字母、数字、符号等，设置字体格式即更改文本的字体、字号、颜色等，通过这些设置可以使文字效果更突出，文档更美观。在 Word 中设置字符格式可以通过以下方法完成。

1. 通过浮动工具栏设置　选择一段文本后，将鼠标光标移动到被选文本的右上角，将会出现浮动工具栏，该浮动工具栏最初为透明状态显示。其中包含常用的设置选项，单击相应的按钮或进行相应选择即可对文本的字符格式进行设置。

相关选项含义如下：

字体：指文字的外观，如黑体、楷体等，Word 默认的中文字体是宋体。

字号：指文字的大小，默认为五号。其度量单位有"字号"和"磅"两种，当用磅值作单位时，磅值越大文字越大。

2. 通过"字体"按钮组设置　选择需要设置字符格式的文本后，单击"开始"→"字体"对应的按钮可以直接设置文本的字符格式，"字体"按钮组还包括以下选项。

文本效果和版式：单击该按钮右侧的下拉列表中选择需要的文本效果，如阴影、发光、映像等效果。

下标与上标：单击"下标"按钮将选择的字符设置为下标，单击"上标"按钮将选择的字符设置为上标。

更改大小写：在编辑英文文档时，可能需要转换其大小写，单击"更改大小写"按钮右侧的下拉列表，其中提供了全部大写、全部小写、句首字母大写等转换选项。

清除格式：单击该按钮将清除所选字符的所有格式，使其恢复到默认的字符格式。

3. 通过"字体"对话框设置　单击"字体"按钮组右下角的对话框启动器按钮，或按【Ctrl】+【D】组合键，打开字体对话框。在"字体"选项卡下可设置字体格式，如字体、字形、字号、字体颜色、下划线等，还可即时预览设置字体后的效果。

在"字体"对话框中单击"高级"选项卡，可以设置字符间距、缩放和字符位置等（图 3-9）。

(二) 段落格式设置

段落是指文字、图形、其他对象的集合。通过设置段落格式可使文档的结构更清晰，层次更分明。

1. 设置段落对齐方式　段落的对齐方式主要包括左对齐、居中对齐、右对齐、两端对齐、分散对齐等。选择要设置的段落，在"开始"→"段落"按钮组中单击相应的按钮，即可设置段落对齐方式，也可以使用浮动工具栏完成此操作。

2. 设置段落缩进　段落缩进包括左缩进、右缩进、首行缩进、悬挂缩进 4 种，一般利用标尺和"段落"对话框设置。单击滚动条上的"标尺"按钮在工作区显示出标尺，然后拖动水平标尺的各个缩进滑块，可以直观地调整段落缩进。选择需要设置的段落，单击"段落"组右下角的对话框启动器，打开"段落"对话框（图 3-10），在该对话框的"缩进"栏中进行设置。

3. 设置行距和段落间距　打开"段落"对话框，在"间距"栏的"段前"和"段后"数值框中输入值，在"行距"下拉列表中选择相应的选项，即可设置行间距。

图 3-9 "字体"对话框"高级"选项卡

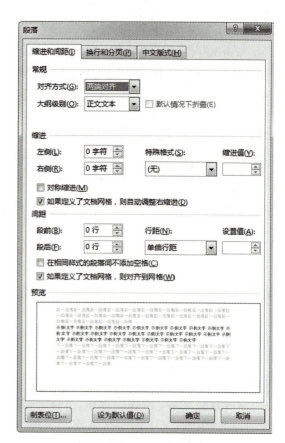

图 3-10 "段落"对话框

（三）项目符号和编号

使用项目符号和编号功能，可以为属于并列关系的段落添加项目符号和编号，还可组成多级列表，使文档层次分明，条理清晰。

选择需要添加项目符号的段落，在"开始"→"段落"按钮组中单击"项目符号"按钮右侧的下拉列表按钮，从弹出的下拉列表中选择一种项目符号样式即可。Word 中默认的项目符号样式共 7 种，根据需要还可以自定义项目符号，从下拉列表中选择"定义新项目符号"选项，打开"定义新项目符号"对话框（图 3-11）。选择"符号""图片""字体"按钮从弹出的对话框中选择新的项目符号，通过"对齐方式"下拉列表选择对齐方式，单击"确定"按钮即可。

（四）设置边框和底纹

Word 文档中不仅可以为字符设置默认的边框和底纹，还可以为段落设置更漂亮的边框与底纹，同时还可以设置页面边框。在"开始"→"段落"按钮组中单击"边框"按钮，从弹出的下拉菜单中选择"边框和底纹"选项，打开"边框和底纹"对话框窗口进行边框、页面边框和底纹的设置。

（五）设置纸张大小、方向和页边距

默认的 Word 页面纸张大小为 A4（21cm×29.7cm），页面方向为纵向，页边距为普通，在"布局"→"页面设置"按钮组中单击相应的按钮便可进行修改。

单击"纸张大小"按钮下面的下拉按钮，在打开的下拉列表中选择一种页面选项，或者选择"其他纸张大小"选项，在打开的"页面设置"对话框中输入纸张宽度和高度。

单击"纸张方向"按钮下面的下拉按钮，在打开的下拉列表中选择"横向"选项，可以将页面设置为横向。

单击"页边距"按钮下面的下拉按钮，在打开的下拉列表中选择一种页边距选项，或选择"自定义页边距"选项，在打开的"页面设置"对话框中可设置上、下、左、右页边距（图 3-12）。

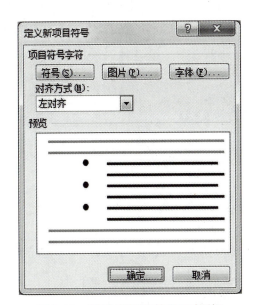

图 3-11 "定义新项目符号"对话框

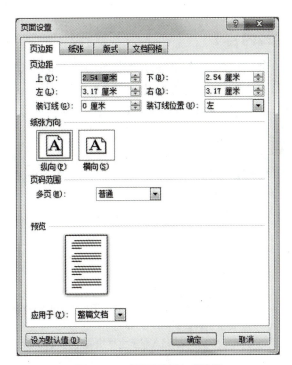

图 3-12 "页面设置"对话框

（六）打印预览与打印

1. 打印预览 为了保证文档打印的品质及准确性，务必进行打印预览，以检查整体版式布局，满意后再进行输出。

单击快速访问工具栏的"打印预览和打印"按钮，即可在文档窗口预览打印效果。拖动"显示比例"滚动条上的滑块能够调整文档的显示大小。单击"下一页"和"上一页"按钮，能够进行预览的翻页操作。当发现文档中有需要修改的地方时，单击其他选项卡标签以便继续对文档进行编辑。

2. 打印 对预览效果满意后，执行"文件"→"打印"命令，在中间窗格内的"份数"文本框中设置打印的份数，然后单击"打印"按钮即可打印文档的所在页面。如果只打印文档的部分页面，单击"设置"栏中的"打印所有页"按钮，从下拉列表中选择打印的范围。另外，还可以在"页数"文本框中打印指定页码的内容。

"打印"命令的列表窗格中还提供了其他常用的打印选项，如设置页面的打印顺序、页面的打印方向等，只需要单击相应的按钮，再从下拉列表中选择适当的参数即可。

当需要在纸张的两面打印文档，但打印机仅支持单面打印时，单击中间窗格内的"单面打印"按钮，从下拉列表中选择"手动双面打印"选项。这样，当所有纸张的第 1 面都打印完后，系统将提示打印第 2 面，将打印过的纸张翻转过来继续打印即可。

实践一：制作新入职护士培训班通知

【实践目的】

1. 掌握文档的建立、打开和保存。
2. 掌握文本的录入和编辑操作。
3. 掌握文档的格式化设置。
4. 掌握文档的打印预览及打印。

ER 3-3

实践素材

【实践内容】

会议或培训通知是办公中使用率最高的文档类型之一，通知必须简洁清楚地告知参加人员主要内容、地点、时间等信息，比较正式的通知一般由眉首、主体、版记三部分组成。本次实践任务使用 Word 编辑完成一份"××市人民医院新入职护士培训班"通知。

【实践步骤】

1. **创建文档** 启动 Word 程序，创建一个名为"文档1"的新文档。

2. 编辑文档。

（1）在新建的空白文档中输入（图 3-13）"培训通知文件内容"所示的文本。

XX市人民医院文件
XX【2023】第 20 号
XX市人民医院
关于举办 2023 年度新入职护士培训班的通知
各科室：
为了帮助新入职护士尽快适应医院护理工作，进一步提升年轻的护理人员的基础理论、基本知识、基本技能以及职业道德素养、沟通交流能力、应急处理能力和落实责任制整体护理所需的专业照顾、病情观察、协助治疗、心理护理、健康教育、康复指导等护理服务能力，为患者提供更加优质的护理服务。特制定新入职护士岗前培训班。
培训计划：见附件 1
参加人员：2023 年新入护理人员
培训时间：2023 年 9 月每周三下午 14:30～16:30
培训地点：住培楼 5 楼会议室
附件：XXXXXXX

主题词：新入职护士　培训
报送：市卫计委 院长　副院长
抄送：院办、护理部、医教处、住培中心、信息中心
XX市人民医院　　　　　　　　　　　　　　　印发

图 3-13　培训通知文件内容

（2）定位光标到文本最后一行"××市人民医院"名称后面，插入系统日期，并设置自动更新。

3. **保存文档** 选择快速访问工具栏的"保存"按钮，将文档保存在 D 盘中，以"新入职护士培训班通知"为名保存。

4. **页面设置** 选择"布局"选项卡，在"页面设置"按钮组中设置纸张大小为"A4"，页边距上、下、左、右分别为 3.7cm、3.5cm、2.8cm、2.6cm，装订线左侧，0.5cm。

5. 设置通知眉首格式。

（1）选中眉首文本"××市人民医院文件"设置字体为"黑体"，字号为"初号"，颜色为"红色"，对齐方式为"居中"，段前间距为"5行"，段后间距为"2行"，行距为"单倍行距"。

（2）选中文件号文本"××【2023】第 20 号"设置字体为"仿宋"，字号为"三号"，对齐方式为"居中"，字体颜色为"黑色"。选中"边框和底纹"命令，设置该文本边框为实线、红色、1.0 磅，下框线，应用于段落。

6. 设置通知主题格式。

（1）光标放在通知标题前面，按回车键，增加一个空行，选中通知标题，设置字体为"黑体"，字号为"小二号"，颜色为"黑色"，对齐方式为"居中"。

（2）选中正文内容，设置字体为"华文中宋"，字号为"四号"，首行缩进"2字符"，多倍行距"1.5"。

（3）选中"培训计划：见附件1　参加人员：2023年新入职护理人员　培训时间：2023年9月每周三下午14:30—16:30　培训地点：住培楼5楼会议室"设置自动编号。

（4）选择"通知名称"，设置行距为"最小值""15.5磅"。

7. 设置通知版记格式　选中版记的所有内容，设置字体为"宋体"，字号为"四号"。选中"主题词：新入职护士　培训"，设置"加粗"显示。选中"报送、抄送、医院名称和日期"设置左缩进"1字符"，上下黑色边框线。

8. 打印预览　选择"文件"选项卡的"打印"命令，在视图中查看打印预览效果，核对无误后进行打印。

扫描二维码可查看本任务完成后的PDF文档"培训通知效果图"。

第三节　Word文档的修饰与美化

情景导入

小张是一名即将毕业实习护士，本周末学校要组织毕业生就业招聘会，她需要制作一份漂亮的毕业生个人简历，更好地向用人单位介绍自己。

问题1：如何制作一张图文并茂的毕业生个人简历？

问题2：怎样将校训添加到个人简历页眉页脚中，怎样设计一个条理清晰、重点突出的个人简历表格？

只有通过文本编辑和排版往往不能达到文档所需的效果，为使文档的效果美观，还需在文档中设置页面效果、添加编辑图形、图片、艺术字、文本框、表格等对象来提升文档表现力。

一、文档的美化

（一）设置页眉、页脚和页码

页眉实际上可以位于文档中的任意区域，但根据文档的浏览习惯，页眉一般就是指文档中每个页面顶部区域的对象，用于补充说明标示文档标题，文件名、作者姓名、章节标题等。

1. 创建与编辑页眉　选择"插入"→"页眉和页脚"组中"页眉"按钮，在打开的下拉列表中选择某种预设的页眉样式选项，然后在文档中按所选的页眉样式输入所需的内容即可。在页眉区域双击将进入页眉编辑状态，利用功能区的"页眉和页脚工具｜设计"选项卡，便可对页眉内容进行编辑。选中"首页不同"框可使文档第一页不显示页眉页脚。选中"奇偶页不同"复选框，可单独设置文档奇数页和偶数页的页眉页脚。单击"关闭页眉和页脚"按钮，可退出页眉页脚编辑状态。

2. 创建与编辑页脚　页脚一般位于文档中每个页面的底部区域也用于显示文档的附加信息，如日期、公司标示、文件名、作者姓名等，但最常见的是在页脚中显示页码。选择"插入"→"页眉和页脚"组中"页脚"按钮，在打开的下拉列表中选择某一种预设的页脚样式选项，在文档中按所选的页脚样式输入所需的内容即可，操作与页眉相似。

3. 插入页码　选择"插入"→"页眉和页脚"组中"页码"按钮，在打开的下拉列表中选择"设置页码格式"选项，打开"页码格式"对话框（图3-14）。在"页码编号"栏中，单击选中"起始页码"单选项，在"起始页码"数值框中输入起始页码。

（二）设置页面水印、颜色和边框

为了使制作的文档更加美观，还可以为文档设置页面颜色和边框以及添加水印等。

1. 设置页面水印　制作办公文档时，为了表明公司文档的所有权和出处，可以为文档添加水印背景，如添加机密水印，添加水印的方法是：选择"设计"→"页面背景"组，单击"水印"按钮，在打开的下拉列表中选择一种水印效果即可，也可选择下拉列表中的"自定义水印"选项，从弹出的对话框中设置其他的图片和文字为水印效果。

2. 设置页面颜色　选择"设计"→"页面背景"组，单击"页面颜色"按钮，在打开的下拉列表中选择一种颜色即可。

3. 设置页面边框　选择"设计"→"页面背景"组，单击"页面边框"按钮，打开"边框和底纹"对话框，可以设置边框的类型、样式、颜色、宽度、艺术类型。

（三）设置分栏与分页

在 Word 中，可将文档设置为多栏预览，还能通过分隔符进行自动分页，选择"布局"→"页面设置"组，来完成分栏和分页设置。

1. 设置分栏　单击"分栏"按钮，在打开的下拉列表中选择分栏的数目，或在打开的下拉列表中选择"更多分栏"选项，打开"分栏"对话框（图 3-15）。在"预设"栏中可选择预设的栏数，或在"栏数"数值框中输入设置的栏数，在"宽度与间距"栏中可设置栏之间的宽度与间距。

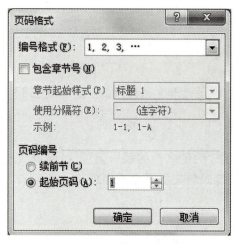

图 3-14　"页码格式"对话框

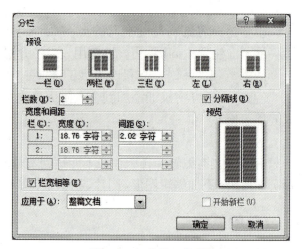

图 3-15　"分栏"对话框

2. 设置分页　设置分页可通过分隔符实现，主要用于标识文字分隔的位置。单击"分隔符"按钮，在打开的下拉列表中选择"分页符"，实现分页操作。

二、图文混排

（一）文本框操作

利用文本框可以排版出特殊的文档版式，在文本框中可以输入文本，也可插入图片。在文档中插入的文本框可以是 Word 自带样式的文本框，也可以是手动绘制。

选择"插入"→"文本"组，单击"文本框"按钮，在打开的下拉列表中选择一种系统预设的文本框样式，或者选择"绘制文本框"，在文档合适位置绘制文本框，在文本框中直接输入需要的文本内容。

（二）艺术字操作

在文档中插入艺术字，可以呈现不同的效果，达到增强文字观赏性的目的。选择"插入"→"文本"组，单击"艺术字"按钮，在打开的"艺术字样式"下拉列表中选择一种艺术字样式（图 3-16）。

此时将在插入点处自动添加一个带有默认文本样式的艺术字文本框，在其中输入需要插入的文本内容，选择艺术字文本框，当鼠标指针变为"四向箭头"形状时，按住鼠标左键拖动改变艺术字的位置，拖动控制句柄可以调整文本框大小和旋转文本框。

在打开的"绘制工具|格式"→"艺术字样式"按钮组中可以重新选择艺术字的样式,设置艺术字的"文本填充""文本轮廓""文本效果"等选项。

(三) 形状操作

形状具有一定独特的性质和特点。Word 提供了大量的形状。编辑文档时合理的使用这些形状,不仅能提高效率,而且能提高文档的质量。SmartArt 是一种具有设计师水准的图形对象,它具有布局合理,主题统一,结构层次分明等优点,是可以有效提高文档专业性和编辑效率的使用工具。

1. **插入形状** 选择"插入"→"插图"组,单击"形状"按钮,在打开的下拉列表中,选择某种形状对应的选项,此时可以执行以下任意一种操作完成形状的插入。

(1) **单击鼠标**:单击鼠标将插入默认尺寸的形状。

(2) **拖动鼠标**:在文档编辑区中拖动鼠标,至适当大小后释放鼠标即可插入任意大小的形状。

选择插入的形状,可用调整图片的方法,对其大小、位置、角度进行调整,除此之外,还可以根据需要改变形状,或编辑形状顶点。选择形状后在"绘图工具|格式"→"插入形状"组中单击"编辑形状"按钮,在打开的下拉列表中选择"更改形状"选项,在打开的列表框中选择需要改变形状对应的选项即可(图 3-17)。

图 3-16　插入"艺术字"

图 3-17　更改形状

2. **美化形状** 选择形状后,在"绘图工具|格式"→"形状样式"组中可以进行各种美化操作,其中部分参数的作用分别如下:

(1) **"样式"下拉列表框**:在该下拉列表框中快速为形状应用 Word 预设的形状形式效果。

(2) **"形状填充"按钮**:单击该按钮后,可在打开的下拉列表中设置形状的填充颜色,包括渐变填充、纹理填充、图片填充等多种效果可供选择。

(3) **"形状轮廓"按钮**:单击该按钮后,可在打开的下拉列表中设置形状边缘的颜色、粗细和边框样式。

(4) **"形状效果"按钮**:单击该按钮后,可在打开的下拉列表中设置形状的各种效果,如阴影效果,发光效果等。

3. 为形状添加文本　除线条和公式类型的形状外,其他形状中都可添加文本,选择形状在其上单击鼠标右键,在弹出的快捷菜单中选择"添加文字"命令,此时形状中将出现文本插入点,输入需要的内容即可。

插入形状时,选择一种形状后,鼠标指针变成细十字形状,若同时按住【Shift】键就能画出方正的图形。例如选择矩形后同时按住【Shift】键可画出正方形,选择椭圆后同时按住【Shift】键可画出正圆,选择直线后按住【Shift】键可绘制水平和垂直的直线,当选中图形后要改变它的大小时,同时按住【Shift】键可等比例缩放。

(四) 插入 SmartArt 图形

SmartArt 图形是信息和观点的视觉表现形式,主要用于演示流程,层次结构,循环和关系,在文档中插入 SmartArt 图形的方法为:切换到"插入"选项卡,单击"插图"组中的"SmartArt"按钮,打开"SmartArt"图形对话框,选择所需要的类型及图形。接着向 SmartArt 图形中输入文字或插入图片。

SmartArt 图形插入文档后,通过"设计"和"格式"选项卡可以对图形的整体样式,图形中的形状与文本等进行重新设置。

(五) 图片操作

在 Word 中插入图片,可以达到图文并茂的效果。

1. 插入图片　在 Word 中插入图片和剪贴画。将文本插入点定位到需插入图片的位置,在"插入"→"插图"组中单击"图片"按钮,打开"插入图片"对话框(图 3-18),在其中选择需插入的图片后,单击"插入"按钮即可。

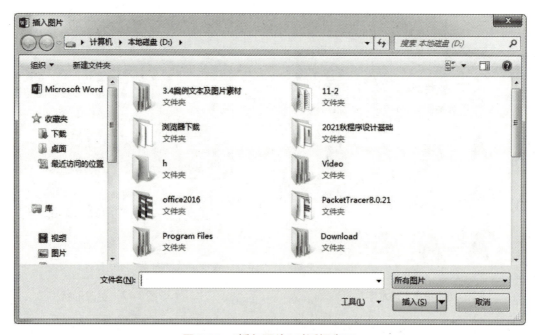

图 3-18　"插入图片"对话框窗口

2. 调整图片大小、位置和角度　将图片插入到文档中后,单击选择图片,此时利用图片上出现的各种控制点便可实现对图片的基本调整。

调整大小:将鼠标指针定位到图片边框出现的 8 个控制点之一,当其变为双向箭头形状时,按住鼠标左键不放并拖动鼠标即可调整图片大小,其中 4 个角上的控制点可以等比例调整图片的高度和宽度,不至于图片变形,四条边中间的控制点可以单独调整图片的高度或宽度,但图片会出现变形效果。

调整位置:选择图片后,将鼠标指针定位到图片上,按住鼠标左键不放并拖动到文档中的其他位置,释放鼠标即可调整图片位置。

调整角度:调整角度及旋转图片,选择图片后,将鼠标指针定位到图片上方出现的绿色控制点上,当其变为旋转图标形状时,按住鼠标左键不放并拖动鼠标即可。

3. 裁剪与排列图片　将图片插入到文档中后,可根据需要对图片进行裁剪和排列,使其能更好地配合文本所要表达的内容。

裁剪图片:选择图片在"图片工具|格式"→"大小"组中,单击"裁剪"按钮,将鼠标指针定位到图片上出现的裁剪边框线上,按住鼠标左键不放,并拖动鼠标释放鼠标后,按【Enter】键或单击鼠标其他位置即可完成裁剪。

排列图片:排列图片是指设置图片周围文本的环绕方式,选择图片在"图片工具|格式"→"排列"组中,单击"自动换行"按钮,在打开的下拉列表中选择所需环绕方式对应的选项即可。

知识拓展

插入到 Word 文档中的图片、形状、文本框、艺术字等有时候存在位置移动的问题。通过设置文字环绕方式,则可自由移动这些对象。Word"自动换行"选项中每种文字环绕方式的含义如下所述:

嵌入型:图片与文档中的文字一样占有实际位置,它在文档中与上下左右文本的相对位置始终保持不变,嵌入型环绕式是插入图片时默认的文字环绕方式。

四周型环绕:不管图片是否为矩形图片,文字以矩形方式环绕在图片四周。

紧密型环绕:如果图片是矩形,则文字以矩形方式环绕在图片周围,如果图片是不规则的,文字将紧密环绕在图片四周。

穿越型环绕:文字可以穿越不规则图片的空白区域环绕图片。

上下环绕:文字环绕在图片上方和下方。

衬于文字下方:图片在下,文字在上分为两层,文字将覆盖图片。

浮于文字上方:图片在上,文字在下分为两层,图片将覆盖文字。

编辑环绕顶点:用户可编辑文字环绕区域的顶点,实现更个性化的环绕效果。

---

4. 美化图片　Word 提供了强大的美化图片的功能,选择图片后,在"图片工具|格式"→"调整"组和"图片工具|格式"→"图片样式"组中即可进行各种美化操作(图 3-19),其中部分参数的作用分别如下。

图 3-19　"调整"和"图片样式"按钮组

"更正"按钮:单击该按钮后,可在打开的下拉列表中选择 Word 预设的各种锐化和柔化,以及亮度和对比度效果。

"颜色"按钮:单击该按钮后,可在打开的下拉列表中设置不同的饱和度和色调。

"艺术效果"按钮:单击该按钮后,可在打开的下拉列表中选择 Word 预设的不同艺术效果。

"样式"下拉列表框:在该下拉列表框中,可快速为图片应用 Word 预设的图片样式。

"图片边框"下拉按钮:单击该按钮后,可在下打开的下拉列表中设置图片边框的颜色,粗细边框的样式。

"图片效果"下拉按钮：单击该按钮后，可在打开的下拉列表中设置图片的各种效果，如阴影效果，发光效果等。

三、表格设计

表格是一种可视化的交流模式，是一种组织整理数据的手段，由多条在水平方向和垂直方向平行的直线构成，其中直线交叉形成一个单元格，水平方向的一排单元格称为行，垂直方向的一排单元格称为列，表格是文本编辑过程中非常有效的工具，可以将杂乱无章的信息管理得井井有条，从而提高文档内容的可读性，下面讲解在 Word 中使用表格的方法。

（一）创建表格

Word 文档中将文本插入点定位到需要插入表格的位置，便可利用多种方法插入所需的表格。根据插入表格的行数列数，和个人的操作习惯，可使用以下两种方法来实现表格的插入操作。

快速插入表格：在"插入"→"表格"组中，单击"表格"按钮，在打开的下拉列表中将光标移动到插入表格栏的某个单元格上，此时呈黄色边框显示的单元格为将要插入的单元格，单击鼠标即可完成插入操作。

通过对话框插入表格：在"插入"→"表格"组中，单击表格下方的下拉列表按钮，在打开的下拉列表中选择"插入表格"选项，此时将打开"插入表格"的对话框（图 3-20），在其中设置表格尺寸和单元格宽度后，单击"确定"按钮即可。

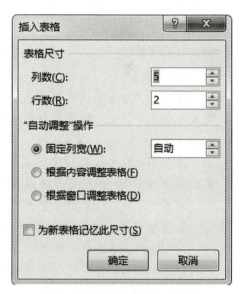

图 3-20 "插入表格"对话框

（二）绘制表格

对于一些结构不规则的复杂表格，可通过绘制表格的方法进行创建。在"插入"→"表格"组中，单击"表格"按钮，在打开的下拉列表中选择"绘制表格"选项。此时光标将变成绘图笔形状，在文档编辑区拖动鼠标即可绘制表格外边框。在外边框内拖动鼠标，可绘制行线和列线。表格绘制完成后，按【Esc】键退出绘制状态即可。在 Word 中绘制表格时，功能区会出现"表格工具|设计"选项卡，在其中的图边框组中提供了相应的参数，用于对绘制表格进行相应的设置。如果要擦除一条或多条线，在"设计"选项卡的"绘图边框"组中单击"擦除"按钮，此时鼠标指针变为橡皮形状，单击要擦除的线条即可将其擦除。

（三）编辑表格

表格创建后，可根据实际需要对其现有的结构进行调整，这其中将涉及表格的选择和布局等操作，下面分别进行介绍。

1. **选择表格**　选择表格主要包括选择单元格，选择行，选择列，选择整个表格等内容，具体方法（表 3-3）。

表 3-3　选择表格的方法

操作	操作方法
选择单个单元格	将光标移动到所选单元格的，左边框偏右位置，当其变为指向右上角的黑色箭头时，单击鼠标即可选择该单元格
选择行	用拖动鼠标的方法可选择一行或连续的多行单元格，另外，将光标移至所选行左侧，当其变为右上箭头形状时，单击鼠标，可选择该行

操作	操作方法
选择列	将光标移至所选列上方,当其变为向下方向箭头形状时单击鼠标,可选择该列。利用【Shift】键和【Ctrl】键可实现连续多列和不连续多列的选择操作
选定整个表格	将光标移至表格区域,此时表格左上角将出将出现移动全选柄,单击该图标可选择整个表格

2. **表格布局**　表格布局主要包括插入、删除、合并、拆分等内容,其布局方法为,选择表格中的单元格行或列,在"表格工具 | 布局"选项卡组中利用"行和列"组与"合并"组中的相关参数进行设置即可(图3-21)。其中各参数的作用介绍如下。

图 3-21　布局表格的各种参数

删除按钮:单击该按钮,可在打开的下拉列表中执行删除单元格行、列和表格的操作,当删除单元格时,会打开"删除单元格"对话框,要求设置单元格删除后剩余单元格的调整方式,如右侧单元格左移,下方单元格上移动等。

在上方插入按钮:单击该按钮,可在所选行的上方插入新行。

在下方插入按钮:单击该按钮,可在所选行的下方插入新行。

在左侧插入按钮:单击该按钮,可在所选列的左侧插入新列。

在右侧插入按钮:单击该按钮,可在所选列的右侧插入新列。

合并单元格按钮:单击该按钮,可将所选的多个连续的单元格合并为一个新的单元格。

拆分单元格按钮:单击该按钮,将打开"拆分单元格"对话框,在其中可设置拆分后的列数和行数,单击"确定"按钮后,即可将所选单元格按设置的尺寸拆分。

拆分表格按钮:单击该按钮,可在所选单元格处将表格拆分为两个独立的表格,需要注意的是,Word 只允许对表格进行上下拆分,而不能进行左右拆分。

3. **设置表格**　对于表格中的文本而言,可按设置文本和段落格式的方法对其格式进行设置,此外,还可以对数据进行对齐方式、行高和列宽、边框和底纹对齐和环绕方式等进行设置。

(1)**设置数据对齐方式**:单元格对齐方式是指单元格中的文本对齐方式,其设置方法为:选择需设置对齐方式的单元格,在"表格工具 | 布局"→"对齐方式"组中单击相应按钮,或选择单元格后,在其上单击鼠标右键,在弹出的快捷菜单中选择"单元格对齐方式"命令,在弹出的子菜单中单击相应的按钮也可设置单元格的对齐方式。

(2)**设置行高和列宽**:设置表格行高和列宽的常用方法有两种。

拖动鼠标设置:将光标移至行线或列线上,当其变为上下箭头形状或左右箭头形状时,拖动鼠标即可调整行高或列宽。

精确设置:选择需调整行高或列宽的行或列,在"表格工具 | 布局"→"单元格大小"组的高度数值框中或宽度数值框中可设置精确的行高或列宽值。

(3)**设置边框和底纹**:设置单元格边框和底纹的方法分别如下:

设置单元格边框:选择需设置边框的单元格,在"表格工具 | 设计"→"表格样式",组中单击"边框"按钮右侧的下拉按钮,在打开的下拉列表中选择相应的边框样式。

设置单元格底纹:选择需设置底纹的单元格,在"表格工具 | 设计"→"表格样式"组中单击"底

纹"按钮右侧的下拉按钮,在打开的下拉列表中选择所需的底纹颜色。

(4)设置对齐和环绕:环绕就是表格被文本包围,如果表格被文字环绕,对齐方式基于所环绕的文字。如果表格未被文字环绕,其对齐方式则基于页面。通过表格属性对话框,可设置表格的环绕和对齐方式。

设置对齐:选择表格,在"表格工具|布局"→"表"组中,单击"属性"按钮,打开"表格属性"对话框,在"对齐方式"栏中可选择对齐的方式。

设置环绕:选择表格,在"表格工具|布局"→"表"组中单击"属性"按钮,打开"表格属性"对话框,在"文字环绕"栏中选择环绕选项,然后再在"对齐方式"栏中选择环绕的对齐方式(图3-22)。

4. 表格中数据的排序　在 Word 中,可对表格中的数据进行排序,可对选择的区域进行排序,也可对整个图表进行排序,选择要进行排序的行,在"表格工具|布局"→"数据"组中单击"排序"按钮打开"排序"对话框(图3-23),在"主要关键字"下拉列表框中选择进行排列选项,在"类型"栏中选择排序的类型,单击选中"升序"单选项可升序排列,单击选中"降序"单选项可降序排列。若有标题行,则选中"有标题行"的单选项,单击"选项"按钮,还可设置排序时是否区分大小写等。

图 3-22　设置对齐和环绕

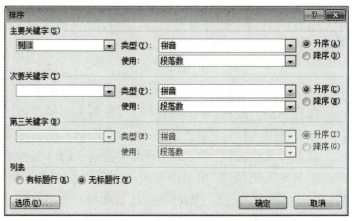

图 3-23　"排序"对话框

实践二:制作护理专业毕业生个人简历

【实践目的】

1. 掌握艺术字、文本框、形状、图片的插入与设置。
2. 掌握 Word 图文混排的方法。
3. 掌握页眉、页脚的基本设置。
4. 掌握表格的创建与设置。

ER 3-4

实践素材

【实践内容】

个人简历在求职过程中起着举足轻重的作用,它以书页的形式展示求职者各项能力,从而赢得用人单位的面试机会。本次实践任务使用 Word 编辑完成一份"护理专业毕业生个人简历",该简历由封面、自荐信、个人简历表和封底组成(图3-24、图3-25)。

图 3-24　样张一

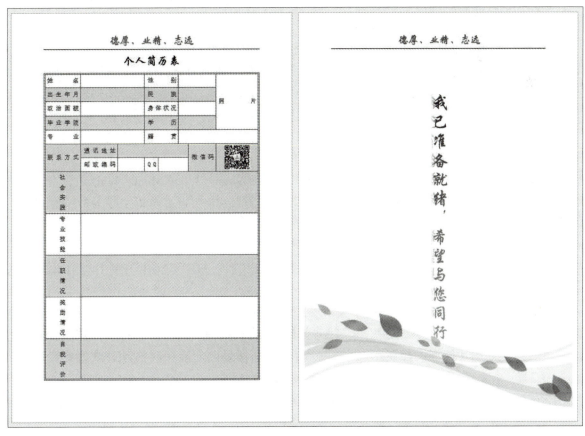

图 3-25　样张二

【实践步骤】

1. 创建文档 启动 Word 应用程序，创建一个空白文档。设置纸张大小为 A4，页边距"上""下""左""右"均为 2.5cm，以"个人简历.docx"为文件名保存该文档。

在新文档的光标处按三次【Ctrl】+【Enter】，或者单击三次"插入"→"页面"组中"空白页"按钮，生成 4 张空白页。

2. 设计封面 光标定位到第一页，完成以下操作：

（1）**插入文本框**：执行"插入"→"文本"→"文本框"→"绘制文本框"命令，然后拖动鼠标即可在封面页的上方绘制出文本框。在文本框内输入"×××护理职业学院 2023 届毕业生"，并设置字体为"华文行楷"，字号为"小一"。

选中文本框，执行"绘图工具 | 格式"→"形状样式"→"形状轮廓"命令，在列表中选择"无轮廓"，不显示文本框的边框；执行"绘图工具 | 格式"→"艺术字样式"→"其他"命令，选择"渐变填充 - 蓝色，着色 1，反射"（第 2 行第 2 个）样式；执行"绘图工具 | 格式"→"排列"→"对齐"→"水平居中"命令，使文本框在水平方向居中。

选中文本框，单击鼠标右键在弹出的菜单中选择"设置形状格式"选项，在"设置形状格式"窗格中，单击"形状选项"中的"布局属性"按钮，在"文本框"栏中选中"根据文字调整形状大小"复选框，并取消"形状中的文字自动换行"复选框（图 3-26）。

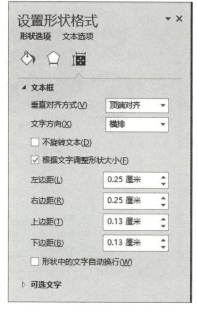

图 3-26　"设置形状格式"窗格

（2）**插入形状**：执行"插入"→"插图"→"形状"→"基本形状"→"同心圆"命令，按住【Shift】键同时拖动鼠标，可在页面中插入正同心圆。

选中同心圆，拖动同心圆内的黄色控点，调整内外圆的间距；在"绘图工具 | 格式"→"大小"组中，设置高度 2.2cm，宽度 2.2cm；执行"绘图工具 | 格式"→"形状样式"→"其他"命令，在"主题样式"中选择"细微效果 - 蓝色，强调颜色 1"（第 4 行第 2 个）样式；在"形状轮廓"列表选择为"无轮廓"。选中同心圆单击鼠标右键，在弹出的菜单中选择"添加文字"，并输入文字"个"；选中文字设置字体为"宋体"，字号为"小一"，并执行"绘图工具 | 格式"→"艺术字样式"→"其他"命令，选择"填充 - 橙色，着色 2，轮廓 - 着色 2"（第 1 行第 3 个）样式。

将同心圆复制 3 份，大小分别设置为 2.8cm×2.8cm、3.4cm×3.4cm、4cm×4cm，放置合适位置，参考图 3-24。同心圆的文本内容分别修改为"人""简""历"。其中"人"设置字号为"小初"；"简"的艺术字样式设置为"填充 - 蓝色，着色 1，轮廓 - 背景 1，清晰阴影 - 着色 1"（第 3 行第 3 个），字号为"46 磅"；"历"的艺术字样式与"简"相同，字号为"58 磅"。

（3）**插入图片**：执行"插入"→"插图"→"图片"命令，在"插入图片"对话框中选择"封面图片.jpg"，单击"插入"按钮。

选中图片，执行"图片工具 | 格式"→"排列"→"环绕文字"命令，选择"浮于文字上方"；执行"图片工具 | 格式"→"大小"→"裁剪"→"裁剪为形状"，选择"基本形状"中的"云型"，将图片裁剪成云型；鼠标拖动图片四周的控制点，调整图片大小；鼠标呈四向箭头时拖动并放置到合适位置，参考图 3-24。

（4）**插入表格**：执行"插入"→"表格"组→"表格"命令，在下拉列表中拖动选择"3×4 表格"，单击鼠标即可在光标处插入 3 列 4 行的表格。拖动表格左上角的"全选柄"放置于封面页底部空白处，参考图 3-24。

1）编辑文本：第 1 列插入特殊符号，执行"插入"→"符号"→"其他符号"命令，打开"符号"对话框。在"字体"列表的"Webdings"集合中选择合适符号并插入（图 3-27）。第 2 列分别输入文本"姓名："""专业：""电话：""邮箱："。

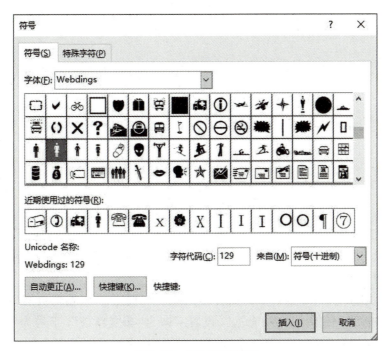

图 3-27　插入特殊符号

选中整个表格，定义文本字体为"宋体"，字号为"小四"，执行"表格工具 | 布局"→"对齐方式"→"中部两端对齐"命令，设置表格数据的对齐方式。

2）设置列宽：选中第 1 列，在"表格工具 | 布局"→"单元格大小"→"宽度"中设置列宽为 1cm；同样方法设置第 2 列列宽为 2cm，第 3 列列宽为 5cm。

3）设置表格对齐方式：选中整个表格，执行"表格工具 | 布局"→"表"→"属性"命令，在"表格属性"对话框的"对齐方式"中选择"居中"。

4）设置表格框线：选中整个表格，单击"表格工具 | 设计"→"边框"组中的"边框"按钮，在下拉列表中选择"无框线"，将取消所有框线；重新选中第 3 列所有单元格，再次单击"边框"按钮，在列表中分别选择"内部横框线"和"下框线"二个选项。完成效果参考图 3-24。

（5）**插入联机图片**：执行"插入"→"插图"→"联机图片"命令，在"插入图片"窗格的"必应图片搜索"中输入"背景"（图 3-28），按【Enter】键可通过网络搜索图片资源，自行选择合适的图片，单击"插入"按钮，即可插入联机图片。选中图片，设置"环绕文字"为"衬于文字下方"，并调整图片大小与位置，使该图片成为封面页背景。

由于联机图片是动态变化的，如下载的图片需要调整颜色、艺术效果等可在"图片工具 | 格式"→"调整"组的"更正""颜色""艺术效果"中设置。

3. 编辑自荐信　在第二页输入自荐信的内容，完成以下格式设置：

（1）**设置标题格式**：字体为"华文行楷"，字形为"加粗"，字号为"小一"，对齐方式为"居中"。

（2）**设置正文格式**：选择除标题以外的所有文本，设置字体为"宋体"，字号为"小四号"，行距为"1.5 倍"；选择从"您好！"到"此致"之间的内容，在"段落"对话框中设置"首行缩进"2 字符；将最后 2 行文字，设置为右对齐。

图 3-28　插入联机图片

（3）**插入图片**：执行插入图片命令，插入素材图片"爱心.jpg"，设置"文字环绕"为"衬于文字下方"；执行"图片工具丨格式"→"图片样式"→"其他"命令，在列表中选择"柔化边缘椭圆"样式，利用鼠标调整图片大小和位置。

（4）**设置页眉丨页脚**：执行"插入"→"页眉和页脚"→"页眉"→"编辑页眉"命令，进入"页眉页脚"状态。在页眉中输入"德厚、业精、志远"，设置字体为"华文新魏"，字号为"二号"，文本效果为"填充 - 蓝色，着色 1，阴影"（第 1 行第 2 个）。在"页眉和页脚工具丨设计"选项卡的"选项"组中勾选"首页不同"复选框，取消第一页的页眉。设置完成后，在正文文本处双击鼠标，即可关闭"页眉页脚"状态。

4. 制作个人简历表　在第三页首行光标处按两次【Enter】键，插入两个空行。在第一行输入"个人简历表"，并设置字体为"华文行楷"，字号为"小一"，对齐方式为"居中"。光标定位到第二行，执行"插入"→"表格"组→"表格"命令，在下拉列表中选择"插入表格"选项，打开"插入表格"对话框，设置列数为 5，行数为 12，单击"确定"按钮，即可创建 5×12 的规则二维表格，并对表格完成以下调整及格式设置。

（1）**设置表格行高**：选中表格前 7 行，执行"表格工具丨布局"→"单元格大小"→"高度"命令，设置行高为"1cm"；选中表格后 5 行，设置行高设置为"3cm"

（2）**拆分单元格**：选中第 7 行的第 2、3 个单元格，执行"表格工具丨布局"→"合并"→"拆分单元格"命令，在"拆分单元格"对话框（图 3-29），设置列数为 4，行数为 1，并选中"拆分前合并单元格"复选框，单击"确定"按钮，将选中单元格分为 4 个单元格。

（3）**合并单元格**：选中最后一列的前 4 个单元格，执行"表格工具丨布局"→"合并"→"合并单元格"命令，将 4 个单元合并成一个单元格。

利用上述合并和拆分单元格的方法，对相应的单元格进行合并与拆分操作，合并拆分后的表格样张参考（图 3-30）。

（4）**输入表格文本**：按图 3-25 输入表格文本内容，并设置字体为"宋体"，字号为"小四"。

（5）**利用鼠标调整单元格的宽度**：选中"通信地址"所在的一个单元格，将鼠标放置该单元格右侧框线，鼠标变"左右箭头"后，拖动鼠标可直观地修改该单元格的宽度。利用上述方法，参考图 3-25样张调整"QQ""微信码"等单元格的宽度，使其符合实际需求。

（6）**套用表格样式**：执行"表格工具丨设计"→"表格样式"→"其他"命令，选择"网格表 6 彩色 -着色 1"（图 3-31）。

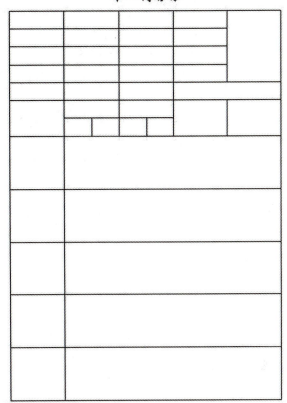

图 3-29　拆分单元格

图 3-30　合并拆分后的表格样张

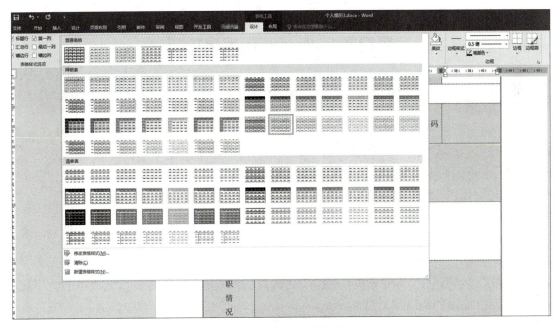

图 3-31　套用表格样式

（7）**设置表格框线**：选中整个表格，执行"表格工具 | 设计"→"边框"→"边框样式"命令，在"主题边框"中选择"双实线，1/2pt，着色 1"（图 3-32），继续在"边框"下拉列表中选择"外侧框线"，即可将表格外侧框设置为双实线；重新选择"边框样式"列表，选择"单实线，1/2pt，着色 1"，并在"边框"列表中选择"内部框线"，完成内侧框线的设置。

（8）**设置文本格式**：选中"社会实践""专业技能""任职情况""奖励情况""自我评价"5个单元格。执行"表格工具｜布局"→"对齐方式"命令，单击"文字方向"即可将文字方向改为竖排，并单击"对齐方式"组中的"中部居中"按钮，使文字位于单元格中部。

选中其他文字单元格，在"对齐方式"中单击"水平居中"按钮；选中整个表格，在"开始"选项卡的"段落"组中，选择"分散对齐"，在"字体"组中单击"加粗"按钮，取消部分文字的加粗设置。

（9）**插入二维码图片**：光标定位到第6行的最后一个单元格，执行插入图片操作，在当前单元

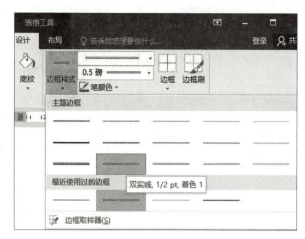

图 3-32　设置边框样式

格插入"韩××微信.jpg"图片。选中图片，将其"环绕文字"设置为"浮于文字上方"，并设置图片高度为1.8cm，适当调整二维码图片位置。

5. 制作封底　光标定位到最后一页，执行"插入"→"文本"→"艺术字"命令，选择"渐变填充 - 蓝色，着色1，反射"（第2行第2个），输入文字"我已准备就绪，希望与您同行"，设置字体为"华文行楷"，字号为"小初"；执行"绘图工具｜格式"→"文本"→"文字方向"→"垂直"命令，艺术字变为垂直显示；执行"绘图工具｜格式"→"排列"→"对齐"命令，在下拉列表中分别选择"左右居中"和"垂直居中"，使艺术字位于页面中间。

执行"复制""粘贴"命令，将封面页下载的"联机图片"复制到封底页。选中图片，执行"图片工具｜格式"→"排列"→"旋转"命令，在下拉列表中选择"水平翻转"，使封底与封面背景遥相呼应。

6. 保存文档　按快捷键【Ctrl】+【S】保存文档，一份漂亮的个人简历制作完成。

第四节　Word 高级编辑功能

情景导入

脑血管疾病是中老年人常见的疾病，而致病因素与人们的生活习惯有很大关系。XXX社区医院准备组织一场"脑血管疾病健康教育讲座"，为中老年人提供脑血管疾病的预防、治疗和康复知识，并现场发放"脑血管疾病健康教育宣传册"。小张作为该社区医院的一名护士，接受了制作"宣传册"和讲座"邀请函"的任务。

问题1：如何制作一份结构清晰合理的健康教育宣传册？

问题2：如何快速高效地完成邀请函的制作？

掌握了文字、表格、图片等元素的应用后，为提高工作效率，实现高质量低成本的数字化办公，就需要掌握Word提供的高级编辑功能。

一、模板与样式

（一）使用模板

模板是"模板文件"的简称，实际上是一种具有特殊格式的Word文档。在Word中任何文档都是以模板为基础创建的，模板决定了文档的基本结构和文档设置，使用模板可以统一文档的风格，提高工作效率。

1. **使用模板创建文档**　Word 提供了多种具有统一规格、统一框架的文档模板。选择"文件"→"新建"命令，打开"新建"面板（图 3-33）。在列表中选中某模板后，单击"创建"按钮，将以此模板创建新文档。另外，用户还可以在"新建"面板中的"搜索联机模板"文本框中输入关键字文本，搜索 Office 官网提供下载的相关模板。

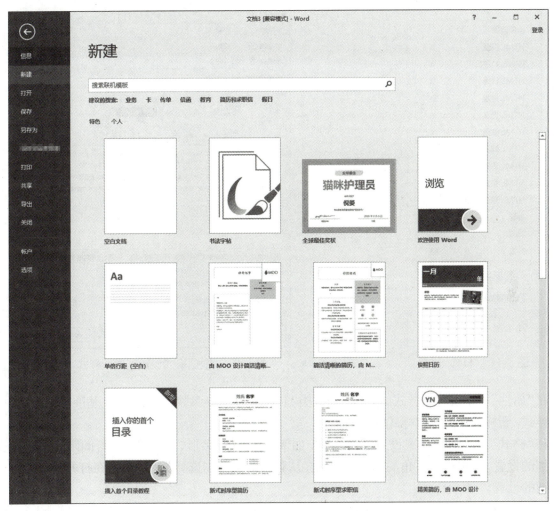

图 3-33　"新建"面板

2. **创建模板**　在文档处理过程中，当需要经常用到相同的文档结构和文档设置时，就可以根据需要创建一个新的模板。在创建新模板时，既可根据现有文档创建，也可根据现有模板创建，但无论哪种方法，完成模板设计后，选择"文件"→"另存为"命令，打开"另存为"对话框，单击"保存类型"下拉列表，选择"Word 模板（*.dotx）"选项，输入模板名称后，单击"保存"按钮，即可将该文档以模板形式保存在"自定义 Office 模板"文件夹中。再次使用该模板创建文档时，执行"文件"→"新建"→"个人"命令，即可找到该模板并创建新文档。

（二）使用样式

样式是 Word 系统自带的或由用户定义的一系列排版格式的总和，包括字符格式、段落格式等。通过样式可快速为文本对象设置统一的格式，轻松组织文档的大纲、提取文档的目录，从而简化排版操作，提高工作效率，常用于论文、书稿等长文档的排版。

1. **应用样式**　选中需要应用样式的文本，打开"开始"选项卡，在"样式"组中选择所需样式；或单击"样式"组中的"其他"按钮，在列表中选择所需样式；也可单击"样式"组右下角的"对话框启动器"按钮，打开"样式"窗格（图 3-34），选择所需样式。如果勾选"样式"窗格下方的"显示预览"

复选框，窗格中的样式名称会显示对应样式的预览效果。

2. 新建样式　如果现有的样式与所需格式设置相去甚远，可以创建一个新样式。在"样式"窗格中单击左下角"新建样式"按钮，打开"根据格式设置创建新样式"对话框（图3-35）。

图 3-34　"样式"窗格

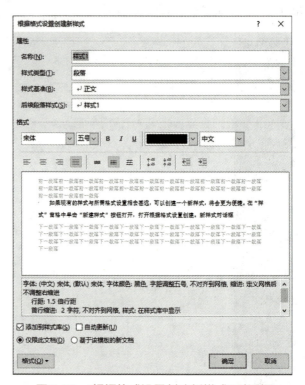

图 3-35　"根据格式设置创建新样式"对话框

在"属性"栏中设置新样式的名称、样式类型、样式基准等参数，如在"样式基准"下拉列表中选择某样式，新样式会继承此样式的格式。

在"格式"栏中为新样式设置基本格式，如字体、字号、字形、对齐方式、行间距等。若需要更为详细的设置，可单击左下角的"格式"按钮，从弹出的菜单中选择类型，然后在打开的对话框中进行详细的设置。

3. 修改样式　如果现有的样式只有部分设置无法满足要求，则可在原有的基础上进行修改。在"样式"窗格中右击需要修改的样式名称，在弹出的菜单中选择"修改"命令，打开"修改样式"对话框。"修改样式"对话框与"根据格式设置创建新样式"对话框操作方法类似。修改后所有应用了该样式的文本都会发生相应的格式改变，从而提高排版效率。

4. 删除样式　在 Word 中对于不需要使用的样式，可以将其删除，但无法删除系统自带的内置样式。在"样式"窗格中，单击列表中"样式名"右侧的箭头按钮选择"删除"选项，或右击"样式名"，从弹出的快捷菜单中选择"删除"选项。

二、长文档编辑

（一）查看和组织长文档

1. 使用大纲视图查看文档　Word 的"大纲视图"以缩进文档标题的形式表示文档结构中的级别。

打开"视图"选项卡，在"视图"组中单击"大纲视图"按钮，即可切换到大纲视图模式，"大纲"选项卡出现在功能区（图3-36）。

在"大纲工具"组的"显示级别"下拉列表框中可以选择需要显示的级别。如要展开或折叠大纲标题,可将鼠标定位到正文需要展开或折叠的标题中,然后单击"大纲工具"组中的"+"(展开)按钮或"-"(折叠)按钮即可。

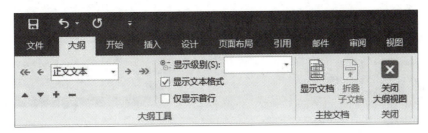

图 3-36 "大纲"选项卡

2. 使用大纲视图组织文档

(1) **选择大纲内容**:在大纲视图下选择操作是其他操作的基础,选择对象主要是标题和正文。

1)选择标题:如果只选择一个标题,不包括它的子标题和正文,可将鼠标移至此标题左端空白处,当鼠标变成斜向上的箭头时,单击即可选中该标题。

2)选择正文段:如果只选择正文的某个段落,可将鼠标移至此段左端空白处,当鼠标变成斜向上的箭头时单击,或单击此段前圆圈符号,即可选中该正文段。

3)同时选择标题和正文:如果要选择一个标题及其所有子标题和正文,可单击此标题前的符号⊕;如果要选择多个连续的标题和段落,拖动选择即可。

(2) **更改文本的大纲级别**:文本的大纲级别可根据需要完成升级或降级操作。

1)利用键盘升级或降级:按一次【Tab】键,标题降低一个级别;按一次【Shift】+【Tab】键,标题提升一个级别。

2)利用按钮升级或降级:在"大纲"选项卡的"大纲工具"组中单击"←"按钮或"→"按钮,可对该标题实现升级或降级操作;如果要将标题降至正文级别,可单击"≫"按钮;如果要将正文升至标题 1,单击"≪"按钮。

3)利用鼠标升级或降级:将鼠标放置标题前的符号处,待光标变成"四向箭头"形状时,向左或向右拖动也可提高或降低标题级别。

3. 使用"导航"窗格查看长文档

Word 提供了导航窗格功能,该功能可以查看文档的结构、显示每页的缩略图。在"视图"→"显示"组中选中"导航窗格"复选框,即可在窗口左侧显示"导航"窗格(图 3-37)。

"导航"窗格的"标题"页,列出文档的各级标题,单击某标题即可定位到正文相应位置。"导航"窗格的"页面"页,以缩略图的形式显示文档页面外观,单击某缩略图,光标即可定位到相应页面。"导航"窗格的"结果"页,主要用于显示文档的查找结果。

(二) 制作书签

Word 中的书签与实际生活中的书签作用相同,用于命名文档中指定的点或区域,以便轻松在文档中定位。

1. 添加书签

单击需要插入书签的位置,在"插入"→"链接"组,单击"书签"按钮,打开"书签"对话框(图 3-38)。在对话框中输入书签名称,单击"添加"按钮,即可将该书签添加到书签列表框中。如果添加多个书签可设置书签的排序依据。

2. 定位书签

插入书签后,用户可以使用书签定位功能快速定位到书签位置。执行"开始"→"编辑"→"查找"→"转到"命令,打开"查找和替换"对话框,选择"定位"选项卡(图 3-39)。在对话框的"定位目标"列表中选择"书签"选项,在"请输入书签名称"下拉列表框中选择需要定位的书签,单击"定位"按钮,光标即可定位到书签位置。

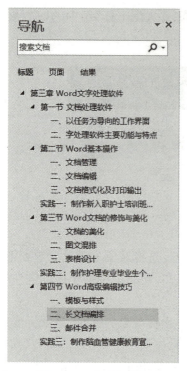

图 3-37 "导航"窗格

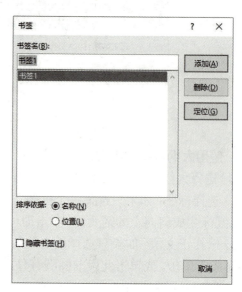

图 3-38 "书签"对话框

3. 显示书签标记 文档中插入书签后,一般并不显示,如需显示可执行"文件"→"选项"→"Word 选项"→"高级"命令,在"显示文档内容"区域,选中"显示书签"复选框,单击"确定"按钮,此时文档书签位置显示"Ⅰ"标记。

(三)创建题注和交叉引用

Word 提供了题注和交叉引用功能,可以使用户在文档中插入图片、公式、表格时实现自动编号,例如图 1-1、表 2-1、公式 3-1 等,并且单击编号可自动跳转到引用内容所在位置。

1. 创建题注 选中需要插入题注的对象,如图片、表格、公式等,单击"引用"→"题注"组→"插入题注"按钮,打开"题注"对话框(图 3-40)。

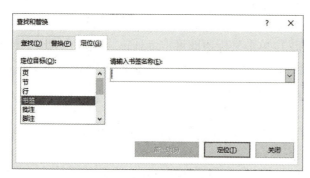

图 3-39 "定位"选项卡

图 3-40 "题注"对话框

在对话框的"题注"栏中输入标题内容,"标签"下拉列表框中选择标签类型,"位置"列表中设置标签的位置。如果现有的标签类型不能满足需要,单击"新建标签"按钮,打开"新建标签"对话框,可定义新标签;不需要的标签可使用"删除标签"按钮删除。单击"编号"按钮,可打开"题注编号"对话框(图 3-41),设置编号的格式,如选中"包含章节号"复选框,可在题注的编号中显示设置题注对象所在章节。

在"题注"对话框中单击"自动插入题注"按钮,打开"自动插入题注"对话框(图3-42)。选择需要插入题注的项目,如表格、图表和公式等,即可在插入对象时自动添加题注。

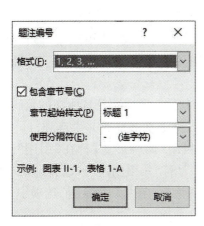

图3-41 "题注编号"对话框

图3-42 "自动插入题注"对话框

知识拓展

　　设置题注时,如果希望题注的编号与所在的章节编号关联,须先执行"开始"→"段落"→"多级列表"→"定义新的多级列表"命令,打开"定义新多级列表"对话框,单击在"更多"按钮后,将相应级别链接到样式中(如级别"1"链接到"标题1"样式);再将该样式(如"标题1"样式)应用到文档的章节标题;最后在"题注编号"对话框中选中"包含章节号"复选框,即可在题注中出现章节编号。

2. 创建交叉引用 交叉引用可以将图片、表格等的题注与相关正文的说明文字建立对应关系。
如正文中需要引用某对象的题注时,可单击需要插入题注的位置,执行"引用"→"题注"→"交叉引用"命令,打开"交叉引用"对话框(图3-43)。在"引用类型"下拉列表中选择引用的类型,如"图";在"引用哪一个题注"列表中选择引用的对象,如"图1 Word工作界面",单击"插入"按钮,即可在当前位置添加"图1 Word工作界面"字样的引用文字。按【Ctrl】键单击引用文字,可快速跳转到对应的图1位置。如果题注内容发生变化,右击引用文字,在弹出的快捷菜单中选择"更新域"选项,引用即可被更新。

(四) 设置脚注和尾注
　　脚注和尾注是对文档内容的补充说明。脚注位于页面的底部,尾注位于文档的尾部,二者都可对文档内容进行注解或标注内容出处等。

1. 插入脚注或尾注 光标定位到需要插入脚注或尾注的位置,执行"引用"→"脚注"→"插

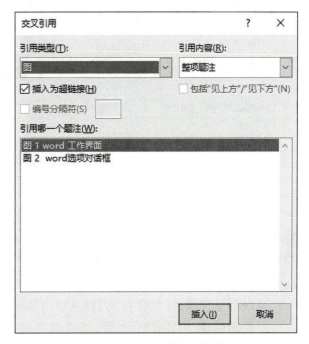

图3-43 "交叉引用"对话框

入脚注"或"插入尾注"命令,光标即刻移至脚注或尾注区,输入相关注释文本即可。

2. 编辑脚注或尾注 脚注或尾注输入后,可对其注释内容直接编辑。如要移动脚注或尾注,可直接拖动注释标记;如要复制脚注或尾注,按住【Ctrl】键,再拖动注释标记即可;如要删除脚注或尾注,在选择注释标记后,按【Delete】键即可将标记与注释内容同时删除。

3. 设置脚注和尾注 如需要修改脚注或尾注的格式,可单击"脚注"组的"对话框启动器"按钮,打开"脚注和尾注"对话框(图3-44)。可设置脚注、尾注的格式与布局,也可利用"转换"按钮,打开"转换注释"对话框,根据需要实现脚注与尾注的相互转换。

(五)制作目录

目录通常是长文档中不可缺少的一项内容,它列出了文档中的各级标题及其所在的页码,便于阅读者快速查找到所需内容。Word可以自动提取文档中定义大纲级别的标题并生成到目录。

1. 创建目录 Word提供的目录有"内置"样式和"自定义目录"两种形式,都在"引用"选项卡中的"目录"组中,选择"目录"按钮完成,下面以"自定义目录"为例,介绍创建目录的操作步骤。

(1)**设置标题的大纲级别**:定位或选中标题,打开"段落"对话框,在"大纲级别"选项中选择各级标题的大纲级别,同一级别的标题设置为同一大纲级别。

(2)**打开目录对话框**:光标定位到需要插入目录的位置,单击"引用"→"目录"组→"目录"按钮,选择下拉列表中的"自定义目录"选项,打开"目录"对话框(图3-45)。

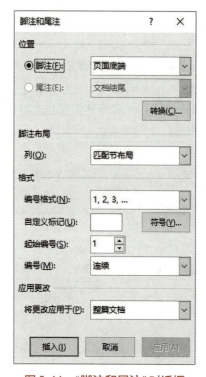

图 3-44 "脚注和尾注"对话框

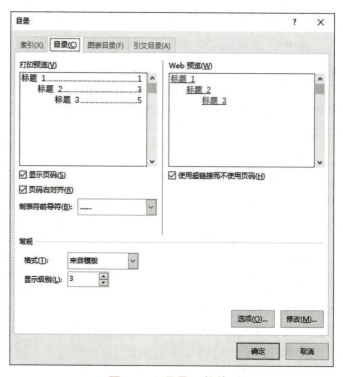

图 3-45 "目录"对话框

(3)**目录设置**:在"目录"对话框中,完成页码位置、制表符前导符、标题显示级别等设置;如对目录的"有效样式"不满意,可单击"选项"按钮,在"目录选项"对话框中进行设置;如要修改目录的外观格式,则可单击"修改"按钮,在"样式"对话框中进行设置。所有设置完成后,在"目录"对话框中,单击"确定"按钮即可生成目录。

目录创建完成后,按住【Ctrl】键并单击某标题行,光标将快速跳转到正文的标题处。

2. 更新目录 当创建目录后,如果对正文文档中的内容进行编辑修改,那么正文标题和页码都可能发生变化,因此需要更新目录,以保证目录的正确性。

更新目录，可执行“引用”→“目录”→“更新目录”命令，在“更新目录”对话框（图 3-46）中根据需要选择“只更新页码”或“更新整个目录”选项即可。

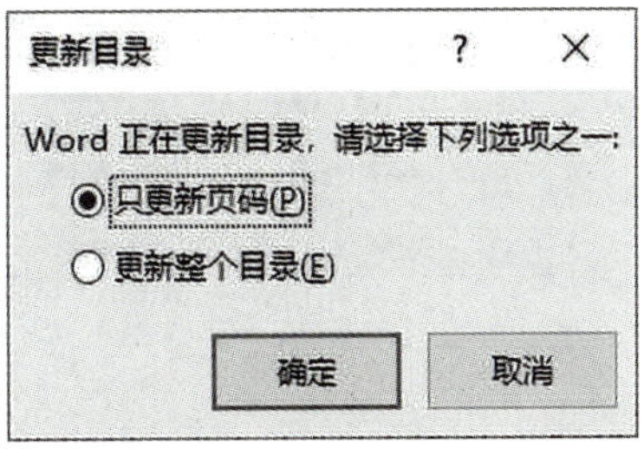

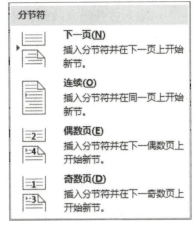

图 3-46 “更新目录”对话框

知识拓展

如果要将整个目录转移为普通文本进行编辑，必须先断开链接。方法是：先选中整个目录，然后按【Shift】+【Ctrl】+【F9】组合键即可。

（六）文档的分节

“节”是 Word 文档中一段连续的文档块（或指一种排版格式的范围），每一节在进行页面设置时是相对独立的，分节符是一个“节”的结束符号。默认方式下 Word 将整个文档视为一“节”，故对文档的页面设置是应用于整篇文档。若需要在一页之内或多页之间采用不同的版面布局，只需插入“分节符”，将文档分成几“节”，然后根据需要设置每“节”的格式即可。

插入“分节符”，将光标定位到要插入分节符的位置，然后选择“布局”选项卡→“页面设置”组→“分隔符”命令，在“分节符”列表（图 3-47）中选择需要的分节符的形式。如果要删除分节符，只需将光标定位到分节符前（或者选中分节符），然后按【Delete】键即可。

图 3-47 “分节符”列表

知识拓展

如果页面中未显示分节符，可执行“开始”→“段落”→“显示 / 隐藏编辑标记”命令，即可显示段落标记、分节符标记和其他隐藏的格式符号。

三、邮件合并

邮件合并是 Word 的一项高级功能，能够在任何需要大量制作模板化文档的场合中大显身手，如制作信封、通知书、邀请函、明信片、准考证、成绩单、毕业证等。邮件合并是将作为邮件发送的主文档与收信人信息组成的数据源文档合并在一起，最终生成完整的新文档输出。邮件合并主要有以下三个关键环节。

（一）创建主文档

主文档是邮件合并中内容固定不变的部分，可以是新建的文档，也可是已有的文档。主文档在邮件合并中起到类似于模板的作用，因此内容、格式设置务必准确、完整。

（二）创建数据源文档

数据源文档是邮件合并中内容不同的部分，可以是 Excel 电子表格、Word 表格、Outlook 的联系人列表、Access 数据库等文件，但都应具数据库的特征，即文档中的第一行必须由字段名组成；第二行开始为记录行，且每条记录只占一行。

（三）将数据源文档合并到主文档

利用 Word 提供的邮件合并选项卡（图 3-48），实现两个文档的合并。一般步骤如下：

图 3-48　"邮件"选项卡

1. 建立文档间的关联　打开主文档,关闭数据源文档;执行"邮件"→"开始邮件合并"→"选择收件人"→"使用现有列表"命令,打开"选取数据源"对话框,选择事先准备好的数据源文档,单击"打开"按钮即可。也可选择"键入新列表"或"从 Outlook 联系人中选择"两个菜单项,新建数据源或从 Outlook 中选择数据源。

2. 插入合并域　数据源文档加载到主文档后,将光标定位到需要插入数据源字段的位置,执行"邮件"→"编写和插入域"→"插入合并域"命令,选择需要的字段名即可插入相应的"域"。

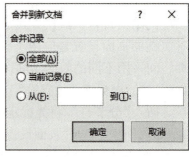

3. 预览并完成　当所有"域"都插入完毕后,在"预览结果"组中选择记录查看效果,此时主文档中显示真实记录内容。预览后执行"邮件"→"完成"→"完成并合并"→"编辑单个文档"命令,打开"合并到新文档"对话框(图 3-49),选择需要合并的记录后单击"确定"按钮,即可生成一个新文档。新文档中创建了多份与主文档类似的内容,而每份内容又都包含数据源文档中不同的记录,保存新文档即可完成邮件合并操作。

图 3-49　"合并到新文档"对话框

实践三:制作脑血管健康教育宣传册及讲座邀请函

【实践目的】

实践素材

1. 掌握样式的使用。
2. 掌握分节符的设置。
3. 掌握页眉、页脚和页码的高级设置。
4. 掌握目录的制作方法。
5. 掌握邮件合并的操作方法。

【实践内容】

在实际工作和学习中,经常会制作如请柬、邀请函、通知单、信封等主要内容相似而个别内容不同的文档,或完成毕业论文、调研报告、宣传册等长文档的编辑,对于这些特殊的文档,Word 提供了一些简单且实用的方法。本任务利用 Word 软件提供的高级编辑技巧制作"脑血管疾病健康教育宣传册"及脑血管疾病健康教育讲座的"邀请函"。

【实践步骤】

1. 制作"脑血管疾病健康教育宣传册"。

(1) **页面设置**:打开文件"脑血管疾病健康教育宣传册.docx",设置纸张大小为 A4 纸,上、下、左、右页边距分别为 3cm、3cm、2.5cm、2.5cm;装订线在左边,1cm。

(2) **全文格式设置**:全选正文,设置字号为"小四"、字体为"宋体""首行缩进"2 个字符、行距为

"固定值"20磅。

（3）**样式设置**："脑血管疾病健康教育宣传册"的标题需要设置三级标题样式。

1）章标题（一级标题）样式修改与应用：选中章标题"概述"，在"开始"选项卡的"样式"组中单击"标题1"样式，即可应用该样式，但由于"标题1"样式并不完全符合要求，需要完成如下修改。

在样式列表中右击"标题1"样式，在弹出的快捷菜单中选择"修改"选项，打开"修改样式"对话框。在该对话框中设置对齐方式为"居中"、字号为"三号"、字体为"黑体"；单击左下角的"格式"按钮，在打开的下拉列表中选择"段落"选项，打开"段落"对话框，设置段前、段后间距均为"1行"，单击"确定"，返回"修改样式"对话框。再次单击"确定"按钮，完成"标题1"样式的修改。

选中章标题"第一章 脑出血病人的健康教育"，单击"标题1"样式，完成样式应用。同样方法完成从"第二章"到"第十一章"章标题样式的应用。

2）节标题（二级标题）样式修改与应用：单击"样式"组中的"对话框启动器"，打开"样式"窗格，单击"标题2"右侧的箭头，在下拉列表中选择"修改"选项，打开"修改样式"对话框。设置字号为"四号"、字体为"黑体"，单击"确定"按钮即可完成"标题2"样式的修改。

选中节标题"1.1 病因"，单击"标题2"完成样式应用。同样方法完成所有节标题样式的应用。

3）小节标题（三级标题）样式修改与应用：右击"标题3"样式，选择"修改"打开"修改样式"对话框，字号修改为"小四"。应用"标题3"样式到所有小节标题，如"1.6.1开始锻炼的时机"等。

4）浏览文档结构：在"视图"选项卡的"显示"组中勾选"导航窗格"复选框，打开"导航"窗格，浏览文档的结构，图3-50为前3章的结构图。

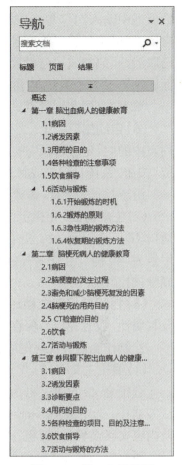

图3-50　前3章结构图

（4）**插入分节符与分页符**：光标定位到章标题"概述"前，执行"布局"→"页面设置"→"分隔符"→"分节符"→"下一页"命令，插入分节符。在空白页，输入"目录"字样，并定义字体为"黑体"，字号为"三号"，居中放置。

在"导航"栏单击"第一章 脑出血病人的健康教育"，光标快速定位到"第一章"前，执行"插入"→"页面"→"分页"命令，完成分页操作。同样方法对所有章进行分页。

（5）**插入页眉和页码**：光标定位到"概述"页，执行"插入"→"页眉和页脚"→"页眉"→"编辑页眉"命令，进行页眉页脚编辑状态。在"页眉和页脚工具|设计"选项卡的"选项"组中，勾选"奇偶页不同"选项。

光标定在第2节的奇数页页眉位置，在"页眉和页脚工具|设计"选项卡的"导航"组中，单击"链接到前一条页眉"按钮，将此链接取消，同时页眉右侧的"与上一节相同"文字消失。在页眉位置输入："脑血管疾病健康教育"宣传册，设置字体为"楷体"，字号为"小四"，右对齐；光标定位在第2节的偶数页页眉位置，同样方法取消链接，输入"传播健康理念，创造美好生活"，并设置字体为"楷体"，字号为"小四"，左对齐。

光标定位到第1节奇数页页脚位置，执行"页眉和页脚工具|设计"→"页眉和页脚"→"页码"→"设置页码格式"命令，打开"页码格式"对话框。在对话框中设置"编号格式"为"Ⅰ，Ⅱ，Ⅲ，…"，单击"确定"按钮。继续执行"页眉和页脚工具|设计"→"页眉和页脚"→"页码"→"页面底端"命令，

在打开的列表中选择"普通数字2"样式,可在页面底端插入页码"Ⅰ"。

光标定位到第2节偶数页页脚位置,单击"链接到前一条页眉"的按钮,取消链接。打开"页码格式"对话框,设置"编号格式"为"1,2,3,…";在"页码编号"中选择"起始页码"单选按钮,并在数值框中输入"1",单击"确定"按钮,即可在页面底端插入页码"1",此时偶数页变为奇数页,须再次单击"链接到前一条页眉"的按钮,取消链接。光标重新定位到第2节偶数页页脚位置,此时链接已取消,页码格式也已设置,可直接执行"页眉和页脚工具|设计"→"页眉和页脚"→"页码"→"页面底端"→"普通数字2"命令,插入页码命令。

单击"页眉和页脚工具|设计"选项卡的"关闭页眉和页脚"按钮,关闭页眉页脚编辑状态。

(6)**自动生成目录**:光标定位到目录页,执行"引用"→"目录"组→"目录"按钮命令,选择下拉列表中的"自定义目录"选项,打开"目录"对话框,在"常规"栏中,设置"显示级别"为"3",单击"确定"按钮,系统自动生成目录。

由于目录有2页,需要在第1节偶数页页脚,执行插入页码命令,插入页码"Ⅱ"。

(7)**生成封面**:光标定位到目录页,执行"插入"→"页面"→"封面"命令,在下拉列表中选择"镶边"样式。在封面的标题内容控件中输入:"脑血管疾病健康教育"宣传册,设置字体为"华文楷体",字号为"40磅",在作者控件中输入"×××医院",选中"公司址"控件和"地址"控件,用【Delete】键删除该控件。

(8)**打印与保存文档**:执行"文件"→"打印"命令,打开"打印"窗口。预览文档并设置打印机及其属性,设置完成后保存该文档。

2.制作脑血管疾病健康教育讲座的"邀请函"。

(1)**编辑主文档**:打开文件"邀请函.docx",设置文档格式。

选中全文,设置字号为"小四"、字体为"宋体"、行距1.5倍;标题设置字体为"隶书"、字号为"小一",居中;选中从"您好!……"到"此致"之间的所有文字,设置"首行缩进"2个字符;"活动详情"及内容文字设置为"加粗";"内容"中的三段文字加编号"1,2,3,",最后二段"右对齐"。

执行"设计"→"页面背景"→"页面边框"命令,打开"边框和底纹"对话框(图3-51),在"页面边框"选项卡中设置选择一种"艺术型",并设置宽度"30磅",单击"确定"即可。

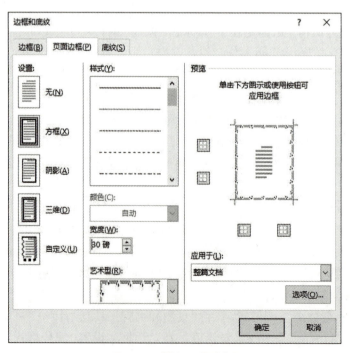

图3-51 插入页面边框

（2）**准备数据源文档**：建立 Excel 文件"病人信息登记表.xlsx"，输入相关内容（图 3-52）。

姓名	性别	入院诊断	通讯地址	邮政编码
王某	男	脑出血	济南市经十路×号	250000
李某某	女	脑梗死	济南市文化东路×号	250000
张某	男	蛛网膜下腔出血	济南市天桥北路×号	250000
赵某	女	病毒性脑膜炎	济南工业南路×号	250000
吕某某	男	脑梗死	泰安东岳大街×号	270000
吴某	男	脑出血	济南市花园路×号	250000
冯某某	女	病毒性脑膜炎	德州市东方红西路×号	254300

图 3-52　数据源文档内容

（3）**建立文档间的关联**：打开已创建好的"邀请函.docx"文件，执行"邮件"→"开始邮件合并"→"选择收件人"→"使用现有列表"命令，在弹出"选取数据源"对话框中，选择"病人信息登记表.xlsx"，并选择工作表"sheet1"，单击"确定"按钮。

（4）**插入合并域**：光标定位到"尊敬的"右侧，执行"邮件"→"编写和插入域"→"插入合并域"命令，在下拉列表中选择"姓名"，即可插入"姓名"域，并设置"姓名"域的字体为"华文楷体"，字号为"小二"。

（5）**设置 Word 域规则**：光标定位到"姓名"域后，执行"邮件"→"编写和插入域"→"规则"→"如果……那么……否则"命令，在"插入 Word 域：IF"对话框（图 3-53），设置相关内容。

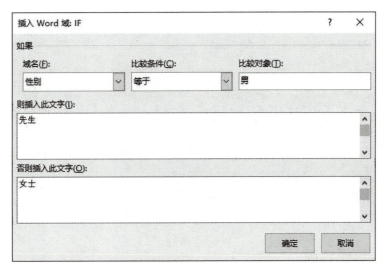

图 3-53　插入 Word 域：IF

（6）**预览并完成**：执行"邮件"→"预览结果"组的"预览结果"命令，预览合并后的效果。最后执行"邮件"→"完成"→"完成并合并"→"编辑单个文档"命令，在"合并到新文档"对话框中选择"全部"记录，Word 将自动创建一个新文档，文档中包含多份带有病人姓名的邀请函。

（钮　靖　何　婷）

思考题

简述格式刷的使用方法。

ER 3-6

练习题

第四章 | Excel 电子表格与数据处理

教学课件

思维导图

学习目标

1. 了解 Excel 的启动方式、退出方式，熟悉 Excel 窗口的组成。

2. 掌握工作簿、工作表及单元格的基本操作；熟练数据分析及图表制作的操作方法，与护理专业知识相结合，提高工作效率。

3. 学会运用 Excel 公式与函数、图表图形、数据透视表等方法进行数据分析，与临床知识相结合，学以致用。

4. 具有使用 Excel 工作表解决未来工作岗位上实际问题的能力。

第一节 电子表格的基本操作

情景导入

内科病房护士长为了更好地管理本科室住院病人生命体征情况，现需整理住院病人血压指标情况，护士长将此任务交给护士小艾，小艾决定使用 Excel 电子表格管理病人血压数据，现需将病人早晨、中午血压数据记录到电子表格中，以便更直接地了解每个病人的情况。

问题 1：Excel 如何录入并管理病人的血压数据？

问题 2：一个工作簿可以创建多少张工作表？

一、Excel 功能与操作界面

Excel 是微软公司推出的 Office 办公软件中的电子表格软件，拥有强大的数据处理能力。该软件以表格的形式呈现、编辑、计算、分析各种数据，运用函数和公式计算来处理大量数据；运用图表功能更直观地统计分析数据；运用操作简单、方便，是应用较广泛的处理数据的工具。

电子表格也可生成直观的表格及图表，大大提高了护理实际工作的效率，在实践工作中是不可缺少的好帮手，并将信息化在护理实践中得到推进。

（一）启动和退出

1. 启动 单击桌面的"开始"按钮，找到"所有程序"命令，在"Microsoft Office"中选择"Microsoft Office Excel"子命令，即可启动该程序；或可通过双击 Excel 的桌面快捷方式来启动程序。

2. 退出 单击打开的操作界面右上角的"关闭"按钮，即退出应用程序。

（二）工作界面

启动 Excel 后展现工作界面，其中包含"文件"选项卡、"开始"选项卡、"插入"选项卡、"页面布局"选项卡、"公式"选项卡、"数据"选项卡、"审阅"选项卡和"视图"选项卡。选项卡基本内容与 Word 相似，"公式"选项卡与"数据"选项卡与 Word 有差别。"公式"选项卡用于处理函数和公式计算等;"数据"选项卡用于进行数据分析等。

二、Excel 工作簿

工作簿是 Excel 用来储存数据的文件,工作簿文件的扩展名为.xslx。一个工作簿可以包含多张工作表,默认每个工作簿中包含 1 个工作表,以"Sheet1"来命名。每个工作簿至少包含 1 张可见的工作表,最多 255 个。

(一)创建工作簿

单击屏幕左下角"开始"按钮,选择"所有程序",在展开的列表中选择"Microsoft Office"下的"Microsoft Excel"程序,单击即可启动 Excel 窗口。在启动 Excel 程序时,Excel 会自动建立一个名为"工作簿 1"的空白工作簿(图 4-1)。

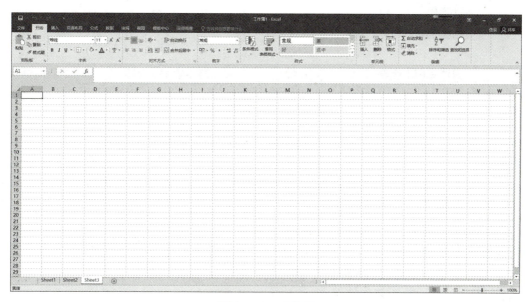

图 4-1　Excel 窗口

(二)工作簿的保存及命名

单击"文件"→"保存"或"另存为"命令(第一次单击"保存"命令打开的也是"另存为"对话框,以后保存时不再显示),打开"另存为"对话框,在弹出的对话框中,在文件名处输入新工作簿名"病人血压登记表.xlsx",选择保存路径(图 4-2),单击"确定"按钮,即可保存工作簿。

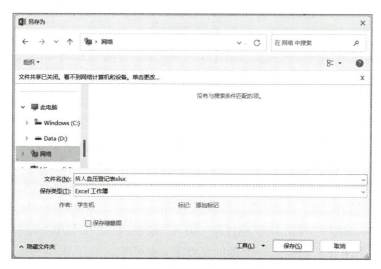

图 4-2　"另存为"对话框

（三）工作簿的关闭和退出

1. 关闭当前工作表　在"Sheet1"工作表窗口中，鼠标左键单击左上角"文件"按钮下面的"关闭"按钮，关闭当前工作表"Sheet1"（图4-3）。

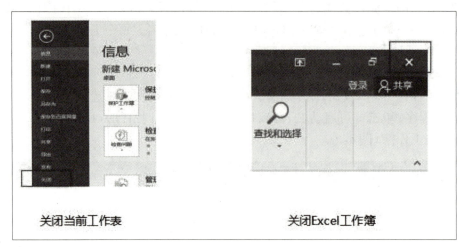

关闭当前工作表　　　　　　　　　关闭Excel工作簿

图 4-3　Excel 关闭按钮

2. 关闭工作簿　在"病人血压登记表"工作簿窗口中，鼠标左键单击右上角的"关闭"按钮，关闭整个工作簿。

三、工作表基本操作

（一）工作表的编辑

1. 修改默认工作表数量　Excel 2016 默认的工作表数为 1 个，可以改变该默认值。设置方法是：执行"文件"→"选项"命令，在弹出的"选项"对话框中，选择"常规"选项卡，在"包含的工作表数"框中输入新设定的工作表数即可。

2. 工作表的删除　鼠标右键单击工作表标签，在弹出的快捷菜单中选择"删除"命令，即可将"Sheet1"工作表删除。

也可以在"开始"→"单元格|删除"下拉按钮，在下拉菜单中选择"删除工作表"命令，可删除当前工作表。

3. 工作表的移动或复制　选择要移动的工作表标签，单击鼠标右键，在快捷菜单中选择"移动或复制工作表"命令，在"下列选定工作表之前"列表框中，选择所要移动的位置。如果是要复制工作表，则选择下方的"建立副本"选项，单击"确定"按钮。

如果是在不同工作簿间移动或复制工作表，只需要在"移动或复制工作表"对话框的"工作簿"下拉列表中选择目标工作簿，单击"确定"按钮即可。

4. 隐藏与显示工作表

（1）**隐藏工作表**：选择要隐藏的工作表，执行"开始"→"单元格|格式"命令，在菜单里选择"隐藏和取消隐藏"命令下的"隐藏工作表"子命令，即将选择的工作表隐藏。

（2）**显示工作表**：打开有隐藏工作表的工作簿，执行"开始"→"单元格|格式"命令，在菜单里选择"隐藏和取消隐藏"命令下的"取消隐藏工作表"子命令，弹出"取消隐藏"对话框，在"取消隐藏"对话框里，选择要取消隐藏的工作表，单击"确定"按钮。

5. 工作表的插入　执行"开始"→"单元格|插入"命令，在下拉菜单中选择"插入工作表"命令（图4-4）。可在当前工作表左侧插入一个新的工作表，也可单击在工作表"Sheet1"右侧"+"直接插入新的空白工作表。

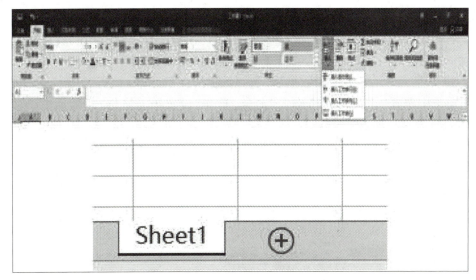

图 4-4 "插入"列表

6. **重命名工作表** 在工作表标签上单击鼠标右键,弹出的快捷菜单中选择"重命名"命令,可为工作表重命名(图 4-5)。

7. **设置工作表标签颜色** 在工作表标签上单击鼠标右键,弹出的快捷菜单中选择"工作表标签颜色"命令,在颜色列表中,选择颜色即可(图 4-6)。

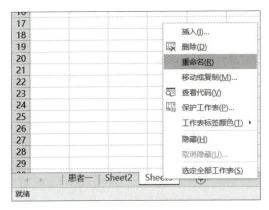

图 4-5 工作表重命名

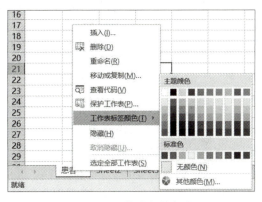

图 4-6 工作表标签颜色

(二)单元格数据输入

单元格是工作表中存储数据的基本单位。在工作表中,每一个单元格的地址由所在的列标和行号组成,例如,A1 就是表示单元格在第 A 列第 1 行。

在单元格中,某一时刻只有一个单元格是活动单元格,单击某个单元格即可将其设为活动单元格。活动单元格的框线会加粗显示;活动单元格的地址会显示在编辑栏的名称框中。

1. **基础数据的输入** 选中单元格,可在其中输入数据。当向单元格输入数据时,编辑栏中的公式框左边会出现三个按钮(图 4-7)。输入结束时,单击 × 按钮,可取消本次输入或修改,它的作用与按下【Esc】键相同;单击按钮 ✓,则确认本次输入或修改,它的作用与按下【Enter】键相同;单击按钮 *fx*,表示要插入一个函数。

图 4-7 编辑栏的三个按钮

在默认情况下，当在 Excel 工作表中输入数据时，系统遵循默认对齐规律。如果输入的是文本类型的数据，系统会自动左对齐；如果输入的是数字类型的数据，系统会自动右对齐。为了使表格更加整洁和统一，用户也可以根据自己的需要设置单元格的对齐方式。

2. 设置数据类型　单元格中输入数据后，选择数据所在单元格，执行"开始"→"单元格|格式"命令，在下拉菜单中选择"设置单元格格式"命令，打开"设置单元格格式"对话框，在"数字"选项卡的分类中可选择数据类型（图 4-8）。

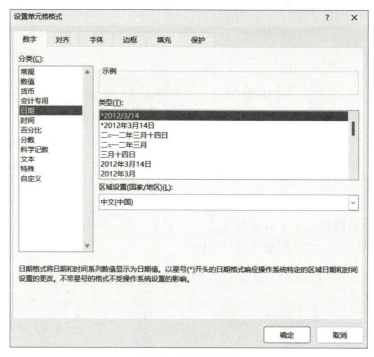

图 4-8　数据的类型

数值型数据转换文本型数据：在 Excel 中输入一些较长的数字，回车后产生的不是所需格式，则需将输入的数字设置为文本型。

方法一：选择需要设置的文本区域，右键"设置单元格格式"命令，在单元格格式中，将"数字"选项卡设置为"文本"，单击"确定"即可。此时输入的数字为文本型，单元格左上方显示绿色三角标记。

方法二：选择需要设置的文本单元格，双击单元格进入单元格的编辑模式，在数据前输入英文状态下的单引号，则本单元格数据转换为文本型。

单元格中常见的数据类型有文本型、数值型、日期时间型等。

文本型数据：包括字母、数字、标点符号及其他符号。字符与数字的混合输入，也作为文本常量。在输入文本时，一个单元格内最多可以存放 32 000 个字符，默认对齐方式为单元格内左对齐。当输入的文本长度超过单元格的宽度时，超出的部分将被隐藏或放到下一空单元格内；若要完全放置在本单元格内，可以在"单元格|格式"下拉菜单内，将"对齐方式"设置为自动换行。

数值型数据：数值型数据由数字和一些数字符号组成，为方便各行各业的使用，系统准备了多种数据格式。在单元格中输入数字时，系统默认的通用数字格式是：整数、小数，数字在单元格的对齐方式为右对齐。当数字的长度超过单元格的宽度时，系统会自动使用科学记数法来表示。例如，输入"202 056 789"，单元格中显示为"2.02E＋08"。当输入负数时，是在输入的数字前加"−"号，或将数字用"（）"括起来；当输入分数时，是在输入的分数前加 0 和空格；输入带分数的整数时，整数与分数之间加空格。

3. 数据的自动填充

（1）**自动填充柄**：例如在 A1 单元格内输入"1"，在 A2 单元格输入"2"，形成等差数列。选择 A1 和 A2 单元格，并将鼠标移至在单元格右下角，鼠标变为黑色十字光标时，使用自动填充柄，向下拖动鼠标到任意单元格，本列数值自动填充完毕。文字文本也可以用自动填充柄填充序列。

（2）**填充序列**：例如在 A1 单元格内输入"1"，选择填充数据的单元格，单击"开始"→"编辑｜填充｜系列"命令，对话框中序列可选择产生在行或列；序列的类型可选择为等差序列、等比序列、日期或自动填充；步长值根据所需进行设置；单击"确定"则自动填充序列。

（三）单元格格式设置

1. **设置单元格边框**　选择相应的数据区域，执行"开始"→"字体｜边框"命令，在弹出的下拉列表中，选择"其他边框"。在"设置单元格格式"对话框"边框"选项卡下，可选择"线条样式、颜色、边框位置"等，并可预览，设置完成后确定即可（图 4-9）。

2. **设置单元格底纹**　选择需要设置底纹的区域，执行"开始"→"字体｜填充颜色"命令，在弹出的颜色下拉列表中选择所需颜色进行填充（图 4-10）。需更多颜色则可以选择"其他颜色"。也可以通过"设置单元格格式"对话框中的"填充"选项卡进行填充。

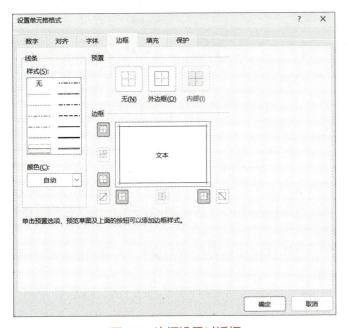

图 4-9　边框设置对话框

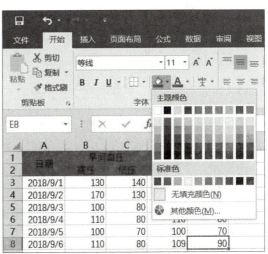

图 4-10　字体颜色设置列表

（四）设置单元格字体格式

1. 设置表内数据字体格式 选择工作表中数据区域，在"开始"→"字体"组中，设置"字体、字形、字号"等。

2. 设置字体颜色 在"开始"→"字体"组中，单击 △· 按钮旁的下拉按钮，在预设颜色中选择字体颜色。

（五）设置对齐方式选项

1. 设置对齐方式 选择要设置对齐方式区域，在"开始"→"对齐方式"组中，可以选择各种对齐方式。也可以打开"设置单元格格式"对话框中的"对齐"选项卡设置文本的对齐方式。

2. 设置自动换行 如单元格内数据过多，可设置自动换行。选择需设置自动换行区域，执行"开始"→"对齐方式 | 自动换行"命令即可完成。此时在不改变列宽的情况下，可将单元格内不能完全显示的内容自动分为多行显示。

3. 合并且居中 选择需合并且居中的区域，执行"开始"→"对齐方式 | 合并后居中"命令，在弹出的菜单里包含"合并后居中""跨越合并""合并单元格""取消单元格合并"选项，选择"合并后居中"即可（图4-11）。

（六）调整行高或列宽

1. 用格式菜单调整行高、列宽 选择要调整行高或列宽的区域，执行"开始"→"单元格 | 格式"命令，在弹出的菜单中选择"行高"或"列宽"选项（图4-12）。在对话框内输入相应数值即可调整。

图 4-11 "合并后居中"的设置

图 4-12 "列宽"的设置

2. 用鼠标调整行高、列宽 将鼠标指针移到列标的右边框线上（行号的下边框线上），指针变为双箭头，然后按住鼠标左键并拖动分隔线向右或左（向上或向下）。当拖动时，列的宽度（行的高度）自动显示，当宽度（高度）合适时，释放鼠标左键。

3. 用快捷菜单调整行高 选中一行或多行，在选中的区域处右键单击鼠标，在弹出的菜单中选择"行高"，在弹出的"行高"窗口中输入行高值即可。

四、页面设置与打印

工作表完成后，要对工作表进行打印时，需要进行页面设置。

（一）页面设置

启动"页面设置"对话框，在"页面布局"选项卡下，单击"页面设置"组右下角的"页面设置"对话框启动器按钮。在弹出的"页面设置"对话框中，可以设置纸张的横竖方向、缩放比例、纸张大小等（图4-13）。

（二）页边距设置

1. 设置页边距　启动"页面设置"对话框，在"页面布局"选项卡下，单击"页面设置"→"页边距"按钮。在弹出的下拉列表中选择"自定义边距"选项，弹出"页面设置"对话框。在该对话框"页边距"选项卡中，进行页边距设置，可设置上下左右边距和页眉、页脚的距离。

2. 设置工作表居中方式　在"页边距"选项卡中，居中方式项中可选择"垂直""水平"两种居中方式，单击"确定"按钮（图4-14）。

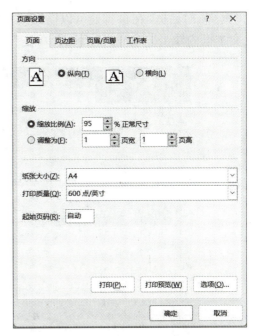

图4-13　"页面设置"对话框

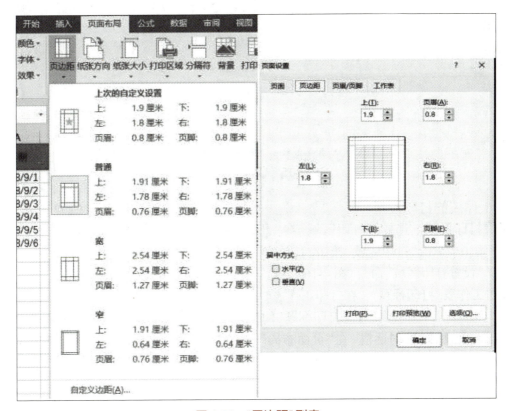

图4-14　"页边距"列表

（三）设置页眉页脚

1. 进行"页眉"设置　在"页面设置"对话框中"页眉／页脚"选项卡下，单击"自定义页眉"，弹出"页眉"对话框。通过单击预设按钮页眉处可插入为"页码""页数""日期""时间""文件路径""文件名""数据表名称""图片"。单击"页眉"对话框中的"中"文本框，在此文本框内输入文字，即可设置为页眉内容（图4-15），单击"确定"按钮。

2. 进行"页脚"设置　在"页面设置"对话框中"页眉／页脚"选项卡下，单击"自定义页脚"，弹出"页脚"对话框,在页脚处可以插入同页眉一样的内容。单击"页脚"对话框中的"中"文本框,在此文本框内单击按钮插入"页码",单击"确定"按钮。

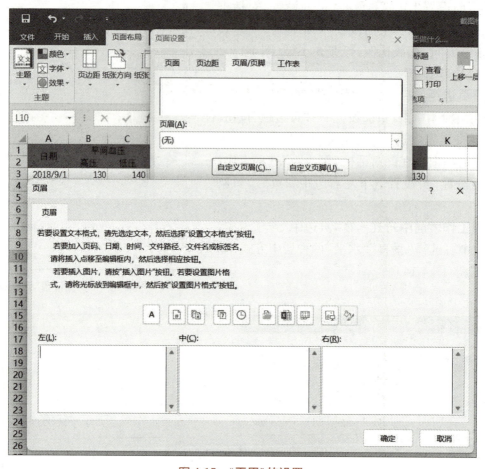

图 4-15 "页眉"的设置

(四) 工作表的打印设置

1. 设置打印区域 选择待打印区域,在"开始"→"页面布局"组中,单击"打印区域"按钮,在弹出的下拉菜单中选择"设置打印区域"命令(图 4-16)。

2. 设置工作表"打印标题" 在打印工作表时,如每页都有表头和标题行,就需要进行"打印标题"的设置。

(1)**启动"页面设置"对话框**:在"页面布局"→"页面设置"组中选择"打印标题"按钮,弹出"页面设置"对话框。

(2)**设定打印区域**:在"工作表"选项卡中,单击"打印区域"文本框右侧的单元格区域选择按钮,选择打印区域。

(3)**设定顶端标题行**:选择"打印标题",单击"顶端标题行"右侧的单元格区域选择按钮,选择标题区域,返回"页面设置"对话框,单击"确定"按钮。

(五) 打印工作表

在"文件"选项卡下单击"打印"按钮,调出"打印"操

图 4-16 "打印区域"设置

作界面，最右侧即为打印预览效果（图4-17）。单击最下面的"页面设置"链接，也可调出"页面设置"对话框；单击"打印"按钮即可将电子表格打印出来。

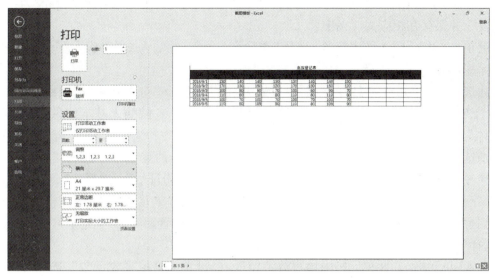

图4-17　"打印"界面

实践一：制作病人基本信息登记表

【实践目的】

1. 掌握创建工作簿方法。
2. 熟练工作表的编辑。
3. 熟练输入数据并能够编辑文本。
4. 熟练掌握数据填充。
5. 掌握改变数据类型及转换文本、数字格式。
6. 掌握更改表格外观。
7. 熟练掌握页面设置及表格的操作。

【实践内容】

为了更好地管理各科室的当前住院病人基本情况，现需使用 Excel 电子表格制作一张病人基本信息登记表，并打印出来（图4-18）。

××院病人基本信息登记表								
登记号	姓名	性别	年龄	出生年月	挂号科室	药物过敏史	联系电话	家庭住址	身份证号
1	白某某	男	58	1964.3	内科	无	137xxxxxx	青龙街X号	42100196403XXXXX
2	韩某某	女	45	1977.1	妇科	无	138xxxxxx	青年家园X号楼X单元	62101197701XXXXX
3	杨某	男	34	1988.12	外科	无	139xxxxxx	彩虹小区X号楼	14201198812XXXXX
4	贺某	女	40	1972.2	内科	无	132xxxxxx	翰林院X单元	14221197202XXXXX
5	梁某	女	27	1995.5	产科	无	166xxxxxx	华宇小区X号楼	14231199505XXXXX
6	王某某	男	10	2012.11	儿科	青霉素类	131xxxxxx	翡翠公馆B区X号楼	14301201211XXXXX
7	李某某	男	63	1959.12	康复科	无	178xxxxxx	建设街X号商铺	14311195912XXXXX
8	王某某	男	42	1980.8	骨科	无	134xxxxxx	华西村东二排X户	14251198008XXXXX

图4-18　病人基本信息登记表样张

【实践步骤】

1. 双击桌面 Excel 图标，单击 Excel 界面的"文件"→"保存"命令，将文件名修改为："病人基本信息登记表"，并保存在相应文件夹中。

2. 右键单击"Sheet1"工作表标签，选择"重命名"命令，并输入文字"病人登记表"。右键单击此工作表标签，选择"工作表标签颜色"，设置为"绿色"。

3. 鼠标选择 A1 单元格到 J1 单元格的区域，单击"开始"→"对齐方式"选项组中的"合并后居中"命令；合并单元格后，单击此单元格并输入标题文字为"××院病人基本信息登记表"。在"开始"→"字体"选项组中将文字设置为居中、宋体、加粗、14 号。

4. 分别选择 A2 到 J2 的单元格，依次输入文字，字段名为："登记号""姓名""性别""年龄""出生年月""挂号科室""药物过敏史""联系电话""家庭住址""身份证号"。选择 A2 到 J2 单元格，单击"开始"→"字体"选项组中的"设置单元格格式"按钮，在"设置单元格格式"对话框中，单击"填充"选项卡，选择背景色为"红色"；单击"图案颜色"下拉按钮，设置图案为：红色；单击"图案样式"下拉按钮，选择为灰色 50%。

5. 单击 A3 单元格，在此单元格内填写数字"1"，在 A4 单元格填写数字"2"，选择 A1 到 A2 单元格后拖动填充柄，用自动填充方式为其他病人填写登记号，拖动到 A10 单元格后释放鼠标。

6. 分别选择 B3 至 B10 单元格，依次分别输入病人姓名；分别选择 D3 至 D10 单元格，依次分别输入病人年龄；分别选择 E3 至 E10 单元格，依次分别输入病人出生年份；分别选择 F3 至 F10 单元格，依次分别输入病人挂号具体科室；分别选择 G3 至 G10 单元格，依次分别输入有无过敏史；分别选择 H3 至 H10 单元格，依次分别输入联系电话；分别选择 I3 至 I10 单元格，依次分别输入病人家庭住址；选择 J3 单元格，在单元格内输入英文单引号，将数据类型转换为文本格式后，再输入身份证号码；用以上方法将 J4 至 J10 单元格内的数据填写完整。

7. 选择 A1 到 J10 的所有数据单元格，执行"开始"→"字体 | 设置单元格格式"命令，在"设置单元格格式"对话框中，单击"边框"选项卡，选择线条的"样式"为：双实线，线条的"颜色"为：红色，单击预置"外边框"。选择线条的"样式"为：加粗单实线，线条的"颜色"为：深蓝，单击预置"内部"后"确定"即可。

8. 选择 A1 到 J10 的所有数据单元格，执行"页面布局"→"页面设置 | 打印区域"命令，选择"设置打印区域"命令。单击"文件"→"打印"命令，在打印预览中，选择"页面设置"命令，将页面"方向"设置为"横向"，单击"确定"。单击"保存"命令，即保存该文件。

第二节　Excel 数据处理

情景导入

护理学院组织全院的护理技能比赛。比赛结束后，成绩已经录入 Excel 工作表（图 4-19）。

问题 1：如何利用 Excel 电子表格计算每位选手的总分、名次？

问题 2：如何将工作表导出到 WORD 文件中，形成计算机技能比赛总结？

图 4-19　比赛成绩单

一、公式与函数

（一）公式及其应用

Excel 具有强大的计算功能。对于需要填写计算结果的表格非常有用。公式是电子表格的灵魂和核心内容。每当用户输入或者修改数据之后，公式便会自动地或者在用户操作之后重新将有关数据计算一遍，并将最新结果显示在屏幕上。

Excel 中公式包括三个部分：

（1）"="符号：表示用户输入的内容是公式不是数据（注意输入公式必须以"="开头）。

（2）运算符：用以指明公式中元素进行计算的类型。

（3）参与计算的元素（运算数）：每个运算数可以是不改变的数值（常量数值）、单元格或单元格区域引用、标志、名称或函数。

1. 公式中的运算符类型

（1）算术运算符：+（加号）、-（减号或负号）、*（星号或乘号）、/（除号）、%（百分号）、^（乘方）。完成基本的数学运算，返回值为数值。例如：在图 4-19 H3 中输入"=15+25+15"后按【Enter】键后确认，结果是 55。

（2）比较运算符：=（等）、>（大于）、<（小于）、>=（大于等于）、<=（小于等于）、<>（不等于）。用以比较两个值，符号两边应为同类数据才能比较，结果是一个逻辑值，不是 TRUE 就是 FALSE。例如：在单元格中输入"=5<6"后按【Enter】键后确认，结果是 TRUE。

（3）文本运算符：&，使用"&"，两边均为文字型数据才能连接，连接的结果仍是文字型数据。例如：在单元格中输入"=" 三级 "&" 甲等医院 ""（注意文本输入时，需加英文半角引号）后按【Enter】键，结果是"三级甲等医院"。

（4）括号：（）用于表示优先运算。

（5）引用运算符：冒号（:）、逗号（,）和空格。

单元格引用运算符：冒号（:）是区域运算符，表示一个单元格区域，是对两个引用以及两个引用之间的所有单元格进行引用。B2:E2 表示引用 B2 到 E2 之间的所有单元格。求"吴某某"的"总分"，可在 H3 中输入公式："=SUM（E3:G3）"来计算（图 4-19）。

逗号（,）是并集运算符，将多个引用合并为一个引用。在 E24 中输入"=SUM（E3:E12,E6:E23）"（图 4-19），注意：其中的 E6:E12 区域数据计算了两次。

空格：是交集运算符，只处理各单元格区域中共有的单元格中的数据。例如，在上例中若输入“=SUM（E3:E12，E6:E23）”，和输入“=SUM（E6:E12）”的结果一样。

2. 公式中的运算次序 运算符的优先级，按运算类别，以比较运算符、文本运算符、算术运算符、引用运算符和括号为序，优先级越来越高。

（1）:（冒号），（逗号）（空格）引用运算符

（2）-（负号）（如 -1）

（3）%（百分比）

（4）^（乘幂）

（5）*（乘）/（除）

（6）+（加）-（减）

（7）&（连接符）

（8）=、<、>、<=、>=、<>（比较运算符）

对于优先级相同的运算符，则从左到右进行计算。

如果要修改计算的顺序，则应把公式中需要首先计算的部分括在圆括号内。

3. 输入和编辑公式

（1）选定需要输入公式的单元格。

（2）输入公式：输入公式时应以等号（=）开头，然后输入公式或表达式。输入运算符时，注意优先级别和前后数据类型，公式中不能有多余的空格。

（3）按【Enter】键或单击“输入”按钮，即完成输入，单击“取消”按钮则取消输入。

4. 求和公式的使用 求和计算较为常用。例如，在图 4-19 H3 单元格中输入“=E3+F3+G3”按【Enter】键，得到结果为 55。

注意：①运算符必须是在英文半角状态下输入；②公式的运算量要用单元格地址，以便于复制引用公式。公式中单元格地址的输入既可以直接键入（如 E3），也可以用单击相应单元格的方法得到相应的公式单元格地址（如单击 E3 单元格便可在公式中出现 E3）。如果需要继续求其他人的总分，相应单元格的公式不必一一输入，可使用“自动填充”的方法实现（图 4-20）。

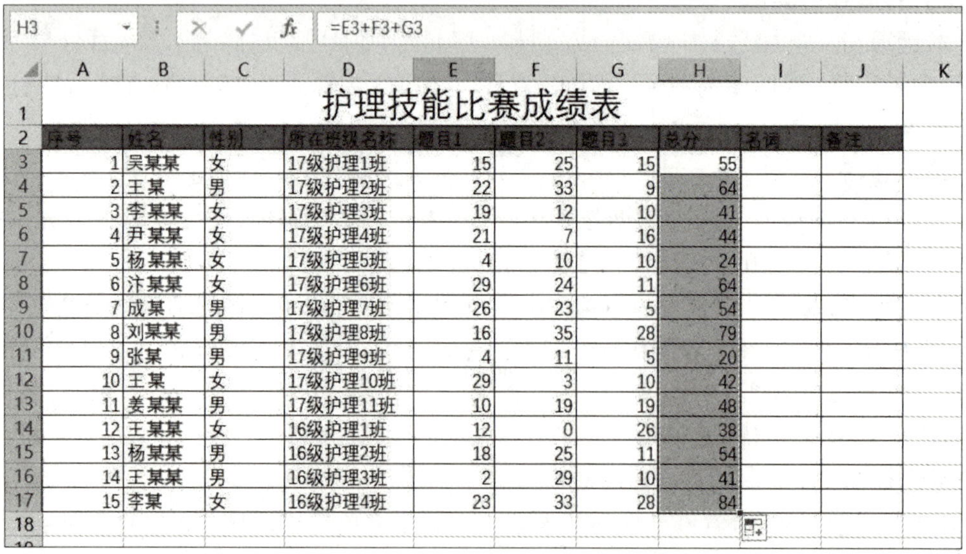

序号	姓名	性别	所在班级名称	题目1	题目2	题目3	总分	名词	备注
1	吴某某	女	17级护理1班	15	25	15	55		
2	王某	男	17级护理2班	22	33	9	64		
3	李某某	女	17级护理3班	19	12	10	41		
4	尹某某	女	17级护理4班	21	7	16	44		
5	杨某某	女	17级护理5班	4	10	10	24		
6	汴某某	女	17级护理6班	29	24	11	64		
7	成某	男	17级护理7班	26	23	5	54		
8	刘某某	男	17级护理8班	16	35	28	79		
9	张某	男	17级护理9班	4	11	5	20		
10	王某	女	17级护理10班	29	3	10	42		
11	姜某某	男	17级护理11班	10	19	19	48		
12	王某某	女	16级护理1班	12	0	26	38		
13	杨某某	男	16级护理2班	18	25	11	54		
14	王某某	男	16级护理3班	2	29	10	41		
15	李某	女	16级护理4班	23	33	28	84		

图 4-20 使用“自动填充”功能复制公式

（二）函数及其应用

1. 函数概念 函数是 Excel 预设好的公式，可以在公式中直接调用。

【格式】: 函数名（参数 1，参数 2，...）

Excel 提供了几百种函数，包括了财务、日期与时间、数学与三角、统计、查找与引用、数据库、文本逻辑信息等方面。

日期与时间函数，如 TODAY（当前日期函数）、NOW（当前日期和时间函数）等；

数学与三角函数，如 SUM（求和函数）；

统计函数，如 AVERAGE（算术平均值函数）、MIN（求最小值函数）；

逻辑函数，如 AND（逻辑与函数）、NOT（逻辑非函数）、OR（逻辑或函数）等。

2. 常用函数简介

（1）SUM( )：求和。

【格式】: SUM（number1，number2，...）

说明：参数 number1，number2，... 为 1 到 30 个需要求和的参数。说明：number1，number2，...，也可以是引用区域；30 个是参数，而不是 30 个数。

（2）AVERAGE( )：求平均值。

【格式】: AVERAGE（number1，number2，...）

说明：参数的用法请参考 SUM( )。

（3）COUNT( )：统计数据值的数量。

【格式】: COUNT（value1，value2，...）

说明：参数 value1，value2，... 是包含或引用各种类型数据的参数（1~30 个），但只有数字类型的数据才被计数。

（4）RANK( )：统计函数，数据排位。

【格式】: RANK（Number，ref，order）

说明：Number 代表需要排序的数值；ref 代表排序值所处的单元格区域；order 代表排序方式（0 或忽略，按降序；非 0，按升序），RANK 函数对重复数的排位相同，但重复数的存在将影响后续数值排位。

（5）IF( )：条件检测函数。

【格式】: IF（logical_test，[value_if_true]，[value_if_false]）

说明：执行真假判断，根据逻辑测试的真假值，返回不同的结果，可以用函数 IF 对数值和公式进行条件检测。

（6）VLOOKUP( )：纵向查找函数。

【格式】: VLOOKUP（lookup_value，table_array，col_index_num，[range_lookup]）

说明：第一参数是要查询的值。第二参数是需要查询的单元格区域，这个区域中的首列必须要包含查询值，否则公式将返回错误值。第三参数用于指定返回查询区域中第几列的值。第四参数决定函数的查找方式，如果为 0 或 FASLE，用精确匹配方式；如果为 TRUE 或被省略，则使用近似匹配方式，同时要求查询区域的首列按升序排序。

注意：VLOOKUP 函数第三参数中的列号，不能理解为工作表中的实际列号，而是指定要返回查询区域中第几列的值。如果有多条满足条件的记录时，VLOOKUP 函数默认只能返回第一个查找到的记录。

（7）LOOKUP( )：查询函数，主要用于在查找范围中查询指定的查找值，并返回另一个范围中对应位置的值。

【格式】: LOOKUP（lookup_value，lookup_vector，[result_vecor]）。

说明：第一参数为要查询的内容，第二参数为要返回的结果范围。LOOKUP 函数常用于在由单行或单列构成的第二参数中查找指定的值，并返回第三参数中对应位置的值。

3. 函数输入方法

（1）从键盘上直接输入函数。选中单元格，输入"="，然后按照函数的语法直接键入。（图 4-19），求"吴某某""总分"。操作步骤为选中 H3，输入"＝SUM（E3:G3）"即可。

（2）使用"常用工具栏"中的"粘贴函数"按钮"*fx*"（图 4-19），求"吴某某""总分"。操作步骤为选中 H3，在名称框右侧的工具栏中选择"*fx*"，在粘贴函数对话框中选中相应的函数输入 SUM；可用鼠标将需要求和的单元格 E3:G3 选中，单击"确定"按钮即可。

（3）使用"公式选项卡"下的"插入函数"按钮（图 4-19），求"吴某某""总分"。操作步骤为选中 H3，执行"公式选项卡"→"插入函数"命令，打开"插入函数对话框"，其余步骤同（2）。

> **知识拓展**
>
> #### 函数嵌套
>
> 在某些情况下，需要将某个公式或函数的返回值作为另一个函数的参数来使用，这种方式就称为函数的嵌套使用。这里举一个 IF 函数二层嵌套的例子。如果成绩 <60，等级为不及格；如果成绩≥60 且成绩小于 90，等级为合格；如果成绩≥90，等级为优秀。可以在图 4-21 的 B2 中填入：= IF（A2＜60，" 不及格"，IF（A2＜90，" 合格"，" 优秀"））。意思是：第一个 IF 条件（如果 A2 单元格的值小于 60 时），显示为"不及格"，否则证明 A2 已经大于等于 60，在 A2 大于等于 60 的前提下，第二个 IF 条件（如果 A2 单元格的值小于 90），就代表 A2 的值大于等于 60 且小于 90，显示为"合格"，当第 2 个 IF 不成立时，证明不小于 90，意思是大于等于 90，则显示"优秀"（注意公式中的逗号和引号都是英文半角状态下的）。

	A	B
1	成绩	等级
2	59	
3	60	
4	80	
5	90	

图 4-21　函数嵌套示例

二、单元格引用

单元格可以使用名字来"引用"，在 Excel 中引用是计算过程中必须用到的。单元格的引用是把单元格的数据和公式联系起来，标识工作表中单元格或单元格区域，指明公式中使用数据的位置。单元格引用主要包括相对引用、绝对引用和混合引用。它们的区别在于一个符号"$"的使用。"$"符号，它表示"锁定"。加了"$"就表示被锁定，不能改变了。

（一）相对引用

相对地址是以某一特定单元格为基准来对其他单元格进行定位。相对地址的表示方法只用列标行号表示，Excel 中默认的单元格引用为相对引用。例如第 2 列第 9 行的单元格的相对地址为 B9，第 2 列第 9 行到第 4 列第 20 行的单元格区域的相对地址为 B9:D20。

相对引用是指公式中参数以单元格的相对地址表示，如复制或移动含公式的单元格时，公式中的单元格或单元格区域地址随着改变，公式的值将会依据更改后的单元格或单元格区域地址的值重新计算（图 4-18），H3 单元格中输入"＝E3＋F3＋G3"就运用了相对引用，即对 E3 至 G3 求和，将公式复制到 H4，则 H4 单元格的公式就变为"＝E4＋F4＋G4"。

（二）绝对引用

绝对地址则为 Excel 某些单元格在工作表格中的确切位置。绝对地址的表示方法为"$A$5"、"$E$9"，即列标行号均被"$"锁定。例如第 2 列第 9 行的单元格的绝对地址为 $B$9，第 2 列第 9 行到第 4 列第 20 行的单元格区域的绝对地址为 $B$9:$D$20。

绝对引用是指公式中参数以单元格的绝对地址表示，如复制或移动含公式的单元格时，公式中所引用的单元格或单元格区域地址不会发生变化，都是其在工作表中的确切位置（图 4-22），I3 单元格中输入"=RANK（H3，$H$3:$H$23）"，将公式复制到 I4，则 I4 单元格的公式变为"=RANK（H4，$H$3:$H$23）"，相对引用 H3 变为 H4，绝对引用 $H$3:$H$23 不发生变化。

序号	姓名	性别	所在班级	题目1	题目2	题目3	总分	名次	备注
			护理技能比赛成绩表						
1	吴某某	女	17级护理1班	15	25	15	55	5	
2	王某	男	17级护理2班	22	33	9	64	3	
3	李某某	女	17级护理3班	19	12	10	41	11	
4	尹某某	女	17级护理4班	21	7	16	44		
5	杨某某	女	17级护理5班	4	10	10	24		
6	汴某某	女	17级护理6班	29	24	11	64		
7	成某	男	17级护理7班	26	23	5	54		
8	刘某某	男	17级护理8班	16	35	28	79		
9	张某	男	17级护理9班	4	11	5	20		
10	王某	男	17级护理10班	29	3	10	42		
11	姜某某	男	17级护理11班	10	19	19	48		
12	王某某	女	16级护理1班	12	0	26	38		
13	杨某某	女	16级护理2班	18	25	11	54		
14	王某某	男	16级护理3班	2	29	10	41		
15	李某	女	16级护理4班	23	33	28	84		

图 4-22　复制"绝对引用"及"相对引用"

（三）混合引用

混合引用是指单元格或单元格区域的地址部分是相对引用，部分是绝对引用，是指列标或者行号仅被"$"锁定一个的引用，例如，$A5、$A5:$C10 等，均为混合引用。混合引用兼具上面的相对引用和绝对引用的某些特点。被锁定的行号或者列标，和绝对引用一样不会随公式的系统位置发生改变，而未被锁定的行号或者列标，和相对引用一样会随着公式的位置变化发生相对的变化。

（四）相对引用与绝对引用之间的切换

如果创建了一个公式并希望将相对引用更改为绝对引用（反之亦然），则先选定包含该公式的单元格，然后在编辑栏中选择要更改的引用并按【F4】键。每次按【F4】键时，Excel 会在以下组合间切换：绝对列与绝对行（例如，$C$1）、相对列与绝对行（C$1）、绝对列与相对行（$C1）以及相对列与相对行（C1）。例如，在公式中选择地址 $A$1 并按 F4 键，引用将变为 A$1。再一次按 F4 键，引用将变为 $A1，以此类推。

三、数据的导入与导出

（一）数据的导入

在 Excel 中，可将 Access、文本文件、网页文件、SQL Server 等多种数据格式转换到 Excel 工作表中，这样就可以利用 Excel 的功能对数据进行整理和分析。这个时候只需要导入而不需要录入，具体操作如下：

1. 从文本文件导入数据

（1）**启动 Excel**：打开需要导入外部数据的工作簿。

（2）**单击"数据"选项卡**：通过"获取外部数据"命令组中单击"自文本"命令，即可将文本文件导入 Excel 工作表中。

（3）文本文件"护理专业学生名单.txt"（图 4-23），各数据项以","间隔。单击 Excel 工作表中"获取外部数据"组中的"自文本"命令，弹出对话框。

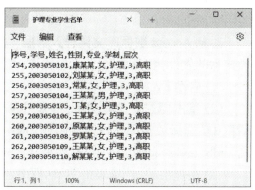

图 4-23　文本文件"护理专业学生名单.txt"

（4）找到文件，单击"导入"，会弹出"文本导入向导-第1步"对话框（图4-24）。这里的原始数据类型选择"分隔符号"一项，在这个对话框的下面有一个预览框，从这里可以看到要导入的数据，这里的"导入起始行"输入框中的数值默认为1，单击"下一步"，弹出"文本导入向导-第2步"对话框，选择文本文件的数据字段分隔符，根据示例文件的特点，选择"逗号"。

（5）单击"下一步"按钮，弹出"导入向导-第3步"对话框，选中第一列，将"列数据格式"设置成"文本"，单击"完成"按钮，弹出"导入数据"对话框。

（6）设置好导入数据的存放位置后，单击"确定"按钮，数据导入成功（图4-25）。

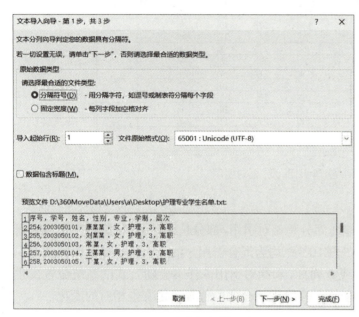

图 4-24 文本导入第 1 步

图 4-25 文本文件导入 Excel 工作表中

2. 自网站获取数据 Excel 不仅可以从外部数据中获取数据，还可以从 Web 网页中获取数据。操作步骤如下：

（1）启动 Excel，打开需要导入外部数据的工作簿。

（2）单击"数据"选项卡，通过"获取外部数据"命令组中单击"自网站"命令，弹出"新建 Web 查询"对话框。

（3）在"新建 Web 查询"的地址栏中输入目标网址，如："http://www.163.com"，单击"转到"按钮，出现网页内容：单击要查询数据表左上角的图标，选中要查询的数据表，单击"导入"按钮。

（4）在弹出的"导入数据"对话框中，单击"属性"按钮，打开"外部数据区域属性"对话框。在"刷新控件"区域，勾选"允许后台刷新"和"打开文件时刷新数据"复选框，依次单击"确定"按钮，关闭对话框即可。

3. 从 Access 数据库文件导入数据 从 Access 数据库文件中导入数据，用户可以方便地使用自己熟悉的软件执行数据分析汇总操作。操作步骤如下：

（1）启动 Excel，打开需要导入外部数据的工作簿。

（2）单击"数据"选项卡下"获取外部数据"命令组中"自 Access"命令，在弹出"选取数据源"对话框中，选择数据库文件所在路径，选中文件后，单击"打开"按钮。可支持的数据库文件类型包括 .mdb、.mde、.accdb 和 .accde 四种格式。

（3）在弹出的"选择表格"对话框中，选中需要导入的表格，单击"确定"按钮。

（4）在弹出的"导入数据"对话框中，可以选择该数据在工作簿中的显示方式，包括"表"、数据透视表以及数据透视图等。

（5）单击"属性"按钮，在弹出的"连接属性"对话框中，勾选"允许后台刷新"和"打开文件时刷新数据"复选框，设置刷新频率，依次单击"确定"按钮，关闭对话框。

导入完成后，要获取最新的数据，除了可以单击"数据""全部刷新"命令和在右键快捷菜单中单击"刷新"命令外，还可以单击数据区域中的任意单元格，在表格工具的"设计"选项卡下，单击"刷新"按钮。

当用户首次打开已经导入外部数据的工作簿时，会出现"安全警告"提示栏，单击"启用内容"按钮，即可正常打开文件。

（二）数据的导出

在 Excel 中，不仅可将 Access、文本文件、网页文件、SQL Server 等多种数据导入 Excel 工作表中，也可将 Excel 工作表中的数据格式转换为其他格式。比如在日常工作中有时需要在 Word 中载入 Excel 工作表中的数据，如将图 4-19 比赛成绩单导入 word 中，应按照如下操作：

1. 在 Excel 工作表中打开比赛成绩单。

2. 在 Word 中新建一个文件。

3. 选择 Excel 工作表中的数据，单击鼠标右键，在弹出的对话框中选择"复制"。

4. 在 Word 中，单击鼠标右键，在弹出的对话框中选择"保留源格式粘贴"得到导出的数据（图 4-26）。

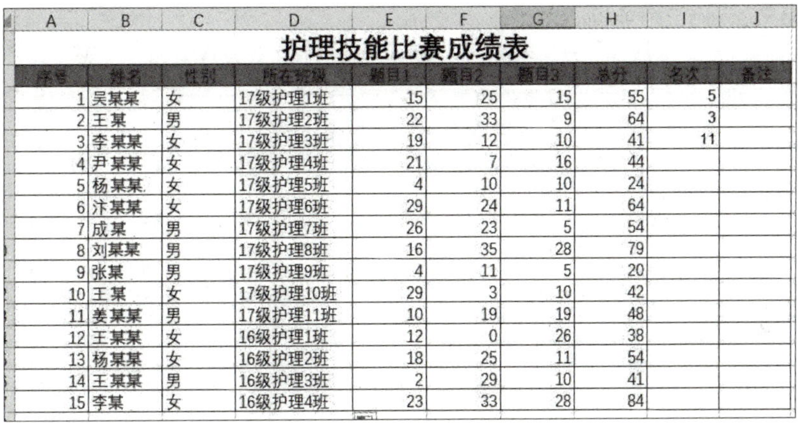

图 4-26　"保留源表"格式的"导出"

5. 在 Word 中，单击鼠标右键，在弹出的对话框中选择"只保留文本粘贴"得到导出的数据（图 4-27）。

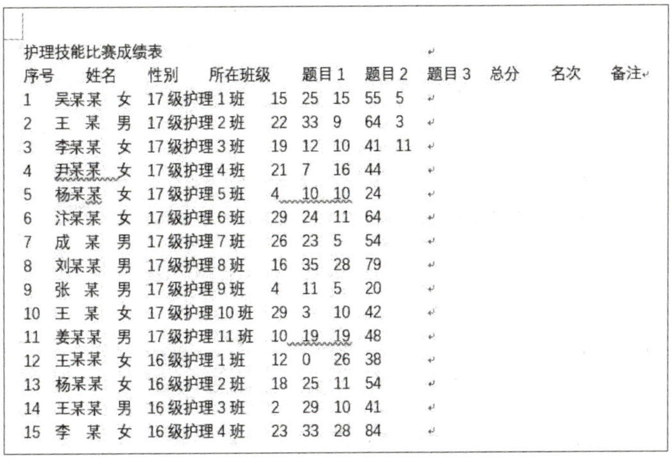

图 4-27　"只保留文本"格式的导出

实践二：制作病人费用统计表

【实践目的】

1. 学会使用 Excel 工作表中公式的使用方法。
2. 学会使用 Excel 工作表中函数的使用方法，特别是常用函数的使用方法。
3. 学会使用 Excel 工作表中单元格的引用方法。
4. 培养学生用 Excel 工作表解决未来工作岗位上实际问题的能力。

【实践内容】

小梅是内二科护士，工作之余协助护士长统计病人每天的支出费用，病人每天费用支出包含床位费、治疗费、各项检查费及药费等。现需使用 Excel 工作表中函数的方法统计出每个病人每天的总费用及药费占总费用的比例、平均总费用及平均药费，分别求 5 月 2 日、5 月 3 日两天中病人总费用情况排名、药费情况排名、药占比情况排名等数据（图 4-28）。

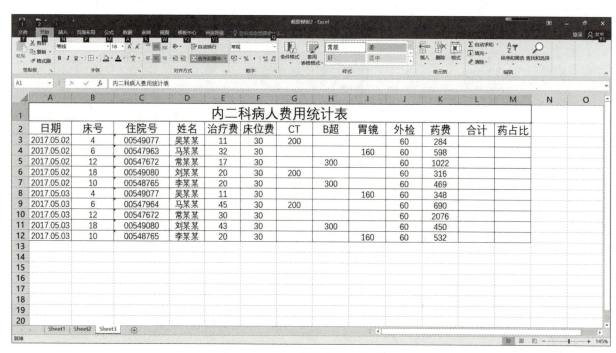

图 4-28　内二科病人费用统计表

【实践步骤】

1. 建立"内二科病人费用统计表.xlsx"工作表。

执行"开始"→"所有程序"→"Microsoft Office"→"Microsoft Excel"命令启动 Excel。启动后会自动创建一个默认文件名为"工作簿"的空白工作簿。录入有关信息，保存为"内二科病人费用统计表.xlsx"。

2. 利用公式及公式的复制完成每个病人每天的总费用及药费占总费用的比例。

（1）在 M2 单元格中输入"总费用"，在 N2 单元格中输入"药占比"。

（2）选中 M3 单元格，输入公式"＝F3＋G3＋H3＋I3＋J3＋K3＋L3"，回车后，拖动单元格 M3 填充柄至目的单元格 M12，完成每个病人每天的总费用的计算。

（3）选中 N3 单元格，输入公式"= L3/M3"，回车后，拖动单元格 N3 填充柄至目标单元格 N12。选中 N3 到 N12 单元格，右键单击鼠标，在快捷菜单中选择"设置单元格格式"，打开数字选项卡，然后选择百分比，并把右侧小数位数改为零，完成药费占总费用的比例。

3. 利用公式完成每天病人的总费用。

（1）选择第 8 行。右键单击鼠标，在快捷菜单中选择"插入"。

（2）选中 M8 单元格，输入公式"= M3 + M4 + M5 + M6 + M7"，回车后，即为 5 月 2 日这天的病人总费用。

（3）选择"M9:M13"，单击自动求和工具"Σ"，则 M14 单元格中所显示的数字即为 5 月 3 日这天的病人总费用。

4. 利用 SUM 函数完成每个病人每天的总费用。

（1）在图 4-28 所显示的内二科病人日费用统计表中，选中 M3 单元格，单击编辑栏左侧的"插入函数"按钮，系统打开"插入函数"对话框，选择函数"SUM"，单击"确定"按钮，在弹出的"函数参数"对话框中，单击"Number1"右侧的"拾取"按钮，选中"F3:L3"单元格，再次单击"拾取"按钮返回到"函数参数"对话框，单击"确定"按钮完成 M3 计算。

（2）拖动单元格 M3 填充柄至目的单元格 M12，完成每个病人每天的总费用的计算。

5. 利用求平均函数求出每天病人的平均总费用及平均药费。

（1）选中 M13 单元格，单击编辑栏左侧的"插入函数"按钮，系统打开"插入函数"对话框，选择函数"AVERAGE"，单击"确定"按钮，在弹出的"函数参数"对话框中，再单击"Number1"右侧的"拾取"按钮选中"M3:M12"单元格，再次单击"拾取"按钮返回到"函数参数"对话框，单击"确定"按钮完成计算。

（2）选中 L13 单元格，单击编辑栏左侧的"插入函数"按钮，系统打开"插入函数"对话框，选择函数"AVERAGE"，单击"确定"按钮，在弹出的"函数参数"对话框中，再单击"Number1"右侧的"拾取"按钮选中"L3:L12"单元格，再次单击"拾取"按钮返回到"函数参数"对话框，单击"确定"按钮完成计算。

6. 利用 RANK 函数分别求 5 月 2 日、5 月 3 日两天中病人总费用情况排名。

（1）选中 O3 单元格，单击编辑栏左侧的"插入函数"按钮，系统打开"插入函数"对话框，在"选择类别"列表框中，选择函数"RANK"，单击确定。

（2）在弹出的"函数参数"对话框中，单击"Number1"右侧的"拾取"按钮选中"M3"单元格，再次单击"拾取"按钮返回到"函数参数"对话框。再单击"Ref"右侧的"拾取"按钮选中"M3:M7"单元格，再次单击"拾取"按钮返回到"函数参数"对话框，把"M3:M7"改为绝对引用"$M$3:$M$7"。再次单击"拾取"按钮，返回函数参数对话框，单击"确定"按钮完成计算，完成 5 月 2 日病人总费用情况排名。

7. 利用 RANK 函数分别求 5 月 2 日、5 月 3 日两天中病人药费情况排名。

8. 利用 RANK 函数分别求 5 月 2 日、5 月 3 日两天中病人药占比情况排名。

9. 利用 IF 函数，对药占比等于或高于 40% 的显示超标，对药占比低于 40% 的显示不超标。

（1）选中 P3 单元格，单击编辑栏左侧的"插入函数"按钮，系统打开"插入函数"对话框，在"选择类别"列表框中，选择"逻辑函数"，在"选择函数"列表中选择函数"IF"，单击"确定"按钮。在弹出的"函数参数"对话框中，"Logical_test"右侧的文本框中输入"N3 > 0.40"，在"Value_if_true"右侧的文本框中输入"超标"，在"Value_if_false"右侧的文本框中输入"不超标"，单击"确定"按钮，完成 P3 的计算。

（2）拖动单元格 P3 填充柄至目的单元格 P12，判断每个病人每天的药占比是否超标。

实践三：制作护理工作量统计表

【实践目的】

1. 学会使用 Excel 工作表中公式的使用方法。
2. 学会使用 Excel 工作表中函数的使用方法，特别是常用函数的使用方法。
3. 学会使用 Excel 工作表中单元格的引用方法。
4. 培养学生用 Excel 工作表解决未来工作岗位上实际问题的能力。

【实践内容】

计算护士的月工作量是医院的一项常规工作，护士工作有各种值班类型，每种类型工作量系数不同，下图为某医院某科室的工作量统计表并给出了各类型的系数及每人的值班班次，利用函数的使用方法统计本月护士总的工作量、平均工作量、工作量排名情况等，利用嵌套函数，对本科室本月护士总工作量小于 22 天的标记为"不正常"，大于或等于 22 天，小于 26 天的标记为"正常"，大于或等于 26 天的标记为"加班"（图 4-29）。

护士工作量统计表

工作量系数 / 班次 / 姓名	主班 (1)	副班 (0.5)	小夜班 (1)	大夜班 (1)	责任班 (1)	帮班 (0.5)	护理班 (0.5)	总务班 (1)	工作量
李某	10	2	5	2	1	2	2	1	
尹某某	7	4	8	5	1	1	1	1	
李某	4	1	3	7	5	1	2	2	
孙某某	7	1	2	1	6	2	2	3	
刘某某	2	2	9	3	1	1	4	4	
王某某	9	1	1	3	6	3	4	2	
刘某	9	1	3	6	5	1	2	2	
李某	7	2	2	1	6	2	2	3	
张某某	6	1	5	2	3	2	3	4	
刘某	6	1	2	1	6	2	2	4	
王某某	5	3	8	3	1	1	4	4	
李某	5	3	1	3	6	3	4	2	
李某某	3	1	3	6	5	1	2	2	
张某某	3	1	2	1	6	2	2	3	
杨某某	3	1	8	5	2	4	3	3	
王某某	4	1	3	7	5	1	2	2	
备注：班次数x工作量系数=工作量总数									

图 4-29　护士工作量统计表

【实践步骤】

1. 建立"护士工作量统计表.xlsx"。

执行"开始"→"所有程序"→"Microsoft Office"→"Microsoft Excel"命令，启动 Excel。启动后会自动创建一个默认文件名为"工作簿1"的空白工作簿。按照图示录入相关数据，保存为工作表"护士工作量统计表"。

2. 利用公式及公式复制计算每名护士的工作量。

（1）在 K3 中输入公式"= C3*1 + D3*0.5 + E3*1 + F3*1 + G3*1 + H3*0.5 + I3*0.5 + J3*1"，按回车键，即可在 K3 单元格中显示计算结果（图 4-30）。

（2）鼠标指针指向 K3 单元格右下角，当鼠标指针变为黑色十字时，按住鼠标左键，向下拖动到目标单元格 K18，释放鼠标后，即可在所选单元格中填充公式，计算出每名护士的工作量。

图 4-30　利用公式计算每名护士的工作量

3. 利用公式及混合引用计算每名护士的工作量。

（1）在 L2 单元格中输入"工作量"，并分别在 C21、D21 输入"1""0.5"。

（2）在 L3 中输入公式"=（C3＋E3＋F3＋G3＋J3）*$C$21＋（D3＋H3＋I3）*$D$21"，按回车键，即可在 L3 单元格中显示计算结果（图 4-31）。

图 4-31　利用混合引用计算每名护士的工作量

（3）鼠标指针指向 L3 单元格右下角，当鼠标指针变为黑色十字时，按住鼠标左键，向下拖动到目的单元格 L18，释放鼠标后，即可在所选单元格中填充公式，计算出了每名护士的工作量。

4. 利用 SUM 函数计算本科室护士的总工作量。

（1）在表的最末行下插入一行。

（2）在单元格 B19 中输入"本科室本月护士总工作量"，选择区域"B19:J19"，然后在工具栏单击"合并后居中"。

（3）在 K19 单元格中输入"=SUM（K3:K18）"，按回车键，即可在 K19 单元格中显示本科室护士的总工作量（图4-32）。

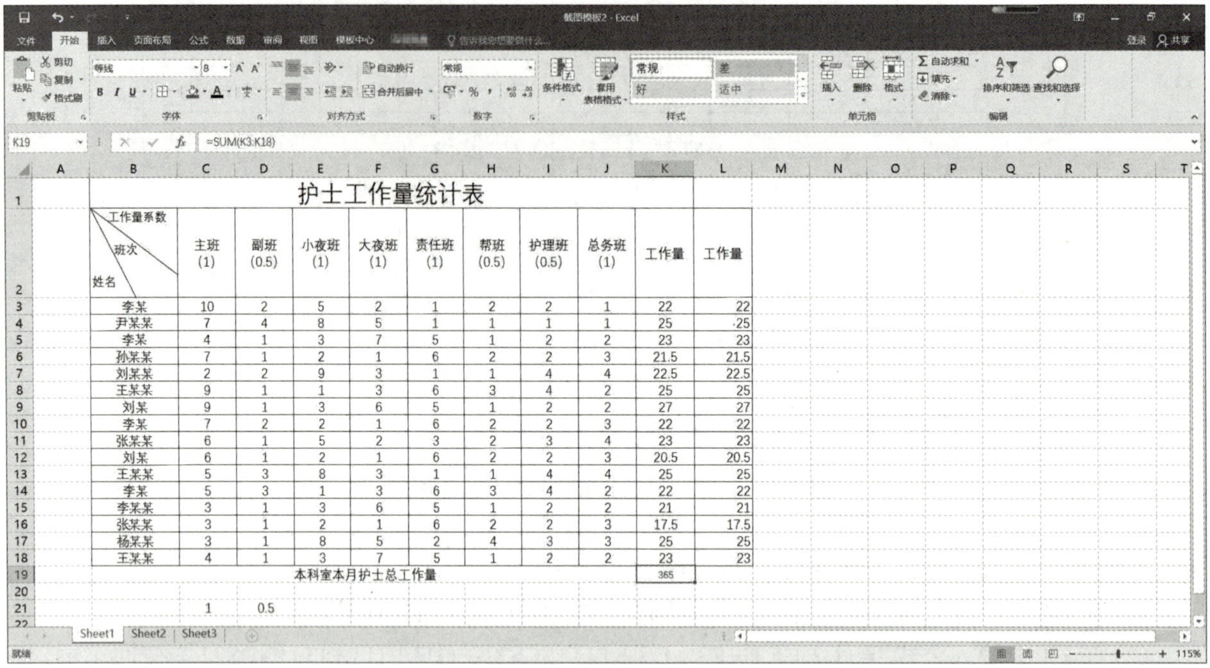

图4-32　本科室护士的总工作量

5. 利用 AVERAGE 函数计算本科室护士的平均工作量。

（1）选择区域"B20:J20"，然后在工具栏单击"合并后居中"按钮，并在合并单元格内输入"本科室护士的平均工作量"。

（2）在 K20 中输入"=AVERAGE（K3:K18）"，按回车键，即可在 K20 单元格中显示本科室护士的平均工作量（图4-33）。

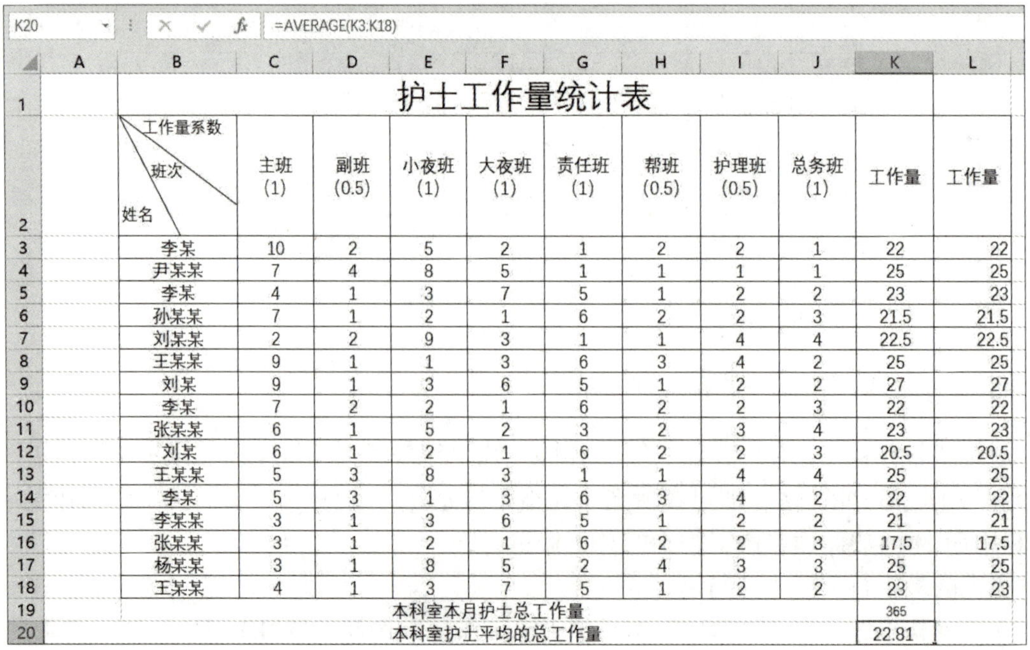

图4-33　本科室护士的平均工作量

6. 利用 RANK 函数计算本科室本月护士的工作量排名情况。

(1) 选择 M3 单元格，在 M3 单元格中输入“=RANK(L3, $L$3:$L$18)”，按回车键，即可显示护士李红的工作量在本科室的排位为“10”。

(2) 鼠标指针指向 M3 单元格右下角，当鼠标指针变为黑色十字时，按住鼠标左键，向下拖动到 M18 单元格，释放鼠标后，即可在所选单元格中填充公式，计算出了每名护士的工作量在本科室的排位（图 4-34）。

M3 =RANK(L3,$L$3:$L$18)

	A	B	C	D	E	F	G	H	I	J	K	L	M
1		护士工作量统计表											
2		工作量系数 班次 姓名	主班 (1)	副班 (0.5)	小夜班 (1)	大夜班 (1)	责任班 (1)	帮班 (0.5)	护理班 (0.5)	总务班 (1)	工作量	工作量	工作量排位
3		李某	10	2	5	2	1	2	2	1	22	22	10
4		尹某某	7	4	8	5	1	1	1	1	25	25	2
5		李某	4	1	3	7	5	1	2	2	23	23	6
6		孙某某	7	1	2	1	6	2	2	3	21.5	21.5	13
7		刘某某	2	2	9	3	1	1	4	4	22.5	22.5	9
8		王某某	9	1	1	3	6	3	4	2	25	25	2
9		刘某	9	1	3	6	5	1	2	2	27	27	1
10		李某	7	2	2	1	6	2	2	3	22	22	10
11		张某某	6	1	5	2	3	2	3	4	23	23	6
12		刘某	6	1	2	1	6	2	2	3	20.5	20.5	15
13		王某某	5	3	8	3	1	1	4	4	25	25	2
14		李某	5	3	1	3	6	3	4	2	22	22	10
15		李某某	3	1	3	6	5	1	2	2	21	21	14
16		张某某	3	1	2	1	6	2	2	3	17.5	17.5	16
17		杨某某	3	1	8	5	2	4	3	3	25	25	2
18		王某某	4	1	3	7	5	1	2	2	23	23	6
19		本科室本月护士总工作量									365		
20		本科室护士平均的总工作量									22.81		

图 4-34　每名护士的工作量在本科室的排位

7. 利用 IF 函数，对本科室本月护士总工作量大于 22 天的标记为“正常”，小于或等于 22 天的为“不正常”。

(1) 选择 N3 单元格，在 N3 中输入：“=IF(K3>22, " 正常 ", " 不正常 ")”，按回车键，完成 N3 单元格的计算。

(2) 鼠标指针指向 N3 单元格右下角，当鼠标指针变为黑色十字时，按住鼠标左键，向下拖动到 N18 单元格，释放鼠标后，即可在所选单元格中填充公式完成计算。

8. 利用嵌套函数，对本科室本月护士总工作量进行标记。

(1) 选择 O3 单元格，在 O3 中输入“=IF(K3<22, " 不正常 ", IF(K3<26, " 正常 ", " 加班 "))”。

(2) 鼠标指针指向 O3 单元格右下角，当鼠标指针变为黑色十字时，按住鼠标左键，向下拖动到 O18 单元格，释放鼠标后，即可在所选单元格中填充公式完成计算。

第三节　Excel 数据管理与分析

情景导入

第一学期学生考试成绩(图 4-35)，护理学院的周英同学要协助老师完成期末成绩的综合评定、奖学金等级评定，以及数据的统计汇总工作。

问题 1：根据“综合评定”成绩，从高到低，确定一等、二等、三等奖学金各 1 名，但要求获得奖学金的学生所有课程都必须及格。如何筛选出获得一等、二等、三等“奖学金”的同学？

问题 2：成绩表包含几个系的同学，如何按系分类汇总人数？

第一学期考试成绩表										
学号	姓名	性别	系部	体育	解剖	英语	大学语文	生理学	综合评定	奖学金
2401	赵某	女	护理系	优秀	89	78	良好	76	81.0	
2402	钱某	女	医疗系	良好	78	97	及格	88	87.7	
2403	孙某	女	助产系	良好	89	83	良好	63	78.3	
2404	李某	男	医疗系	良好	82	93	良好	90	88.3	
2405	周某	女	助产系	及格	67	75	及格	84	75.3	
2406	吴某	女	护理系	优秀	69	62	优秀	45	59	
2407	郑某	女	医疗系	不及格	92	90	及格	90	91	
2408	王某	男	医疗系	及格	77	87	及格	75	79.7	
2409	冯某	女	医疗系	及格	56	60	优秀	96	71	
2410	陈某	女	护理系	良好	83	88	优秀	66	79.0	

图 4-35　第一学期考试成绩表

一、数据列表操作

（一）创建数据列表

Excel 数据列表是由多行多列数据组成的有组织的信息集合，即一个矩形表格。包括位于顶部的一行字段标题，以及由多行数值或文本构成的数据行。

数据列表中通常将列称为字段，行称为记录。为了保证数据列表能够有效地工作，它必须具备以下特点：

- 每列必须包含同类的信息，即每一列的数据类型相同。
- 列表的第一行应该包含文字字段，每个字段名用于描述下面所对应列的内容。
- 列表中不能存在重复的字段名。
- 数据列表的列数上限为 16 384 列，行数上限为 1 048 576 行。

如果一个工作表中包含多个数据列表，列表之间应至少空一行或空一列将数据信息分隔。如果工作表中存在合并的单元格，则此表就不是数据列表。

1. 数据列表的使用　Excel 最常用的任务之一就是管理一系列的数据列表，如电话号码清单、消费者名单、借还书清单等。这些数据列表都是根据用户需要而命名的。用户对数据列表可进行如下操作：

（1）在数据列表中输入和编辑数据。

（2）在数据列表中使用函数和公式达到特定的目的。

（3）实现数组操作。

（4）根据特定的条件对数据列表进行排序和筛选。

（5）对数据列表进行分类汇总。

（6）在数据列表中创建数据透视表。

2. 创建数据列表

（1）创建字段名：首先选定某行的某个单元格并在其中输入文本，然后在与单元格相邻的右侧单元格中输入文字，第一个字段名创建完成后，再创建第二个字段名，依此类推。建好字段名后，即可在各字段名下直接输入数据。

（2）输入数据记录：在输入数据时，除了可以直接在数据列表中输入数据外，还可以使用"记录单"命令输入或追加数据。使用记录单功能可以减少在行与列之间的不断切换，从而提高输入的速度和准确性。

打开 Excel，单击"文件"菜单，在下拉菜单中单击"选项"，打开"Excel 选项"对话框。在"Excel 选项"对话框中单击"快速访问工具栏"，然后在右侧"从下列位置选择命令"下拉框中选择"不在功能区中的命令"。下拉滚动条，找到"记录单…"功能，然后单击"添加"，添加到"快速访问工具栏"。

单击"确定"按钮，快速访问工具栏上添加了"记录单"按钮。单击"记录单"按钮，打开"记录单"窗口，在每个字段后的文本框中输入数据。按【Tab】键可以在各个字段间切换。输入完一条记录内容后，单击"新建"按钮便可继续添加新的记录。

输入所有记录后，单击"关闭"按钮返回工作表中，新加入的记录将追加在清单底部。

（3）**设置数据的有效性**：要为数据的有效性设置数值和参数，操作步骤如下：

1）选定应用数据的字段所在的列。

2）选择"数据"→"数据工具"→"数据验证"命令，弹出一个级联菜单，选择"数据验证（V）···"命令。

3）在"数据验证"对话框中有 4 个选项卡：设置、输入信息、出错警告和输入法模式。在此选定"设置"选项卡。

4）从"允许"下拉列表中选择相应选项。

5）从"数据"下拉列表中选择相应选项。

6）显示的参数依赖于在"允许"和"数据"中的选项。输入限制参数，很多情况下，仅仅是最小值和最大值，或者是允许的开始日期和结束日期。

7）单击"确定"按钮完成操作。

3.删除或编辑记录　删除记录时选择数据列表中的任意一个单元格，选择"快速访问工具栏"中"记录单"按钮，在打开的对话框中，单击"上一条"或"下一条"按钮来查找所要删除的记录，也可以将对话框中间的滚动条移到要删除的记录上，然后单击"删除"按钮将其删除。

编辑记录通常指对数据进行修改。在记录单中编辑记录具体操作步骤与删除记录基本一致，只是在找到所要修改的记录后，直接在相应的文本框中进行编辑修改即可。

（二）数据的排序与筛选

1.排序　在工作表中输入的数据通常是没有规律的，但在日常工作中为了便于查找，往往需要数据按某种规律排列。排序是将数字或文字按一定要求将一组"无序"的数据调整为"有序"的序列。Excel 可以对一列或多列中的数据按文本、数字以及日期和时间进行升序或者降序排列；还可以按自定义序列或格式（包括单元格颜色、字体颜色或图标集）进行排序。其中，数字是按照数字本身大小进行排序，文字是按照拼音字母的先后顺序进行排序，无论升序还是降序排序，空格总是在最后。

排序过程中可以使用单列数据或多列数据作为关键字段进行排序。单列关键字的情况比较简单。多列关键字可分为主要关键字、次要关键字、第三关键字，其作用不同。关键字的主要区别是作用的优先级不同。主要关键字优先级最高，先按照主要关键字排序，若主要关键字值相同才按次要关键字值排序。同理当次要关键字的值相同时，按第三关键字值排序。换言之，若主要关键字不存在重复值，则次要关键字将不会发生作用。

（1）一个关键字排序

1）单击需要排序序列中的任一有数据的单元格。

2）在"数据"→"排序和筛选"组中，单击"升序"按钮或"降序"按钮。此方法仅能实现按照列排序，若要按照行排序需使用"排序"对话框。

3）按行排序，单击需要排序行中的任一有数据的单元格，在"数据"→"排序和筛选"组中，单击"排序"对话框，在出现的对话框中单击"选项"，在新的对话框中选择"按行排序"，单击"确定"按钮，在新的对话框中，主要关键字选择要排序的行，单击"确定"即可。

（2）多个关键字排序

1）在需要排序的区域中单击任意单元格。

2）在"数据"→"排序和筛选"组中，单击"排序"按钮。

3）在"排序"对话框中，使用"选项"按钮设置排序方向、方法等，在"主要关键字"下拉列表中选择排序关键字，再设置"排序依据"和排序"次序"。

4）单击"添加条件"按钮，添加"次要关键字"，设置方法同设置"主要关键字"。

5）设置完成，单击"确定"按钮。

（3）**自定义排序**：默认情况下，排序是按照数值大小或文本顺序进行的，但用户也可以根据需求自定义排序序列。

1）打开"排序"对话框，设置主关键字和排序依据。

2）在"次序"的下拉列表框中选择"自定义序列"。

3）进入"自定义序列"对话框，在"输入序列"列表框中将序列中的名称分行输入，单击"添加按钮"，就可将其添加到左侧的"自定义序列"下拉列表中，再单击"确定"按钮即可。

在 Excel 中，排序条件最多支持 64 个关键字。若删除排序条件，则在"排序"对话框中，选中需要删除的条件，单击"删除条件"按钮即可。排序时，一般不用选择数据范围，但是活动单元格一定要在数据列表内。通常，单击待排序数据的一个单元格即可，系统会自动扩展选择数据列表。

如果要排序的列中包含的数字既有作为数字存储的，又有作为文本存储的，则需要将所有数字均设置为文本格式。如果不应用此格式，则作为数字存储的数字将排在作为文本存储的数字之前。若要将选定的所有数据均设置为文本格式，可以在"开始"选项卡上的"字体"组中，单击右下角"对话框启动器"按钮，再单击"数字"选项卡，然后在"分类"中单击"文本"。

知识拓展

按单元格颜色、字体颜色或图标进行排序

在 Excel 中，如果已按单元格颜色或字体颜色手动或有条件地设置了单元格区域或表列的格式，则可以按这些颜色进行排序。也可以按通过应用条件格式创建的图标集进行排序。

选择单元格区域中的一列数据，或者确保活动单元格在表列中。

（1）在"数据"→"排序和筛选"组中，单击"排序"，弹出"排序"对话框。

（2）在"列"下的"排序依据"框中，选择要排序的列。

（3）在"排序依据"下，选择排序类型。执行下列操作之一：

若要按单元格颜色排序选择"单元格颜色"。

若要按字体颜色排序选择"字体颜色"。

若要按图标集排序选择"单元格图标"。

（4）在"次序"下，单击该按钮旁边的箭头，然后根据格式的类型，选择单元格颜色、字体颜色或单元格图标，选择排序方式。

（5）若增加作为排序依据的单元格颜色、字体颜色或图标，请单击"添加条件"，然后重复步骤。确保在"然后依据"框中选择同一列，并且在"次序"下进行同样的选择。对要包括在排序中的每个其他单元格颜色、字体颜色或图标，重复上述步骤。

系统没有默认的单元格颜色、字体颜色或图标排序次序。需要为每个排序操作定义需要的顺序。

---

2. 筛选 筛选是根据给定的条件从数据列表中找出并显示满足条件的记录，不满足条件的记录将被隐藏。Excel 提供了自动筛选和高级筛选两种筛选方法。自动筛选是最简单的一种筛选方法。

(1) 自动筛选

1) 设置自动筛选：单击数据列表中任意单元格，在"数据"→"排序和筛选"组中，单击"筛选"按钮，每个列标题的右侧都增加了一个向下的筛选箭头，单击筛选箭头，在下拉列表中选择相应的选项，即可实现数据筛选。

若多个列都设置了筛选条件，则多个筛选条件之间是"与"的关系。

2) 取消某列筛选结果：单击该列的筛选箭头，在下拉列表中选择"清除筛选"命令。

3) 取消自动筛选：再次单击"数据"→"排序和筛选"组的"筛选"按钮，可取消自动筛选。

(2) 高级筛选：

高级筛选同自动筛选一样，根据条件实现查询数据的功能。自动筛选一般用于条件简单地筛选操作，符合条件的记录显示在原来的数据表格中，操作起来比较简单。如果要筛选的多个条件比较复杂，或要将筛选的结果在新的位置显示出来，需要使用"高级筛选"来实现。操作步骤：

1) 建立条件区域：在工作表空白处建立条件区域，要求该区域的第一行是列标题，第二行开始是筛选的具体条件。"与"关系的条件写在同一行，"或"关系的条件写在不同行。

2) 选中数据区中任意一个单元格。

3) 在"数据"→"排序和筛选"组中，单击"高级"按钮，在"高级筛选"对话框中进一步设置。

（三）案例解析

以"某学期考试成绩表"为例，首先利用公式与函数，计算"综合评定"，然后根据要求完成"奖学金"的评定，具体步骤如下。

1) 筛选出5门课程全部及格的学生。

选中数据列表任意单元格。

在"数据"→"排序和筛选"组中，单击"筛选"按钮。每个列标题的右侧都增加了一个向下的筛选箭头（图4-36）。

第一学期考试成绩表										
学号	姓名	性别	系部	体育	解剖	英语	大学语文	生理学	综合评定	奖学金
2401	赵某	女	护理系	优秀	89	78	良好	76	81.0	
2402	钱某	女	医疗系	良好	78	97	及格	88	87.7	
2403	孙某	女	助产系	良好	89	83	良好	63	78.3	
2404	李某	男	医疗系	良好	82	93	良好	90	88.3	
2405	周某	女	助产系	及格	67	75	及格	84	75.3	
2406	吴某	女	护理系	优秀	69	62	优秀	45	59	
2407	郑某	女	医疗系	不及格	92	90	及格	90	91	
2408	王某	男	医疗系	及格	77	87	及格	75	79.7	
2409	冯某	女	医疗系	及格	56	60	优秀	96	71	
2410	陈某	女	护理系	良好	83	88	优秀	66	79.0	

图4-36　列标题的右侧增加向下的筛选箭头

筛选"解剖"大于等于60分的学生记录：单击"解剖"的筛选按钮，选择"数字筛选"命令，在级联菜单中选择"大于或等于"60，单击"确定"按钮。

同理，筛选出"英语""生理学"大于等于60分的学生记录。

分别单击"体育"与"大学语文"的筛选按钮，在下拉菜单中去掉"不及格"前的对勾。由此产生5门都及格的学生成绩名单。

2) 按照"综合评定"降序排序。

单击数据列表任意单元格。

在"数据"→"排序和筛选"组中，单击"排序"按钮。

在"排序"对话框中首先设置"主要关键字"为"综合评定"；"次序"为"降序"，单击"确定"按钮。

3) 根据排序结果，录入"一等奖、二等奖、三等奖"（图4-37）。

	第一学期考试成绩表									
学号	姓名	性别	系部	体育	解剖	英语	大学语	生理学	综合评定	奖学金
2404	李某	男	医疗系	良好	82	93	良好	90	88.3	一等奖
2402	钱某	女	医疗系	良好	78	97	及格	88	87.7	二等奖
2401	赵某	女	护理系	优秀	89	78	良好	76	81.0	三等奖
2408	王某	男	医疗系	及格	77	87	及格	75	79.7	
2410	陈某	女	护理系	良好	83	88	优秀	66	79.0	
2403	孙某	女	助产系	良好	89	83	良好	63	78.3	
2405	周某	女	助产系	及格	67	75	及格	84	75.3	

图4-37　录入一等奖、二等奖、三等奖

4）恢复记录次序，显示全部数据，并按照"学号"升序排序。

在"数据"→"排序和筛选"组中，单击"筛选"按钮，即可将筛选取消。

单击"学号"列的任意单元格，在"数据"→"排序和筛选"组中，单击"升序"按钮。

5）对"系部"按照自定义序列"护理系，医疗系，助产系"进行排序。

在"数据"→"排序和筛选"组中，单击"排序"按钮。

设置"主要关键字"为"系部"。

"次序"→"自定义序列"，在"输入序列"列表框中按顺序输入文本（图4-38）。单击"添加"按钮，再单击"确定"按钮即可。

图4-38　"自定义序列"对话框

（四）数据分类汇总

Excel中分类汇总是对数据列表实现分门别类的统计处理，不需要用户自己编写公式，Excel会自动对各类数据实现求和、计数等运算，并把结果以"分类汇总"和"总计"显示出来。

在进行分类汇总之前，必须先按分类字段进行排序。进行分类汇总的数据列表必须带有列标题。

1.建立分类汇总　对分类字段进行排序时，单击数据列表中的任意单元格，或选中需要汇总的数据列表（一定要包含列标题）。在"数据"→"分级显示"组中，单击"分类汇总"按钮；在"分类汇总"对话框中，设置"分类字段""汇总方式""选定汇总项"等选项，单击"确定"按钮。

2.删除分类汇总　对数据列表进行分类汇总后，如果对结果不满意，可以删除分类汇总，回到数据列表的初始状态，其具体操作步骤如下：

（1）单击数据列表中的任意单元格。

（2）单击"分类汇总"按钮，在"分类汇总"对话框中，单击"全部删除"按钮。

另外，也可以直接单击"撤销"按钮，或选择"编辑"菜单中的"撤销"命令来删除分类汇总。但是这两种办法都要求汇总后没有进行过其他操作。

（五）案例解析

现在我们再看一下前面的案例，统计"第一学期考试成绩表"中每个系部共有多少人。

1.复制"第一学期成绩表"工作表，并重命名为"分类汇总"。

2.在"分类汇总"工作表中，按系部排序（升序、降序均可）。

3.在"数据"→"分级显示"组中，单击"分类汇总"按钮，在"分类汇总"对话框中设置"分类字段"为"系部"，"汇总方式"为"计数"，"选定汇总项"为"性别"，单击"确定"按钮（图4-39）。

图 4-39　按系部分类汇总人数

二、图表与迷你图

（一）图表

1. 认识图表　数据图表是将单元格中的数据以各种统计图表的形式显示，使得数据更直观。

（1）**图表类型**：Excel 有 15 种标准图表类型，每一种类型又有 2~7 个子类型。同时，还有多种自定义图表类型，它们可以是标准类型的变异，也可以是标准类型的组合，每种类型主要是在颜色和外观上有所区别。下面对常用的标准图表类型作具体介绍。

1）柱形图：柱形图主要用于数值大小比较和时间序列数据的推移，柱形图系列还包括反映累积效果的堆积柱形图、反映比例的百分比堆积柱形图、反映多数据系列的三维柱形图等。

2）条形图：条形图是柱形图的旋转图表，使用水平条的长度表示它所代表的值的大小。

3）折线图：在折线图中，对于每一个 x 的值，都有一个 y 值与其对应，像一个数学函数一样，折线图常用于表示一段时期内的变化。

4）饼图：饼图是用于表示各个项目比例的基础性图表，主要用于展示数据系列的组成结构，或部分在整体中的比例，常用的饼图类型包括二维饼图、三维饼图和圆环图。饼图只适用于一组数据系列，圆环图可以适用于多组数据系列的比重关系绘制。

5）面积图：面积图是将折线图中折线数据系列下方部分颜色填充的图表，主要用于表示时序数据的大小与推移变化。一个值所占的面积越大，那么它在整体关系中所占的比重就越大。

6）xy 散点图：xy 散点图主要用于表示两个变量的相关关系。气泡图是散点图的变换类型，通过改变气泡大小来展示第三个变量数值大小的图表。

7）雷达图：雷达图是用来比较每个数据相对中心的数值变化，将多个数据的特点以"蜘蛛网"形式呈现的图表，多用于倾向分析与重点把握；可以绘制数据的时间、季节等的变化特性。雷达图还包括带数据标记的雷达图、填充雷达图。

8）股价图：股价图常用于绘制股票价值。

9）曲面图：曲面图可以用二维空间的连续曲线表示数据的走向。

10）箱形图：用于显示一组数据分散情况的统计图，能提供有关数据集中与离散程度的关键信息。

11）树状图：适合比较层次结构内的比例，但不适合显示最大类别与各数据点之间的层次结构级别。树状图通过使用一组嵌套矩形中的大小和色码来显示大量组件之间的关系。

12）旭日图：适用于显示分层数据，层次结构的每个级别均通过一个环或圆形表示，最内层的圆表示层次结构的顶级。不含任何分层数据的旭日图与圆环图类似。旭日图在显示一个环如何被划分为作用片段时最有效。

13）直方图：直方图中绘制的数据显示分布内的频率。

14）瀑布图：用于显示如何通过一系列中间值增加和减少初始值，从而得到最终值。瀑布图有助于理解顺序引入的正值或负值的累积效应。

15）组合图：将两种或更多图表类型组合在一起，以便让数据更容易理解。

（2）**图表分类**：图表分两类，一种是嵌入式图表，图表和创建图表的数据源放置在同一个工作表中，打印的时候也同时打印；另一种是独立图表，它是一个独立的图表工作表，默认位置是在源数据工作表的左侧，默认名称为"Chart1"。

（3）**图表组成**：一个完整的图表通常包括图表区、绘图区、图表标题和图例。

2. 创建图表　创建图表的过程很简单，步骤如下：

（1）选择绘制图表所用的数据范围。

（2）在"插入"→"图表"组中选择图表类型，或单击"图表"组右下角的"对话框启动器"按钮，在"插入图表"对话框中进行设置。

3. 编辑图表　图表创建完成后，可根据需要对其进行修改，如更改图表类型、修改图表中文字的字体和对齐方式、图表位置、图表的源数据、绘图区背景等。

（1）**更改图表类型**：选中需要修改的图表，在"图表工具"→"设计"→"类型"组中选择"更改图表类型"按钮，或在右键菜单中选择"更改图表类型（Y）…"命令，在"更改图表类型"对话框中进行修改。

（2）**更改图表存放位置**：选中需要修改的图表，在"图表工具"→"设计"→"位置"组中选择"移动图表"按钮，或在右键菜单中选择"移动图表（V）…"命令，在"移动图表"对话框中进行设置。

（3）**更改图表大小**：可以手动拖动图表的图形句柄进行放大或缩小；或者右键菜单选择"设置图表区域格式（F）…"，在"图表选项"下对大小属性进行设置。

（4）**更改图表数据源**：选中需要修改的图表，在"图表工具"→"设计"→"数据"组中选择"选择数据"按钮或在右键菜单中选择"选择数据（E）…"命令，在"选择数据源"对话框中添加数据、编辑数据、删除数据、切换行/列数据等操作。

（5）**设置图表标题**、**坐标轴标题和图例**：选中需要修改的图表，在"图表工具"→"设计"→"图表布局"组中，单击"添加图表元素"，在下拉菜单中选择相应命令进行设置。

（6）**美化图表**：选中需要修改的图表，在"图表工具"→"格式"选项卡中，通过"形状样式""艺术字样式"等组中的按钮进行设置，或通过右键菜单的"设置图表区域格式（F）…"命令，在对话框中进行设置。

4. 删除图表　选中需要删除的图表，单击【Delete】键即可。

（二）迷你图

迷你图是简化的图表，使图表可以显示在一个单元格中。迷你图可以一目了然地反映一系列数据变化的趋势。迷你图的图形比较简洁，没有坐标轴、图标标题、图例、网格线等图表元素，主要体现数据的变化趋势或对比。在 Excel 中有折线、柱形和盈亏三种迷你图样式。创建一个迷你图之后，可以通过填充功能快速创建一组图表。

1. 创建迷你图　首先选择创建迷你图的单元格，在"插入"→"迷你图"组中，根据需要选择"折线图""柱形图""盈亏"按钮，在"创建迷你图"对话框中设置迷你图的数据范围和位置范围，单击"确定"按钮。

2. 更改迷你图类型　如果改变迷你图的图表类型，可以选中需要修改的迷你图所在单元格，单击"迷你图工具"→"设计"→"类型"组中的相应的按钮即可。

3. 突出显示数据点　用户可以根据需要为折线迷你图添加标记，或突出显示迷你图的高点、低

ER 4-4

如何更改图表
大小

点、负点、首点和尾点，并且可以设置各个数据点的显示颜色。

选中迷你图中的任意一个单元格，在"设计"选项卡下，勾选"高点""低点"和"标记"复选框，单击"标记颜色"下拉按钮，为各数据点设置自定义颜色。

4. 设置迷你图样式 Excel 提供了 36 种迷你图颜色样式组合供用户选择。选中迷你图中的任意一个单元格，单击"设计"→"样式"下拉按钮，打开迷你图样式库，单击样式图标，即可将相应样式应用到一组迷你图中。

5. 清除迷你图 清除迷你图有以下几种方法：

方法 1：选中迷你图所在单元格区域，单击鼠标右键，在弹出的快捷菜单上依次单击"迷你图"→"清除所选的迷你图"命令。

方法 2：选中迷你图所在单元格区域，单击"设计"→"分组"选项卡中的"清除"命令。

（三）案例解析

下面我们再看前面的案例，在图 4-35"第一学期考试成绩表"工作表中，给"姓名"和"综合成绩"字段添加簇状柱形图表。

1. 选中 C2:C12 区域后，按住【Ctrl】键再选中 K2:K12 区域。

2. 在"插入"→"图表"组中，单击"柱形图"按钮，在下拉菜单中的"二维柱形图"中选择"簇状柱形图"。

3. 设置横轴坐标标题为"姓名"，纵轴坐标标题为"成绩"。

(1) **选中图表**：在"图表工具"→"设计"→"图表布局"组中，单击"添加图表元素"按钮的下拉箭头，在下拉菜单中选择"轴标题"→"主要横坐标轴"命令，在图表横轴下方出现文本框"坐标轴标题"，将其修改为"姓名"，在空白处单击即可。

(2) **选中图表**：选择"轴标题"→"主要纵坐标轴"命令，将坐标轴标题设置为"成绩"，在空白处单击即可。

4. **设置图表标题** 选中图表，在"图表工具"→"设计"→"图表布局"组中，单击"添加图表元素"按钮的下拉箭头，在下拉菜单中选择"图表标题"→"图表上方"，将"图表标题"文本框内容修改为"综合评定"（图 4-40）。

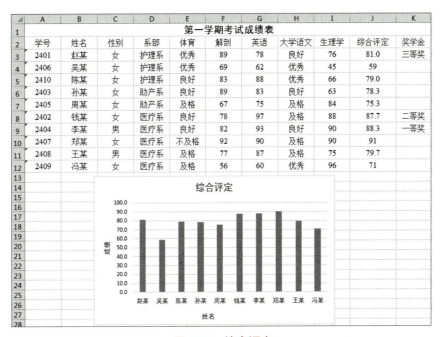

图 4-40 综合评定

三、数据透视表和数据透视图

数据透视表是一种可以快速汇总大量数据的交互式方法。使用数据透视表可以快捷地汇总、分析、浏览和呈现汇总数据；可以深入分析数值数据；可以直观地比较和查看趋势。能够实现下面的用途：

1. 提供多种用户友好方式查询大量数据。

2. 对数值数据进行分类汇总和聚合，按分类和子分类对数据进行汇总，创建自定义计算和公式。

3. 查看不同级别数据，如汇总数据的明细。

4. 将行移动到列或将列移动到行，以查看源数据的不同汇总结果。

5. 对最有用和最关注的数据子集进行筛选、排序、分组和有条件的设置格式，使用户能够关注所需的信息。

6. 提供简明带有批注的联机报表或打印报表。

数据透视图是数据透视表的图形展示，数据透视图与相关联的数据透视表合作，以图形形式表示数据透视表中的数据，相关联的数据透视表为数据透视图提供源数据。在新建数据透视图时，将自动创建数据透视表。如果更改其中一个报表的布局，另外一个报表也随之更改。数据透视图是交互式的，可以对其进行排序或筛选显示数据透视表数据的子集。在相关联的数据透视表中对字段布局和数据所作的更改，会立即显示在数据透视图中。

数据透视图及其相关联的数据透视表必须始终位于同一个工作簿中。

数据透视表可以动态地改变版面布置，以便按照不同方式组织、分析数据；也可以重新安排行号、列标和页字段。每一次改变版面布局时，数据透视表会立即按照新的布局重新计算数据。

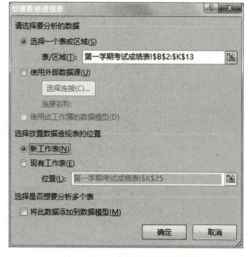

图 4-41 创建数据透视表

（一）建立数据透视表

1. 在"插入"→"表格"组中，单击"数据透视表"按钮。

2. 在"创建数据透视表"对话框中，选择建立数据透视表的数据源和新建立的数据透视表的放置位置，单击"确定"按钮（图4-41）。

值得注意的是，选择的数据源中必须包含标题行。为了保证数据源表的完整性，尽量将建立的数据透视表的显示位置放在"新工作表"中。

3. 在工作表的右侧出现"数据透视表字段"列表窗格，在需要显示的字段前打上对钩，再将字段依次拖动到相应区域。

> **知识拓展**
>
> 　　筛选器：可以理解为数据透视表的总表头。当报表筛选设置为"系部"时，数据透视表中显示为某个系部的数据分类汇总情况。
>
> 　　列：数据透视表中显示在不同列上的字段，即表上面的汇总字段。
>
> 　　行：数据透视表中显示在不同行上的字段，即表左边的汇总字段。
>
> 　　值：待汇总的字段。

（二）删除数据透视表

1. 单击要删除的数据透视表的任意位置，"数据透视表工具"显示出来，找到对应的"分析"和"设计"选项卡。

2. 单击切换到"分析"→"操作"组中，单击"选择"下方的箭头，然后单击"整个数据透视表（T）"以选择整个数据透视表。

3. 按【Delete】键即可删除数据透视表。

注意：删除与数据透视图相关联的数据透视表会将该数据透视图变为标准图表，将无法再透视或者更新该标准图表。

（三）改变数据透视表布局

数据透视表创建完成后，通过对数据透视表布局的调整，可以得到新的报表，实现不同角度的数据分析需求。在"数据透视表字段列表"中拖动字段按钮，可以重新安排数据透视表的布局。还可以在"数据透视表字段列表"中的各个区域间拖动字段，也可以实现对数据透视表的重新布局。

（四）案例解析

现在我们使用数据透视表完成统计"第一学期考试成绩表"中每个系部男、女学生"综合评定"平均分（保留两位小数）的操作：

1. 在"插入"→"表格"组中，单击"数据透视表"按钮。

2. 在"创建数据透视表"对话框中，设置建立数据透视表的数据源为 B2:K12，数据透视表的显示位置为"新工作表"，单击"确定"按钮。

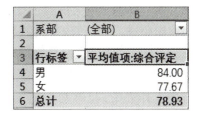

第一学期考试成绩表

3. 在"数据透视表字段列表"窗格中，在"选择要添加到报表的字段"列表中选择"系部""性别""综合评定"字段，再将字段依次拖动到相应区域（图 4-42）。

4. 将数值列表框中的计算方式修改为平均值：单击"活动字段"→"字段设置"命令，在"值汇总方式"→"计算类型"列表中选择"平均值"（图 4-43），单击"数字格式"按钮，设置保留 2 位小数（图 4-44）。

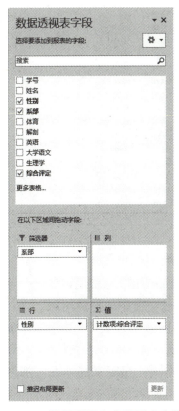

图 4-42　数据透视表字段列表窗格

图 4-43　数据透视表"值字段设置"对话框

	A	B
1	系部	(全部)
2		
3	行标签	平均值项:综合评定
4	男	84.00
5	女	77.67
6	总计	78.93

图 4-44　"第一学期考试成绩表"中每个系部男、女学生"综合评定"平均分数据透视表

实践四：病人信息管理与分析

【实践目的】

1. 掌握 Excel 工作表中数据排序的操作。
2. 掌握 Excel 工作表中数据筛选的操作。
3. 掌握在 Excel 工作表中对数据列表的分类操作。
4. 掌握在 Excel 工作表中图表的建立与编辑方法。
5. 掌握用图形的方式显示工作表中数据的方法。
6. 掌握在 Excel 工作表中建立数据透视表，并利用透视表进行数据管理和分析。
7. 培养学生用 Excel 工作表解决未来工作岗位上实际问题的能力。

【实践内容】

病人信息管理
与分析表

随着互联网、物联网、云计算、大数据等技术的飞速发展，智慧化医疗成为了医院信息化发展的必然趋势，让医院的人流、物流、信息流都能清晰可视，是医院管理中需要借助信息化实现的重要目标。护士成为医院信息化管理中重要的一员，规范医疗信息不仅提升医院护理效率，而且确保了医疗安全。

某医院住院病人信息管理与分析表如图 4-45 所示。根据数据分析可以及时了解医院住院病人的入住时间、性别、收费情况、药品使用情况、病人费用欠交情况等，及时掌握病人情况及做好规范化医疗的预警。请完成以下任务。

床号	住院号	科室	性别	年龄	住院天数	药品费用	总费用	已交费用	药占比%	余额
					病人信息管理与分析表					
1	241532	消化内科	女	55	3	1953.82	4762.97	5000		
2	241337	神经内科	女	58	11	4013.97	10563.09	10000		
3	241238	内一科	女	65	3	1609.43	3831.97	4000		
4	241083	内二科	男	43	2	1297.02	2401.88	3000		
5	241534	消化内科	男	46	16	1613.12	7681.50	7000		
6	241525	消化内科	男	32	5	1880.04	5697.08	6000		
7	241031	内二科	男	67	12	13954.65	21468.64	20000		
8	241431	外科	男	48	8	8176.92	18170.94	20000		
9	241240	内一科	男	74	6	1747.95	3361.44	3000		
10	241341	神经内科	女	66	11	4762.01	14430.34	20000		
11	241342	神经内科	女	32	3	686.96	2289.85	3000		
12	241449	外科	女	69	24	24511.25	84521.55	100000		
13	241234	内一科	男	66	26	34158.40	65689.23	70000		
14	241445	外科	男	73	38	55879.17	136290.67	135000		
15	241144	内分泌	女	34	12	2023.60	6745.32	7000		
16	241141	内分泌	女	38	2	1452.99	3927.00	4000		
17	241442	外科	女	62	15	3749.30	9866.57	10000		

图 4-45　病人信息管理与分析表

1. 运用公式计算每位病人的药占比。计算方法：药占比 = 药品药用 / 总费用。
2. 使用数组公式，计算每位病人的余额。计算方法：余额 = 已交费用 – 总费用。
3. 将"Sheet1"中的"病人信息管理与分析表"复制到后面的四张工作表中，并将工作表重命名为排序、自动筛选、高级筛选和分类汇总。
4. 在排序工作表中：以性别为主要关键字升序排列，设定"科室"自定义序列并添加为次要关键字排列，再以"药占比%"为第三关键字降序排列。
5. 在"自动筛选"工作表中，设置筛选条件为"科室"是外科；"总费用"高于 10 000 元。

6. 在"高级筛选"工作表中,设置筛选条件为:内一科药品费用高于 10 000 元且余额高于 0 元的记录,以及外科药品费用小于 10 000 元且余额小于 1 000 元的记录。将筛选结果保存在当前工作表的 A22 单元格开始的区域中。

7. 在"分类汇总"工作表中,按照科室对药品费用、总费用进行分类汇总。

8. 在"Sheet1"工作表中建立外科病人的姓名及住院天数图表。

9. 建立内一科病人的药品费用和总费用图表。

10. 使用数据透视表完成统计每个科室的余额。

11. 使用数据透视表完成统计每个科室每个病人的总费用及药品费用。

12. 使用数据透视表完成统计每个科室每个病人的住院天数。

【实践步骤】

1. 使用公式计算每位病人的药占比。

(1) 打开文件"病人信息管理与分析表.xlsx"。

(2) 选择 K3 单元格,在 K3 中输入公式"= H3/I3",按回车键,即可在 K3 单元格中显示"当前病人"的药占比情况。

(3) 鼠标指针指向 K3 单元格右下角,当鼠标指针变为黑色十字时,按住鼠标左键,向下拖动到目标单元格 K19,释放鼠标后,即可在所选单元格中填充公式。

(4) 单击"开始"→"数字"分组的按钮,单击"百分比样式"按钮,将数据以百分比形式显示,即可显示每位病人的药占比情况。

2. 使用数组公式,计算每位病人的余额。

(1) 选择单元格区域 L3:L19,在编辑栏输入公式"= J3:J19 - I3:I19";或先输入"=",拖选单元格区域 J3:J19,再输入"-",继续拖选单元格区域 I3:I19。

(2) 按【Ctrl】+【Shift】+【Enter】组合键,编辑的公式出现数组标志"{}",同时单元格区域 L3:L19 显示计算结果,即可得出所有病人的余额情况(图 4-46)。

	A	B	C	D	E	F	G	H	I	J	K
1	病人信息管理与分析表										
2	床号	住院号	科室	性别	年龄	住院天数	药品费用	总费用	已交费用	药占比%	余额
3	1	241532	消化内科	女	55	3	1953.82	4762.97	5000	41%	237.03
4	2	241337	神经内科	女	58	11	4013.97	10563.09	10000	38%	-563.09
5	3	241238	内一科	女	65	3	1609.43	3831.97	4000	42%	168.03
6	4	241083	内二科	男	43	2	1297.02	2401.88	3000	54%	598.12
7	5	241534	消化内科	男	46	16	1613.12	7681.50	7000	21%	-681.5
8	6	241525	消化内科	男	32	5	1880.04	5697.08	6000	33%	302.92
9	7	241031	内二科	男	67	12	13954.65	21468.64	20000	65%	-1468.64
10	8	241431	外科	男	48	8	8176.92	18170.94	20000	45%	1829.06
11	9	241240	内一科	男	74	6	1747.95	3361.44	3000	52%	-361.44
12	10	241341	神经内科	女	66	11	4762.01	14430.34	20000	33%	5569.66
13	11	241342	神经内科	女	32	3	686.96	2289.85	3000	30%	710.15
14	12	241449	外科	女	69	24	24511.25	84521.55	100000	29%	15478.45
15	13	241234	内一科	男	66	26	34158.40	65689.23	70000	52%	4310.77
16	14	241445	外科	男	73	38	55879.17	136290.67	135000	41%	-1290.67
17	15	241144	内分泌	女	34	12	2023.60	6745.32	7000	30%	254.68
18	16	241141	内分泌	女	38	2	1452.99	3927.00	4000	37%	73
19	17	241442	外科	女	62	15	3749.30	9866.57	10000	38%	133.43

图 4-46　数组计算结果

3. 把"Sheet1"工作表中的"病人信息管理与分析表"复制到后面的工作表,重命名为排序、自动筛选、高级筛选和分类汇总。

按【Ctrl】键,鼠标拖动"Sheet1"工作表标签至"Sheet1"工作表之后,共拖 4 次,双击工作表标签,分别将工作表重命名为"排序""自动筛选""高级筛选"和"分类汇总"(图4-47)。

图4-47　工作表复制并重命名结果

4. 在排序工作表中以性别为主要关键字升序排列,设定"科室"自定义序列并添加为次要关键字排列,再以"药占比 %"为第三关键字降序排列。

(1) 单击"排序"工作表,选择 A2:L19 单元格区域。

(2) 单击"数据"→"排序和筛选"分组的排序按钮,在"排序"对话框中,设置主要关键字和次要关键字(图4-48)。

图4-48　"排序"对话框

如果弹出"提示"对话框,拒绝排序操作,删除单元格区域 L3:L19 的数据,重新用公式计算:选中单元格 L3,在编辑栏输入"= J3-I3",单击"Enter"键,双击填充柄,自动填充单元格区域 L4:L19。再重复前面操作,完成排序(图4-49)。

	A	B	C	D	E	F	G	H	I	J	K
1					病人信息管理与分析表						
2	床号	住院号	科室	性别	年龄	住院天数	药品费用	总费用	已交费用	药占比%	余额
3	9	241240	内一科	男	74	6	1747.95	3361.44	3000	52%	-361.44
4	13	241234	内一科	男	66	26	34158.40	65689.23	70000	52%	4310.77
5	7	241031	内二科	男	67	12	13954.65	21468.64	20000	65%	-1468.64
6	4	241083	内二科	男	43	2	1297.02	2401.88	3000	54%	598.12
7	6	241525	消化内科	男	32	5	1880.04	5697.08	6000	33%	302.92
8	5	241534	消化内科	男	46	16	1613.12	7681.50	7000	21%	-681.50
9	8	241431	外科	男	48	8	8176.92	18170.94	20000	45%	1829.06
10	14	241445	外科	男	73	38	55879.17	136290.67	135000	41%	-1290.67
11	3	241238	内一科	女	65	3	1609.43	3831.97	4000	42%	168.03
12	16	241141	内分泌	女	38	2	1452.99	3927.00	4000	37%	73.00
13	15	241144	内分泌	女	34	12	2023.60	6745.32	7000	30%	254.68
14	1	241532	消化内科	女	55	3	1953.82	4762.97	5000	41%	237.03
15	2	241337	神经内科	女	58	11	4013.97	10563.09	10000	38%	-563.09
16	10	241341	神经内科	女	66	11	4762.01	14430.34	20000	33%	5569.66
17	11	241342	神经内科	女	32	3	686.96	2289.85	3000	30%	710.15
18	17	241442	外科	女	62	15	3749.30	9866.57	10000	38%	133.43
19	12	241449	外科	女	69	24	24511.25	84521.55	100000	29%	15478.45

图4-49　"排序"结果

5. 在"自动筛选"工作表中,设置筛选条件为"科室"是外科;"总费用"高于 10 000 元。

(1) 选择表格区域中的任意单元格,单击"数据"→"排序与筛选"分组的"筛选"按钮,在出现的"筛选指示框"中单击"科室"列表,去掉列表中"全选"前面的对勾,在列表中选择"外科",即筛选出"外科"病人。

(2) 再单击"总费用"下拉按钮,在弹出的下拉列表中选择"数字筛选"→"大于"选项,弹出"自定义自动筛选方式"对话框,设置"10 000"(图4-50)。

	A	B	C	D	E	F	G	H	I	J	K
1					病人信息管理与分析表						
2	床号▼	住院号▼	科室▼	性别▼	年龄▼	住院天▼	药品费▼	总费用▼	已交费月▼	药占比▼	余额▼
9	8	241431	外科	男	48	8	8176.92	18170.94	20000	45%	1829.06
10	14	241445	外科	男	73	38	55879.17	136290.67	135000	41%	-1290.67
19	12	241449	外科	女	69	24	24511.25	84521.55	100000	29%	15478.45

图4-50 自动筛选结果

6. 在"高级筛选"工作表中,设置筛选条件为:内一科药品费用高于10 000元且余额高于0元的记录,以及外科药品费用小于10 000元且余额小于1 000元的记录。将筛选结果保存在当前工作表的A22单元格开始的区域中。

(1) 单击"高级筛选"工作表标签,在单元格O2开始的空白单元格区域,输入筛选条件(图4-51)。条件区域中同一行表示"与"关系,不同行表示"或"关系。

(2) 选择任一有数据单元格,选择"数据"→"排序和筛选"→"高级"命令,弹出"高级筛选"对话框,选择"方式"为"将筛选结果复制到其他位置",设置"列表区域""条件区域"和"复制到"(图4-52)。

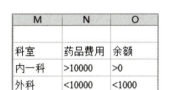

图4-51 筛选条件设置

图4-52 高级筛选对话框

(3) 单击"确定"按钮(图4-53)。

	A	B	C	D	E	F	G	H	I	J	K	L	M	N	O
2	床号	住院号	科室	性别	年龄	住院天数	药品费用	总费用	已交费用	药占比%	余额		科室	药品费用	余额
3	1	241532	消化内科	女	55	3	1953.82	4762.97	5000	41%	237.03		内一科	>10000	>0
4	2	241337	神经内科	女	58	11	4013.97	10563.09	10000	38%	-563.09		外科	<10000	<1000
5	3	241238	内一科	男	65	3	1609.43	3831.97	4000	42%	168.03				
6	4	241083	内二科	男	43	2	1297.02	2401.88	3000	54%	598.12				
7	5	241534	消化内科	男	46	16	1613.12	7681.50	7000	21%	-681.5				
8	6	241525	消化内科	男	32	5	1880.04	5697.08	6000	33%	302.92				
9	7	241031	内二科	男	67	12	13954.65	21468.64	20000	65%	-1468.64				
10	8	241431	外科	男	48	8	8176.92	18170.94	20000	45%	1829.06				
11	9	241240	内一科	男	74	6	1747.95	3361.44	3000	52%	-361.44				
12	10	241341	神经内科	女	66	11	4762.01	14430.34	20000	33%	5569.66				
13	11	241342	神经内科	女	32	3	686.96	2289.85	3000	30%	710.15				
14	12	241449	外科	女	69	24	24511.25	84521.55	100000	29%	15478.45				
15	13	241234	内一科	男	66	26	34158.40	65689.23	70000	52%	4310.77				
16	14	241445	外科	男	73	38	55879.17	136290.67	135000	41%	-1290.67				
17	15	241144	内分泌	男	34	12	2023.60	6745.32	7000	30%	254.68				
18	16	241141	内分泌	女	38	2	1452.99	3927.00	4000	37%	73				
19	17	241442	外科	女	62	15	3749.30	9866.57	10000	38%	133.43				
20															
21															
22	床号	住院号	科室	性别	年龄	住院天数	药品费用	总费用	已交费用	药占比%	余额				
23	13	241234	内一科	男	66	26	34158.40	65689.23	70000	52%	4310.77				
24	17	241442	外科	女	62	15	3749.30	9866.57	10000	38%	133.43				

图4-53 高级筛选结果

7. 在"分类汇总"工作表中，按照科室对药品费用、总费用进行分类汇总。

（1）将数据按照"科室"进行排序。选择 C3~C19 任意单元格，然后单击"数据"→"排序和筛选"分组的升序按钮，则对科室进行了升序排序。

（2）对药品费用、总费用进行分类汇总。然后单击"数据"→"分级显示"分组的"分类汇总"，在弹出的"分类汇总"对话框中，"分类字段"选择"科室"，"汇总方式"选择"求和"，"汇总项"选择"药品费用"和"总费用"，单击"确定"按钮。完成按照科室对药品费用、总费用进行分类汇总，显示二级分类汇总结果（图 4-54）。

							病人信息管理与分析表				
		床号	住院号	科室	性别	年龄	住院天数	药品费用	总费用	已交费用	药占比%	余额
5				内二科 汇总				15251.67	23870.52			
8				内分泌 汇总				3476.59	10672.32			
12				内一科 汇总				37515.78	72882.64			
16				神经内科 汇总				9462.94	27283.28			
21				外科 汇总				92316.64	248849.73			
25				消化内科 汇总				5446.98	18141.55			
26				总计				163470.60	401700.04			

图 4-54　按照科室对药品费用、总费用进行分类汇总

8. 在"Sheet1"工作表中建立外科病人的姓名及住院天数图表。

（1）使用【Ctrl】键，同时选中"姓名"和"住院天数"两列。

（2）单击"插入"→"图表"分组，选择"柱形图"，在下一级列表中，选择三维簇状柱状图。单击"图表工具"→"设计"选项卡，在"图表布局"中选择"添加图表元素"，在其下拉列表中选择"轴标题"→"主要横坐标轴"，将其文本改为"姓名"；选择"轴标题"→"主要纵坐标轴"，将其文本改为"住院天数"；选择"图表标题"→"图表上方"，将图表标题改为"病人住院天数"（图 4-55）。

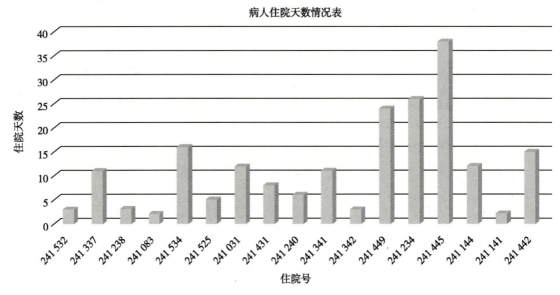

图 4-55　病人住院天数图表

9. 建立内一科病人的药品费用和总费用图表。

（1）使用筛选工具，筛选出"内一科"病人。复制"Sheet1"工作表，将复制后的工作表改名为"内一科病人"。

（2）选择表格区域中的任意单元格，单击"数据"→"排序与筛选"分组的"筛选"按钮，在出现的"筛选指示框"中单击"科室"列表，去掉列表中"全选"前面的对勾，然后在列表中选择"内一科"，

即筛选出"内一科"病人。

（3）使用【Ctrl】键，同时选中"姓名""药品费用"和"总费用"三列。

（4）单击"插入"→"图表"分组，选择"柱形图"，在下一级列表中，选择二维簇状柱形图，此时会出现一个图表，即为内一科病人药品费用及总费用图表。

（5）更改图例名称。右键单击图例，在快捷菜单中选择"选择数据（E）…"，在左侧的图例项中，分别点选"系列1"和"系列2"，然后点选"编辑"命令，在系列名称中分别选择表中的"药品费用"和"总费用"标题，单击确定，完成图例名称的更改（图4-56）。

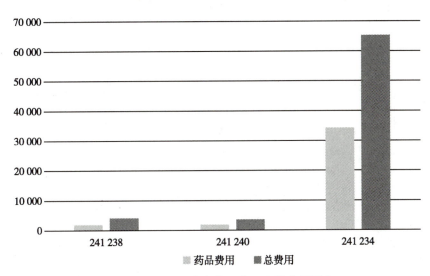

图 4-56　内一科病人药品费用及总费用图表

10. 使用数据透视表完成统计每个科室的余额。

（1）选择"Sheet1"工作表数据区域的任意单元格，然后单击"插入"→"表格"分组的"数据透视表"按钮，在弹出的"创建数据透视表"对话框中，选择默认的数据区域，数据透视表的位置为"新工作表"，单击"确定"。

（2）在出现的"数据透视表"窗口中，在右侧的"数据透视表字段"窗格中，首先选中"科室"字段，作为行数据；然后选中"余额"字段，作为列的汇总值，在生成的数据表中，将"求和项：余额"的下拉列表中选择"值字段设置（N）…"，将自定义名称修改为"汇总余额"。将刚刚生成的数据透视表改名为"余额汇总"（图4-57）。

11. 使用数据透视表完成统计每个科室每个病人的总费用及药品费用。

（1）选择"Sheet1"工作表数据区域的任意单元格，然后单击"插入"→"表格"分组的"数据透视表"按钮，在弹出的"创建数据透视表"对话框中，选择默认的数据区域，数据透视表的位置为"新工作表"，单击"确定"按钮。

（2）在"数据透视表"窗口右侧的"数据透视表字段"窗格中，首先选中"科室"和"姓名"两个字段，作为行数据；然后选中"总费用"及"药品费用"字段，作为列的汇总值，在生成的数据表中，将"求和项：总费用、求和项：药品费用"修改为"汇总总费用和汇总药品费用"，生成的数据表即为每个科室每个病人总费用及药品费用统计表。将刚刚生成的数据透视表改名为"总费用汇总及药品费用汇总"（图4-58）。

12. 使用数据透视表完成统计每个科室每个病人的住院天数。

（1）选择"Sheet1"工作表数据区域的任意单元格，然后单击"插入"→"表格"分组的"数据透视表"按钮，在弹出的"创建数据透视表"对话框中，选择默认的数据区域，数据透视表的位置为"新工作表"，单击"确定"按钮。

图 4-57　按照科室余额汇总数据透视表

图 4-58　总费用及药品费用数据透视表

（2）在"数据透视表"窗口右侧的"数据透视表字段"窗格中，首先选中"科室"和"姓名"两个字段，作为行数据；然后选中"住院天数"字段，作为列的汇总值，在生成的数据表中，将"求和项：住院天数"修改为"住院天数汇总"，生成的数据表即为每个科室每个病人的住院天数统计表。将刚刚生成的数据透视表改名为"住院天数汇总"。

（张会丽　耿　彧）

思考题

1. 在 Excel 表中进行数值填充时，直接拖动鼠标用填充柄下拉就可以，但是如果要填充数据很大的情况下（如填充到 100），用填充柄下拉很麻烦，那么如何让 Excel 表数据实现自动填充呢？

2. RANK 函数是统计函数，如何利用 RANK 函数对数据进行排名？

练习题

第五章 | PowerPoint 演示文稿制作

ER 5-1
教学课件

ER 5-2
思维导图

学习目标

1. 掌握 PowerPoint 的基本操作、幻灯片版式的调整方法和主题设计、背景设计的方法、幻灯片的页面设置和放映设置操作。

2. 熟悉 PowerPoint 的功能和演示文稿的制作流程。

3. 了解幻灯片的视图模式。

4. 学会幻灯片的动画、切换、音频、视频、超级链接等对象编辑方法。

5. 具有制作演示文稿及高效的幻灯片处理和信息展示能力。

PowerPoint 是微软公司开发的 Microsoft Office 办公系统的一个重要组件，是一款非常著名的演示文稿制作和播放软件，该软件允许以可视化的操作将文本、图像、动画、音频、视频集成到一个可重复编辑和播放的文档中，并通过各种数码播放产品展示出来，是表达观点、演示成果、交流信息的强有力工具。

在当今的信息社会中，人们运用演示文稿进行信息交流的需求与机会越来越多，如：产品介绍、学术讨论、项目论证、论文答辩、个人或公司介绍等。PowerPoint 可以制作图文并茂、层次分明、主题突出、绘声绘色的幻灯片，演讲者能够更为有效地表达出个人观点、使观众产生共鸣，提升报告效果。

第一节 演示文稿制作软件

情景导入

学生：老师，我快毕业了，要去医院应聘护理岗位，怎么能让我的自我介绍更精彩呢？

老师：你可以利用 PowerPoint 软件制作一个演示文稿，把你的学业情况、专业特长都写在上面，选用适当的主题，插入相应的动画，这样会使你的介绍更加精彩。

问题 1：PowerPoint 软件的制作流程是什么？

问题 2：PowerPoint 软件的工作界面是怎样的？

问题 3：如何制作具有特色的演示文稿？

一、演示文稿概述

（一）PowerPoint 软件的启动与退出

1. 启动 PowerPoint 软件 启动 PowerPoint 的方法主要有以下几种：

（1）利用"开始"按钮启动 PowerPoint：单击开始按钮，然后执行"所有程序"→"Microsoft Office"→

"Microsoft PowerPoint"命令，即可启动 PowerPoint 软件。

（2）**利用 Windows 桌面上的快捷方式启动** PowerPoint：双击桌面上的 Microsoft PowerPoint 快捷方式图标，即可启动 PowerPoint。

（3）**利用已有的 PowerPoint 演示文稿启动** PowerPoint：双击已有的 PowerPoint 演示文稿，即可打开 PowerPoint 文件。

2. **退出 PowerPoint 软件**　软件使用完毕，要正常退出，退出 PowerPoint 的方法主要有以下几种：

（1）**利用"文件"选项卡退出** PowerPoint：选择"文件"选项卡，单击"退出"命令即可退出 PowerPoint。

（2）**利用"关闭"按钮退出** PowerPoint：单击窗口标题栏右端的"关闭"按钮即可退出 PowerPoint。

（3）**通过控制图标退出** PowerPoint：双击窗口标题栏的控制图标可以退出 PowerPoint，也可以单击窗口标题栏的控制图标，选择"关闭"命令退出 PowerPoint。

（二）演示文稿制作的流程

1. 启动 PowerPoint 软件。

2. **新建幻灯片**　在打开的演示文稿中，根据构思设计，增加一定数量的幻灯片。

3. **选用主题和版式**　主题是 PowerPoint 中一种特殊的模板形式，是设置好的文本样式和填充样式的集合。选择恰当的主题，会让演示文稿更凸显特色。幻灯片版式是幻灯片的布局格式，通过幻灯片版式的应用，使幻灯片的制作更加整齐、简洁。

4. **输入文本内容及插入相关资源**　幻灯片中输入相应的文本内容，要求内容简练，能清晰表达意图即可。为了配合主要的文字内容，还可以通过插入选项卡插入图形、图像、音频、视频、艺术字、超链接等多种元素来丰富幻灯片的内容。

5. **格式编辑**　对于插入到幻灯片的元素，要进行统一格式的设置和格式编辑，诸如对字体使用不同字体、字号、颜色等；对图形规格使用同样大小；对表格采用三线表等形式。

6. **演示文稿修饰**　虽然已经设置好主题格式，但是有些突出显示的幻灯片页也需进一步调整，可以更改幻灯片页的背景颜色、设置幻灯片的方向、设计幻灯片的效果等等。

7. **动画设计**　动画是 PowerPoint 中的一种重要技术，通过这一技术，可以将幻灯片的内容以动态的方式展示出来，增强幻灯片的互动性。

8. **切换效果**　幻灯片的切换效果是指在幻灯片切换时添加动画效果，更能增强幻灯片两页之间的连贯性效果、增强整体感。

9. **幻灯片播放设置和播放**　制作完演示文稿后，为了按规律播放演示文稿，也为了适应播放环境，还需要设置放映幻灯片的方式和范围，以及设置幻灯片的排练计时与录制旁白等。然后按要求播放，即可观看效果。

10. **保存并退出 PowerPoint 软件**　设计好的演示文稿要进行保存，使用"文件"选项卡中的"保存"命令或者"另存为"命令来保存演示文稿，或者使用"快速访问工具栏"上的"保存"按钮来保存演示文稿。演示文稿的扩展名为".pptx"。

二、PowerPoint 的工作界面与视图模式

（一）工作界面

窗口界面如图 5-1 所示。

PowerPoint 的窗口由快速访问工具栏、标题栏、文件选项卡、主选项卡、功能区、幻灯片选项区、幻灯片区、备注区和状态栏等部分构成。

1. **快速访问工具栏**　快速访问工具栏可以自定义工具，它包含了一组独立于当前显示的功能区上选项卡的命令，可以进行快速访问，并且可以向该工具栏中添加代表命令的按钮。

2. **标题栏**　位于窗口顶端，用来表明当前应用程序名称和正在编辑的演示文稿名称。

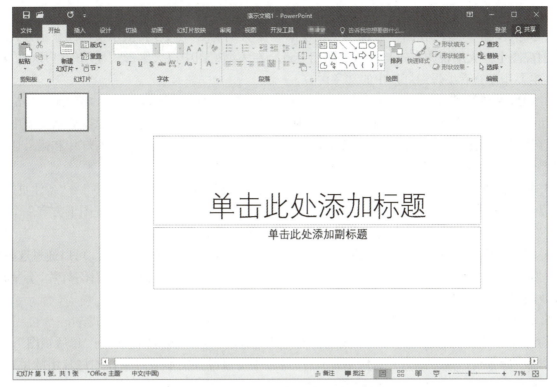

图 5-1　PowerPoint 的窗口界面图

3.文件选项卡　"文件"选项卡,包含"打开""保存"和"打印"等一些基本命令。

4.主选项卡和功能区　主选项卡主要是 PowerPoint 演示文稿软件的具体功能选项,每个选项卡上是具体的功能区,功能区是选项卡的具体实施区域,旨在帮助用户快速找到完成某任务所需的命令。选项卡包含有若干个"组",每个组又包含有若干个"命令"。组中的命令以图标的形式排列在一起。单击某个按钮就可执行相应的操作命令。可以通过右击任意选项卡,自定义功能区。

如果有些命令后面有一个省略符(……),就是说明该命令需要在所弹出的对话框中提供更多的信息,以便它有足够的依据来执行命令。

5.幻灯片选项区　在此区域显示幻灯片的缩略图,主要对幻灯片进行选定、新建、插入、删除等基本操作。

6.幻灯片区　编辑幻灯片的工作区域,主要是美化和增强幻灯片的演示效果。

7.备注区　用来编辑幻灯片的相关注释信息及其他备注信息。

8.状态栏　状态栏位于窗口的最底端,用于显示当前窗口的状态、操作信息。可以在设计过程中观察状态栏中所显示信息的变化以调整操作方法和步骤。状态栏右侧显示视图快捷方式和显示比例按钮等。

(二) PowerPoint 的视图模式

PowerPoint 中有普通视图、大纲视图、幻灯片浏览视图、备注页视图、阅读视图、母版视图和幻灯片放映视图等视图方式。每种视图都提供不同的功能并帮助完成不同的工作,在编辑演示文稿过程中,可以在"视图"选项卡中实现视图模式切换。

1.普通视图　普通视图是最常用的一种视图,也是 PowerPoint 默认的视图方式,打开或新建一个演示文稿,窗口会自动地显示为普通视图方式。也可以通过选择"视图"→"演示文稿视图"→"普通"命令,将显示方式切换到普通视图方式。

在普通视图中,显示了幻灯片中的所有内容及其格式,视图中包括幻灯片选项区、幻灯片区、备注区,在分割条上按下鼠标左键进行拖动,就可以改变相应区域的大小,从而使屏幕显示的工作环境更能符合个人的工作习惯。

2.大纲视图 选择"视图"→"演示文稿视图"→"大纲视图"命令,将演示文稿的显示方式切换到大纲视图上。大纲视图方式与普通视图相接近。在大纲视图中以大纲形式显示幻灯片中的标题文本,主要用于查看编辑幻灯片中的文字内容。

3.幻灯片浏览视图 选择"视图"→"演示文稿视图"→"幻灯片浏览"命令,将演示文稿的显示方式切换到幻灯片浏览视图上。幻灯片浏览视图是一个幻灯片整体展示的视图,演示文稿中的所有幻灯片以缩略图的方式在幻灯片区按顺序排列显示,便于插入、删除、移动幻灯片和插入切换效果等操作。

4.备注页视图 备注页也有自己独立的视图,选择"视图"→"演示文稿视图"→"备注页"命令就可以切换到备注页视图。在备注页视图中,上方是当前幻灯片的缩略图,在视图下方有一个文本框,可在文本框中输入对当前幻灯片的注释说明文字作为备注。

5.阅读视图 阅读视图是将演示文稿作为适应窗口大小的幻灯片放映查看,可以通过选择"视图"→"演示文稿视图"→"阅读视图"命令,切换到该视图中,以阅读的方式查看幻灯片,会呈现幻灯片放映时的所有效果。

6.母版视图 母版视图包括幻灯片母版、讲义母版和备注母版三种母版形式。

幻灯片的母版是用来自定义演示文稿中幻灯片格式的模板。执行"视图"→"母版视图"→"幻灯片母版"命令可以进入幻灯片母版(图 5-2),母版中可以设置文本域对象在幻灯片中的位置、文本主题、字体、颜色、背景、效果等内容,设置后所有幻灯片的格式也同时被更改。母版设置好后,选择"关闭母版视图"来关闭母版模式,回到幻灯片普通视图。

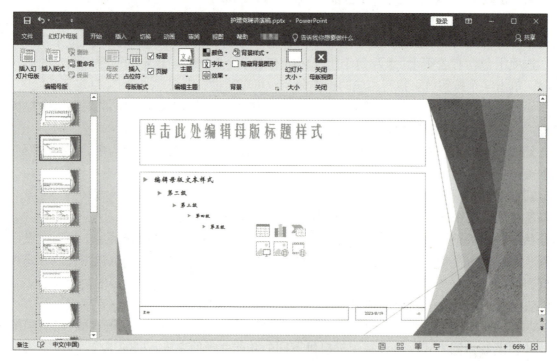

图 5-2　幻灯片母版视图

讲义母版通常应用于教学备课工作中,通过执行"视图"→"母版视图"→"讲义母版"命令即可进入,讲义母版可以显示多个幻灯片的内容,便于对幻灯片进行打印和快速浏览,通常由页眉占位符、页脚占位符、页码占位符、日期占位符以及若干幻灯片组成。在"讲义母版"选项卡中可以设置母版的页面设置、占位符情况、编辑主题、背景设计等内容。

备注母版的作用是演示文稿中各幻灯片的备注和参考信息，通过执行"视图"→"母版视图"→"备注母版"命令即可进入，备注母版由幻灯片缩略图和页眉、页脚、日期、正文、页码等占位符组成。

7. 幻灯片放映视图　选择"幻灯片放映"→"开始放映幻灯片"→"从头开始"→"从当前幻灯片开始"命令，将演示文稿的显示方式切换到"幻灯片放映"视图。放映视图下，将演示文稿中的幻灯片全屏幕展示，并可以观察到幻灯片所设置的各种放映效果。可以按下键盘上的【Esc】键退出放映。

> **知识拓展**
>
> 幻灯片视图的页面视图、幻灯片浏览视图、阅读视图和幻灯片放映视图等四种视图方式也可以通过状态栏上的"视图切换"按钮实现切换。另外，在"视图"选项卡中还可以进行窗口的重排操作。

ER 5-3

幻灯片视图模式

第二节　PowerPoint 的基本操作

> **情景导入**
>
> 学生：老师，PowerPoint 软件工作界面简单明了、便于使用，那是不是基本操作也跟 Word、Excel 软件一样简单呢？
>
> 老师：PowerPoint 软件的基本操作跟 Word、Excel 软件一样的简单，而且幻灯片的外观设计和插入的元素会使演示文稿呈现出更精美的效果。
>
> 问题 1：演示文稿的基本操作都有什么？
> 问题 2：演示文稿的外观设计如何操作？
> 问题 3：幻灯片对象如何编辑操作？

一、演示文稿的操作

（一）创建演示文稿

PowerPoint 软件为用户提供了多种创建演示文稿的方法。

1. 系统默认生成演示文稿　PowerPoint 软件启动后，系统会自动生成一个默认文件名为"演示文稿 1"的空白演示文稿，可以直接对该演示文稿进行相关的编辑操作。

2. 创建空白演示文稿　可以通过"文件"→"新建"命令，在窗口中选择"空白演示文稿"选项（图 5-3）。

3. 通过样本模板创建演示文稿　样本模板是 PowerPoint 提供的已经设置好的模板，可以通过样本模板创建精美的演示文稿。通过"文件"→"新建"命令，在窗口中选择一款模板，然后单击"创建"，在更新的窗口中会展示 PowerPoint 提供的模板样式（图 5-4）。

4. 通过主题创建演示文稿　主题是 PowerPoint 中一种特殊的模板形式，是已经设置好的文本样式和填充样式的集合。通过主题创建演示文稿，可以通过"文件"→"新建"命令，在打开的窗口点选"主题"，窗口中会呈现出 PowerPoint 提供的多种主题样式，选择相应的主题，单击"创建"按钮，即可创建该主题样式的演示文稿，供编辑使用。此时选择的主题样式与在设计选项卡中主题选项组中选择的主题是一致的。

图 5-3　新建空白演示文稿

图 5-4　通过样本模板创建演示文稿

(二) 打开演示文稿

PowerPoint 可以打开已经存在的演示文稿，对其进行编辑修改，PowerPoint 提供了 4 种打开演示文稿的方式。

1. 通过"文件"选项卡打开演示文稿　在 PowerPoint 中，可以执行"文件"→"打开"命令，在"打开"对话框中选择演示文稿所在的路径，选择将要打开的文件名，单击"打开"按钮，即可打开演示文稿（图 5-5）。

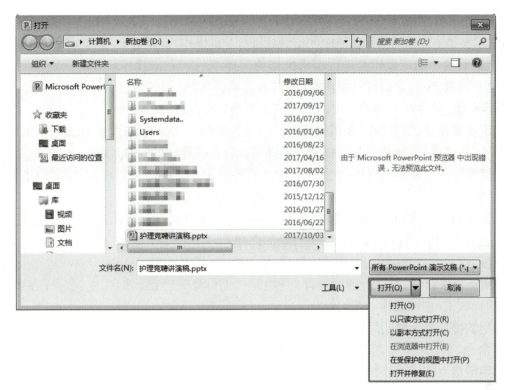

图 5-5　打开演示文稿窗口

在"打开"按钮的右侧有个下拉箭头,单击后会弹出下拉菜单,包括"打开""以只读方式打开""以副本方式打开""在浏览器中打开""在受保护的视图中打开""打开并修复"等选项,按需要进行选择即可实现相应的功能。

2. **通过"最近所用文件"命令打开演示文稿**　选择"文件"→"最近"命令,在弹开的窗口中会显示最近使用过的多个演示文稿,用鼠标单击所需文件即可打开。"最近"命令中能显示演示文稿的数量,可以通过"选项"→"高级"→"显示"→"显示此数量的最近的演示文稿"命令进行设置。

3. **通过双击文件打开演示文稿**　安装好 PowerPoint 以后,Windows 操作系统会自动为所有".ppt、.pptx"等格式的演示文稿、演示模板文档建立关联,在"计算机"或"文件资源管理器"中可以直接选中要打开的演示文稿,双击该文件,即可打开。

4. **通过快速访问工具栏打开按钮打开演示文稿**　可以在 PowerPoint 的"快速访问工具"栏中,选择"自定义快速访问工具栏"→"打开"命令,打开演示文稿。

(三) 保存演示文稿

演示文稿制作完成后需要保存,以备将来使用。

1. **通过"文件"选项卡保存演示文稿**　在 PowerPoint 中,可以选择"文件"→"保存"命令,单击"浏览"文件夹,进入"另存为"对话框,选择保存路径,在文件名所对应的文本框中输入演示文稿的文件名后,选择相应的保存类型,单击"保存"按钮即可。还可以通过执行"文件"→"另存为"命令对演示文稿进行加密,在"另存为"对话框中,单击"工具"下拉按钮,选择"常规选项",然后在弹出的对话框中输入权限密码,单击"确定"按钮后返回"另存为"对话框,最后单击"保存"按钮即可为演示文稿设置密码。还可以通过"文件"→"信息"→"保护演示文稿"命令实现"始终以只读方式打开""用密码进行加密""添加数字签名""标记为最终状态"等操作来保护演示文稿。

2. **通过"快速访问工具栏"保存演示文稿**　可以选择"快速访问工具栏"上的"保存"图标按钮,将演示文稿保存在已有路径下。如果第一次保存,则会打开"另存为"对话框,设置好路径和文件名保存即可。

（四）编辑演示文稿

编辑演示文稿主要是对演示文稿中的幻灯片进行基础操作，包括选定、移动、复制、删除等操作。

1. 选定幻灯片　选定操作是进行编辑操作的前提，坚持"对谁操作就要先选定谁"的原则，确定选择对象非常重要，选定幻灯片操作在"幻灯片选项区"进行。

（1）**选定一张幻灯片**：在将要选定的幻灯片上单击鼠标左键确认即可。

（2）**选定多张连续的幻灯片**：先用鼠标单击将要选择的第一张幻灯片，按住键盘上的【Shift】键，再单击最后一张将要选择的幻灯片，松开按键即可选择多张连续的幻灯片。

（3）**选定多张不连续的幻灯片**：先用鼠标单击将要选择的第一张幻灯片，按住键盘上的【Ctrl】键，再分别单击将要选择的幻灯片，松开按键即可选择多张不连续的幻灯片。

（4）**选定所有幻灯片**：可以按照选定多张连续幻灯片的方法进行选择，也可以选择任意一张幻灯片后，按键盘上的【Ctrl】+【A】组合键进行全部选择。

2. 新建幻灯片　当演示文稿中的幻灯片页数不够时，需要新建幻灯片。

（1）**使用选项卡新建幻灯片**：通过选择"开始"→"幻灯片"→"新建幻灯片"命令，在弹出的幻灯片布局中选择版式，即可新建一张幻灯片。

（2）**使用快捷菜单新建幻灯片**：在"幻灯片选项区"中，鼠标右击，在弹出的快捷菜单中选择"新建幻灯片"命令，创建一张与当前幻灯片版式相同的空白幻灯片。

（3）**使用键盘上的【Enter】键新建幻灯片**：在"幻灯片选项区"中，将鼠标置于要新建幻灯片的位置，按【Enter】键即可创建一张与前一张幻灯片版式相同的空白幻灯片，这是建立幻灯片最常用、最简便的方法。

3. 移动幻灯片　移动幻灯片可以按照需求调整一张或多张幻灯片的顺序。

（1）**使用鼠标拖动快速移动幻灯片**：可以在"幻灯片选项区"中的"幻灯片"选项卡上选择一张或多张幻灯片，然后拖动到目标位置即可进行移动。

（2）**使用选项卡移动幻灯片**：可以先选定要操作的幻灯片，然后选择"开始"→"剪贴板 | 剪切"命令按钮，到目标位置，单击"粘贴"命令按钮，即可实现移动操作。

（3）**使用快捷菜单移动幻灯片**：选定幻灯片，单击鼠标右键，在弹出的快捷菜单中选择"剪切"命令，到目标位置，单击"粘贴"命令，即可移动选定的幻灯片。

4. 复制幻灯片　复制幻灯片是为了使演示文稿增加相同风格的幻灯片页数，或者复制相同的幻灯片内容。

（1）**使用选项卡复制幻灯片**：先选定将要操作的幻灯片，然后选择"开始"→"剪贴板 | 复制"命令按钮，到目标位置，单击"粘贴"命令按钮，即可实现复制操作。"复制"按钮中有两个选项，可以将幻灯片复制到剪贴板多次使用，也可以将幻灯片直接复制到演示文稿中。

（2）**使用快捷菜单来移动幻灯片**：选定幻灯片，单击鼠标右键，在弹出的快捷菜单中选择"复制"命令或者"复制幻灯片"命令，在目标位置，单击"粘贴"命令，即可实现复制操作。

5. 删除幻灯片　对于无用的幻灯片，要及时地删除，使演示文稿简单明了。

（1）**使用快捷菜单删除幻灯片**：在 PowerPoint "幻灯片选项区"中，选定要删除的幻灯片，单击鼠标右键，在弹出的快捷菜单中选择"删除幻灯片"命令，即可删除选中的幻灯片。

（2）**使用键盘上的快捷键删除幻灯片**：选定要删除的幻灯片，按键盘上的【Delete】键或【Backspace】键，即可删除选中的幻灯片。

二、演示文稿外观设计

（一）幻灯片主题设计

幻灯片主题设计是 PowerPoint 将颜色、字体和效果三部分做好预置方案的模板，只需要选择相应的主题，就可以将主题效果应用于整个演示文稿或幻灯片，还可以对颜色、字体和效果三个选项进行自定义设置来更改主题的效果。

　　在"设计"→"主题"功能区选择预置主题，整个演示文稿都将随之改变。也可以在该主题上单击鼠标右键，在弹出的菜单中选择"应用于所有幻灯片""应用于选定幻灯片""设置为默认主题"等命令来进行设置。PowerPoint 提供了多种可用的主题（图 5-6）。PowerPoint 还提供了从网络浏览主题、将主题保存为本地主题的功能。通过执行"设计"→"变体"→"颜色"命令，在下拉菜单中选择已经预置的颜色方案即可更改主题颜色。也可以通过"字体"命令，在打开的下拉列表中选择所需字体，通过"效果"命令，在打开的下拉列表中选择所需的效果即可。

图 5-6　主题操作窗口

（二）幻灯片背景

　　PowerPoint 根据所选择的主题提供了 12 种背景样式，是内置的背景和颜色的组合。可以直接通过执行"设计"→"变体"→"背景样式"命令，在弹出的下拉列表中选择需要的样式即可设定。还可以执行"设计"→"自定义"→"设置背景格式"命令（图 5-7），通过"纯色填充""渐变填充""图片或纹理填充"和"图案填充"四种方式进行背景设置。

ER 5-4

演示文稿的
主题设计

（三）幻灯片版式

　　幻灯片的布局格式称为幻灯片版式。创建演示文稿之后，为了丰富幻灯片内容，体现幻灯片的实用性，可以通过执行"开始"→"幻灯片"→"版式"命令，在弹出的窗口中按需要选择合适的版式即可（图 5-8）。执行"开始"→"幻灯片"→"重置"命令，可以将幻灯片占位符的大小、位置、格式等还原为默认状态。如果版式无法满足布局的需求，还可以手动调整版式的布局，选择目标占位符或其他对象，用鼠标拖动到合适位置即可。

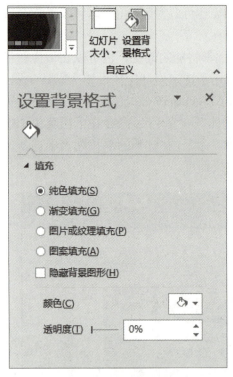

图 5-7　背景格式设置

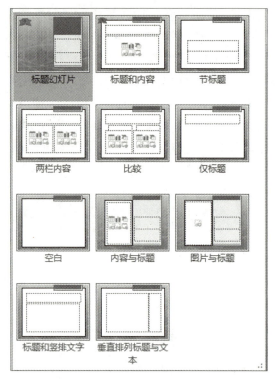

图 5-8　幻灯片版式

三、幻灯片对象编辑

（一）输入文本

文本是幻灯片的最基本和最主要内容，可以通过占位符或文本框输入文本内容。

1. 占位符　占位符是一种带有虚线边缘的框，在该框内可以输入标题和正文，可以是图像、图表、表格和媒体等对象。

（1）选择占位符：将鼠标移动到占位符的虚线框上，当光标变成"四向箭头"形状时，单击鼠标左键即可选中占位符。直接单击占位符中的文字部分也可选中占位符，占位符被选中之后，虚线框变为实线框。单击占位符内部，即可在占位符中输入或编辑文本（图 5-9）。另外，也可以通过执行"开始"→"编辑"→"选择"命令，在其下拉列表中选中"选择窗格"选项，在右侧弹出的"选择"窗格中选择相应的占位符。

（2）调整占位符大小：可以根据输入的内容或者幻灯片布局，调整占位符的大小。选中要调整的占位符，将光标移至控制点上，当光标变为"双向箭头"时，拖动鼠标调整占位符边框的大小即可。

还可以通过执行"绘图工具"→"格式|大小|形状高度或形状宽度"命令，在弹出的文本框中输入相应的数值，来调整占位符的大小。

2. 设置样式　无论是对于占位符还是形状，都可以通过"绘图工具"→"格式|形状样式"命令进行填充格式和样式的相应设置。形状样式是将设计好的颜色搭配样式填充到占位符或者形状当中，选中需要的样式单击即可实现（图 5-10），还可以通过"其他主题填充"命令进行自定义的主题设计。

图 5-9　选择占位符

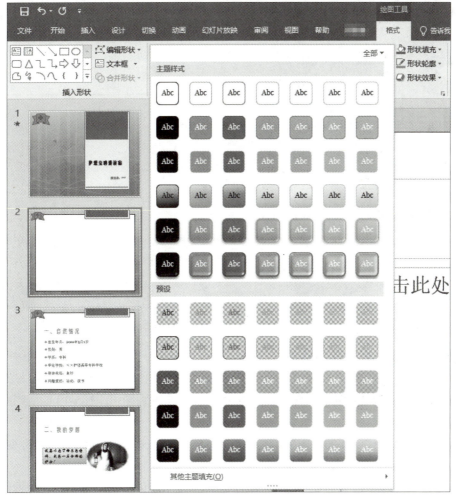

图 5-10　形状样式

形状填充：主要是对占位符或者文本框内部进行填充，可以采用提供的颜色填充，也可以采用图片、渐变、纹理填充。

形状轮廓：主要是对占位符或者文本框边框进行设置，可以设置边框线条的颜色、线型、粗细等选项。

形状效果：主要是对占位符或者文本框的效果进行设计，PowerPoint 提供了预设、阴影、映像、发光、柔化边缘、棱台、三维旋转等多种特殊效果。

（二）编辑文本

1. 选择和修改文本　单击占位符或者文本框边框即是选择了占位符和文本框中的所有文本，此时进行各种设置均作用于其所有文本。如果只想选择部分文本，在占位符中，用鼠标拖动选择即可。

2. 设置文本格式　文本是演示文稿的主要组成部分，是演示文稿最直观的表达方式，文本的外观是否得体尤为重要，设置文本的格式包括字体格式和段落格式。

文本的字体格式就是设置字体的字形、字号、字体样式等效果。选择所需设置的文字部分，通过执行"开始"→"字体"选项组中相应的按钮命令来完成设置，也可以单击该组中右下角的"对话框启动器"按钮，打开字体对话框来进行设置（图 5-11）。

文本的段落格式就是设置段落的行距、缩进方式、文本对齐方式、文字方向、分栏、设置项目符号和编号等格式，也可以单击该组中右下角的"对话框启动器"按钮，打开段落对话框来进行设置（图 5-12）。

图 5-11　设置字体格式

图 5-12　设置段落格式

3. 设置标题级别　设置标题级别就可以将幻灯片标题升到上一级别或者降到下一级别。在"视图"→"演示文稿视图"中选择"大纲视图"，选中需要调整标题级别的幻灯片编号，单击鼠标右键，在弹出的快捷菜单中选择"升级"或"降级"命令来调整标题级别即可（图 5-13）。

（三）插入文本框

执行"插入"→"文本"→"文本框"→"绘制横排文本框|竖排文本框"命令，当光标变成垂直箭头或者水平箭头时候，在目标区域绘制所需大小的文本框即可。

绘制好文本框后，可以通过调整按钮来调整文本框的大小，也可以通过执行"设置形状格式"命令来调整文本框的版式、边距等内容。

（四）插入艺术字

使用艺术字，会使演示文稿更具特色和艺术效果，PowerPoint 提供了 20 种艺术字样式，通过执行"插入"→"文本"→"艺术字"命令，在"艺术字样式"列表中选择相应的艺术字格式，并在弹出的文本框中输入文本即可插入艺术字。也可以将文本转换为艺术字，选择要转换的文本，选择"格式 | 艺术字样式"选项组，选择需要的样式即可将文字转换为艺术字格式。

插入艺术字后，可以通过"艺术字样式"再次对艺术字进行效果设置，通过"文本填充"改变艺术字的颜色填充效果，通过"文本轮廓"改变艺术字的边框效果，通过"文本效果"来改变艺术字的整体形状效果（图 5-14）。

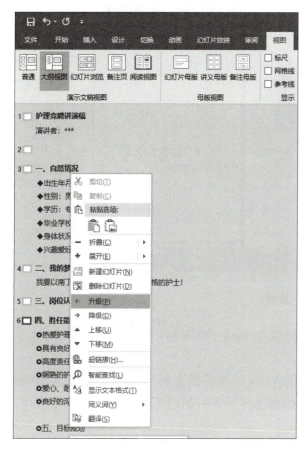

图 5-13　设置标题级别

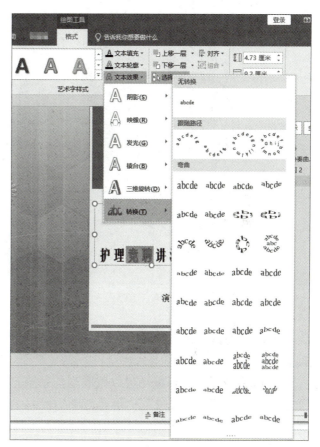

图 5-14　设置艺术字效果

（五）插入对象

通过执行"插入"→"文本"→"对象"命令，不但可以插入选项卡中存在的文件类型，还可以插入选项卡以外的多种类型文件，解决了幻灯片中插入多种类型文件的问题，充分体现了 PowerPoint 强大的兼容性（图 5-15），在弹出的"插入对象"对话框中选择文件类型，单击"确定"后选择已经存在的磁盘文件或新建文件，确认插入即可。

图 5-15　插入对象

（六）插入图像

图像在制作演示文稿时给人以赏心悦目的感觉，PowerPoint 提供了 4 种插入图像的方式：

1. 插入图片　通过执行"插入"→"图像"→"图片"命令，在弹出的"插入图片"对话框中，选择需要的图片文件,单击"插入"按钮即可插入图片。

如果幻灯片中有包含图像的占位符,单击该占位符中的"插入来自文件的图片"图标,在弹出的"插入图片"对话框中,选择需要的图片文件,单击"插入"按钮即可插入图片(图5-16)。

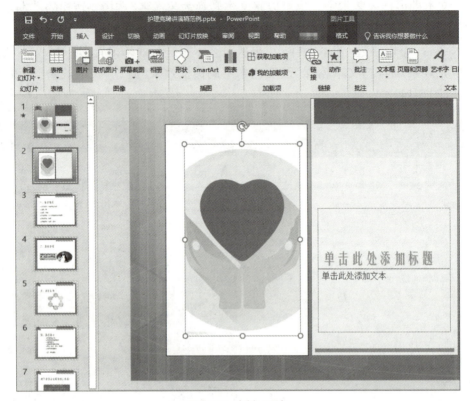

图5-16 插入图片

2.联机图片 通过执行"插入"→"图像"→"联机图片"命令,联网搜索需要的图片名称,选中搜索到的图片,插入即可。

3.屏幕截图 屏幕截图可以截取当前系统打开的窗口,将其转换为图像,插入到演示文稿中。通过执行"插入"→"图像"→"屏幕截图"命令,在弹出的菜单"可用的视窗"中选择要截取的窗口,将截取的窗口图像插入到幻灯片中。

除了插入某个窗口的截图外,还可以选择"屏幕剪辑"命令,任意截取屏幕的某一个部分图像,将其插入到演示文稿中。

4.插入相册 通过执行"插入"→"图像"→"相册"命令,选择"新建相册"或"编辑相册"命令,来创建以相册内容为主的演示文稿。在编辑相册窗口中,可以对相册中的图片进行编辑、设置相框的形状、主题等操作。

(七) 图像编辑

1.图片调整

(1)图片的更正:图片的更正主要包括对图片的锐化度、柔化度、亮度、对比度、着色度进行调整,可以使图片更符合配色需求,更加美观。

选定要调整的图片,执行"图片工具"→"格式|调整|校正"命令,在下拉列表框中选择相应的选项,来根据锐化/柔化、亮度/对比度的值来更正图像。还可以通过"图片校正选项"命令,在打开的对话框中精确设置校正值。

(2)图片的颜色:图片颜色的调整主要包括颜色饱和度、色调与重新着色三个选项。选定图片,执行"图片工具"→"格式|调整|颜色"命令,在下拉列表框中根据三个选项的不同值来选择相应的

图像,以调整图片的颜色。也可以通过执行"图片颜色选项"命令,在打开的对话框中精确设置图片颜色的饱和度、色调与重新着色等选项。

(3)**图片的艺术效果**:图片的艺术效果是 PowerPoint 提供的图片固定滤镜效果。选定图片,执行"图片工具"→"格式 | 调整 | 艺术效果"命令,在下拉列表框中选择相应的滤镜选项,即可设置图片的艺术效果(图 5-17)。也可以通过执行"艺术效果选项"命令,对图片进行设置。

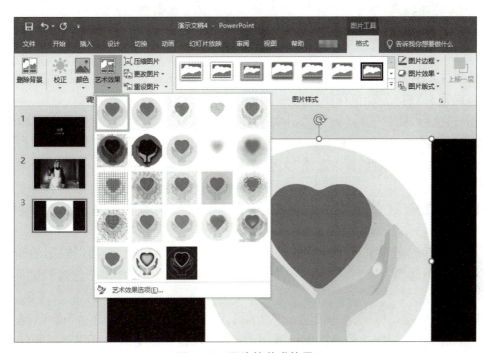

图 5-17　图片的艺术效果

2.**图片样式**　是 PowerPoint 提供的对图片摆放形式的默认效果。选定图片,通过执行"图片工具"→"格式 | 图片样式"命令,选择相应的样式,来设置图片即可。PowerPoint 提供了 28 种样式(图 5-18)。

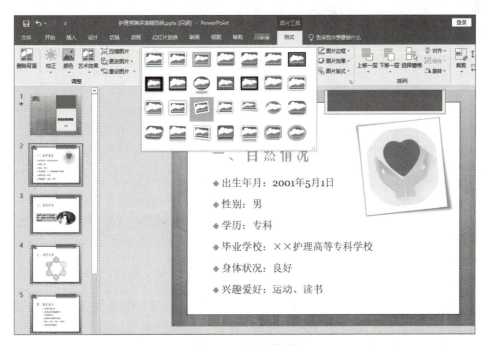

图 5-18　图片样式

3. 图片排列 当在幻灯片中放置多个图片时,为充分体现图片的层次感,需要设置图片的排列层次。选择目标图片,执行"图片工具"→"格式 | 排列 | 上移一层或下移一层"命令,来设置图片的显示层次。

PowerPoint 还可以将两个以上的形状编为一组,便于进行操作。选择一个要进行操作的形状,再按住【Shift】键,点击选择多个形状,然后执行"格式 | 排列 | 组合"命令,即可将多个形状组合为一个整体。也可以选择"取消组合"命令,将图片恢复到原来的状态。

通过执行"图片工具"→"格式 | 排列 | 旋转"命令,可以按任意角度进行旋转图片。

4. 图片大小

(1)**调整图片大小**:选定要调整的图片,图片四周会出现 8 个控制点,将鼠标移至控制点上,当光标变成"双向箭头"时,拖动鼠标调整大小即可。

也可以通过执行"图片工具"→"格式 | 大小 | 形状高度或形状宽度"命令,在文本框中输入相应的数值来改变图片的大小。还可以通过右击该图片,在弹出的快捷菜单中执行"大小与位置"命令,在弹出的"设置图片格式"对话框中选择"大小与属性"中的"大小"选项卡,输入数值来改变图片的宽度和高度。

(2)**调整图片位置**:选中要移动的图片,此时光标变成"四向箭头",拖动鼠标移动到目标位置即可。

也可以通过执行"图片工具"→"格式 | 大小"选项组中"对话框启动器"按钮,在弹出的"设置图片格式"对话框中选择"位置"选项卡,通过设置图片在幻灯片上的"水平位置"和"垂直位置"值来调整位置。

(3)**裁剪图片**:选定目标图片,通过执行"图片工具"→"格式 | 大小 | 裁剪"命令,然后拖动图像边框的 4 条短粗线或粗折线来修正裁剪区域,保留局部图像。裁剪时也可以选择形状来进行裁剪(图 5-19),将原有图片变成心形图片。

图 5-19 按形状裁剪图片

(八) 插入插图

1. 插入形状 形状是一类特殊的图像对象,用形状来突出显示演示文稿的内容,通过执行"插入"→"插图"→"形状"命令,在下拉菜单中选择"线条""矩形""基本形状""箭头总汇""公式形状""流程图""星与旗帜""标注""动作按钮"9 类形状中的任意一种形状,然后在目标位置上拖拽鼠标,即可产生相应的形状。若需修改此形状，则可选中该形状，打开"绘图工具"→"格式"选项卡，对该形状进行编辑、设置形状的大小、颜色、轮廓和效果等操作。

2. 插入 SmartArt 图形　SmartArt 图形本质上是 Office 系列软件内置的一些形状图形的集合，比文本更加有利于理解和记忆。

通过执行"插入"→"插图"→"SmartArt"命令，在弹出的"选择 SmartArt 图形"对话框中选择要插入的 SmartArt 图形即可。PowerPoint 提供了"列表""流程""循环""层次结构""关系""矩阵""棱锥图""图片"等 9 类 SmartArt 图形，每类图形中又包含了多种形式。

幻灯片添加完 SmartArt 图形后，还需要为其添加文本和形状，单击"文本"或者右击形状执行"编辑文字"命令，即可输入文字。也可以执行"SmartArt 工具"→"设计 | 创建图形 | 文本窗格"命令，在弹出的"文本"窗格中输入相应的文字。添加形状时，执行"SmartArt 工具"选项卡下的"设计 | 创建图形 | 添加形状"命令，选择相应的形状命令即可添加。在"设计"选项卡中还可以为 SmartArt 图形设置级别、布局、样式和进行转换操作等。

（九）插入图表

插入图表是将幻灯片中的数据以图表的方式进行表达，从而可以更形象直观地显示和分析数据，突出重点。PowerPoint 中的图表引入的是 Excel 图表，使用时，通过执行"插入"→"插图"→"图表"命令，在弹出的"插入图表"对话框中选择相应的图表类型，单击"确定"即可。

图表插入后，选中图表，会在窗口上出现"图表工具"选项卡，其中包括"设计""格式"两个选项卡，在这两个选项卡中，可以进行设置图表布局、图表样式、编辑数据、更改图表类型等操作。

（十）插入表格和符号

1. 插入表格　在 PowerPoint 中，可以借助"表格"工具来"插入表格"或"绘制表格"。还可以直接插入"Excel 电子表格"。选中表格后，可以通过表格的"设计"选项卡来设置表格的框线、颜色、底纹、样式等内容。

2. 插入符号　一些在键盘上找不到的特殊符号，可以通过执行"插入"→"符号"→"符号"命令来插入，在弹出的"符号"对话框中选择所需的符号，单击即可插入。

3. 插入公式　可以通过"插入"→"符号"→"公式"命令，选择下拉菜单中相应的公式即可。若下拉菜单中没有合适的公式，可以执行"插入新公式"命令，窗口中弹出"公式工具"，在"设计"选项卡中包含了各种组成工具的符号和结构（图 5-20），可以自己编写公式来满足计算需求。

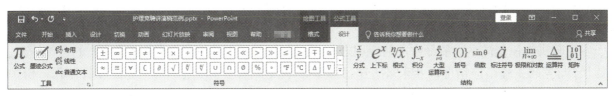

图 5-20　公式工具栏

（十一）插入媒体

在制作演示文稿时，加入声音和视频文件，会给观看者带来与众不同的享受。

1. 音频　通过执行"插入"→"媒体"→"音频"命令，选择"PC 上的音频 | 录制音频"命令，可以插入相应的音频文件。插入音频后，单击生成的音频图标，会显示该音频的播放控制条。此时可以选择"音频工具"→"播放"选项卡，在此选项卡中设置如何开启音频播放、剪辑音频、音量控制等选项（图 5-21）。

2. 视频　通过执行"插入"→"媒体"→"视频"命令，选择"联机视频 | PC 上的视频"命令，可以插入相应的视频文件。插入视频后，单击视频窗口，会显示该视频的播放控制条。此时可以选择"播放"选项卡，在此选项卡中设置如何开启视频播放、剪辑视频、音量控制等选项。

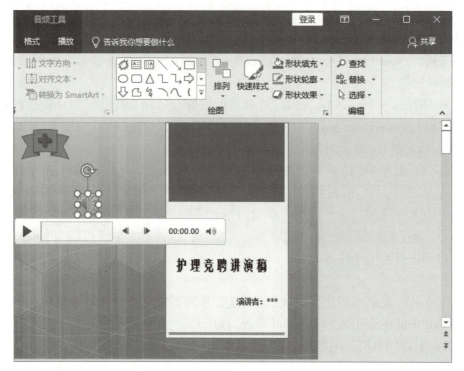

图 5-21　音频设置

插入媒体操作

实践一：制作护理竞聘电子讲演稿

【实践目的】

1. 掌握演示文稿的主题设置。
2. 掌握幻灯片母版设置。
3. 掌握幻灯片版式设置。
4. 掌握幻灯片的对象操作。

【实践内容】

竞聘讲演稿是演示文稿最常用的应用之一，主要是通过幻灯片的形式来描述个人的自然情况、特长、与竞聘工作适应情况以及未来工作目标等。本次实践任务使用 PowerPoint 软件制作一份护理竞聘电子讲演稿样张（图 5-22）。

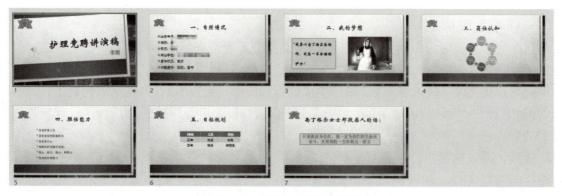

图 5-22　护理竞聘电子讲演稿样张

【实践步骤】

1. 打开 PowerPoint，文件默认建立了一个"演示文稿 1"，单击"文件"→"保存"命令，打开"另存为"对话框，在对话框中输入文件的保存位置和文件名"护理竞聘讲演稿"，保存类型选择"PowerPoint 演示文稿(*.pptx)"，单击"保存"按钮。

在"幻灯片选项区"的"幻灯片"选项卡中，将鼠标定位在幻灯片首页之后，按 6 次键盘上的【Enter】键，会新建立 6 张版式为"标题和内容"的幻灯片（图 5-23）。

2. 执行"设计"→"主题"命令，在下拉列表中选择"主要事件"主题，变化选择"蓝色"，幻灯片大小设置为"宽屏（16:9）"，即可设置当前主题（图 5-24）。

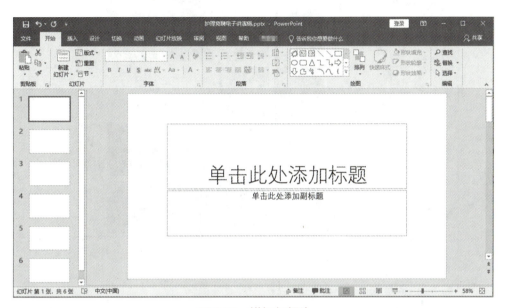

图 5-23　增加幻灯片

图 5-24　设置主题

3. 选定第 6 张幻灯片，执行"设计"→"自定义"→"设置背景格式"命令，在弹出的"设置背景格式"中选择填充标签中的"图片或纹理填充"，单击"纹理"后面的按钮，在下拉列表框中选择"斜纹布"（第 1 行第 3 个）选项（图 5-25），即可设置背景。

4. 执行"视图"→"母版视图"→"幻灯片母版"命令，打开幻灯片母版，选择标题幻灯片版式，执行"插入"→"插图"→"形状"→"星与旗帜"→"带形：上凸"命令，在该幻灯片的左上角适当位置拖动鼠标画出图形，大小为2.4cm×3.9cm，形状样式为"中等效果 - 蓝色，强调颜色2"。执行"插入"→"插图"→"形状"→"公式形状"→"加号"命令，在带形图形中央拖动鼠标画图形，大小为1.4cm×1.4cm，形状填充为标准色红色，形状轮廓为无轮廓，形状效果为"阴影"→"外部"→"偏移：右下"。选择"带形：上凸"和"红十字"两个形状，执行"绘图工具"→"格式"→"排列"→"组合"→"组合"命令，将两个图形进行组合。

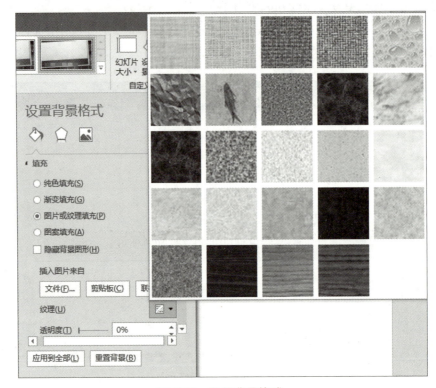

图 5-25　设置背景格式

选中组合的图形进行复制，在"标题和内容"版式左上角处进行粘贴，并调整大小为1.8cm×2.9cm（图5-26）。关闭幻灯片母版视图，幻灯片都会有"红十字"信息标志。

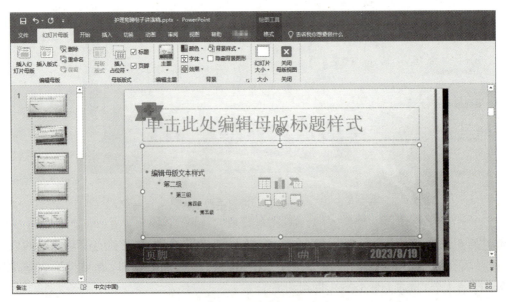

图 5-26　设置母版图形

5. 选择第一张幻灯片，在标题位置输入文本"护理竞聘讲演稿"，设置字体为"华文新魏"，字号大小为"80磅"，加粗，字体颜色为标准色"深蓝"，在副标题位置输入"学生本人姓名"，选中占位符，字号设置"40磅"，加粗，字体颜色为蓝色（RGB 0, 83, 146），选择"字体颜色"→"其他颜色"→"自定义"，设置红色为0，绿色为83，蓝色为146，单击"确定"（图5-27）。选中占位符向下适当调整位置。

6. 选择第2张幻灯片，在标题占位符处输入"一、自然情况"，文本内容居中对齐，字体颜色"黑色"，字体"华文新魏"，字号"48磅"；在内容占位符处，输入多行文本"出生年月：2001年5月1日；性别：男；学历：专科；毕业学校：××护理高等专科学校；身体状况：良好；兴趣爱好：运动、读书"，选择内容占位符，设置字体为"宋体"，字号为"24磅"；打开段落设置对话框，行距设置为1.5倍；选择项目符号，选择带填充效果的钻石型项目符号选项，项目符号的大小为"100%字高"（图5-28）。

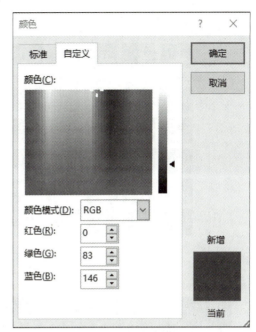

图 5-27　设置颜色模式

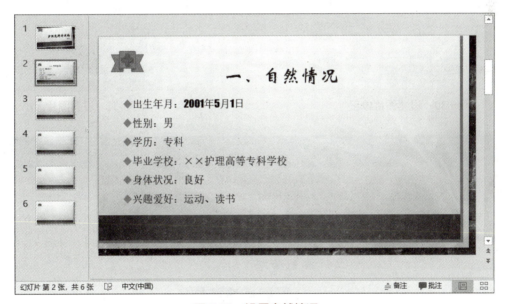

图 5-28　设置自然情况

7. 选择第3张幻灯片，改变版式为"两栏内容"，在标题占位符处输入"二、我的梦想"，文本内容居中对齐，字体颜色"黑色"，字体"华文新魏"，字号"48磅"；在左侧内容占位符处，输入文本"我要以南丁格尔为榜样，成为一名合格的护士！"，选中此占位符，字体设置为"华文行楷"，字号"28磅"，行距设置为"2倍"，将占位符调整至合适大小；打开"绘图工具"→"格式"→"形状样式"，样式设置为"细微效果-橄榄色，强调颜色4"。在右侧内容占位符处，点击插入图片按钮，插入图片"南丁格尔"，选中该图片，点击"格式"→"调整"→"校正"，校正为"亮度：+20% 对比度：0（正常）"（图5-29）。图片样式设置为柔化边缘椭圆（图5-30）。设置图片大小为9cm×12cm，此时要将图片大小对话框打开（图5-31），去掉"锁定纵横比"，再设置图片的宽度和高度。按住【Shift】键，同时选中左右两部分，设置左右两部分为"垂直居中"对齐（图5-32）。

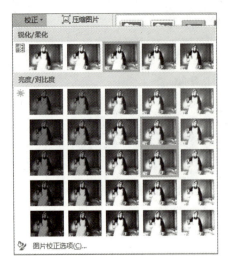

图 5-29　设置图片校正

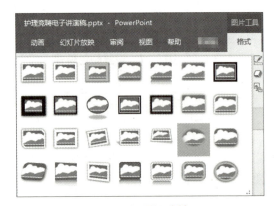

图 5-30　设置图片校正

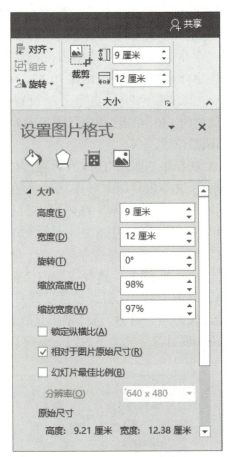

图 5-31　设置图片大小

图 5-32　设置对齐方式

8. 选择第 4 张幻灯片，在标题占位符处输入"三、岗位认知"，文本内容居中对齐，字体颜色"黑色"，字体"华文新魏"，字号"48 磅"；在内容占位符处，分行输入文本"心理素质、专业技术方面的素

质、职业道德方面的素质、身体素质、文化仪表方面的素质、健康教育的义务宣传员",设置字号为"16磅"。选中文本,单击鼠标右键,在弹出的快捷菜单中,选择"转换为SmartArt"→"基本循环"命令,将文字内容转换为SmartArt图形。选中该图形,在"SmartArt工具"选项卡中执行"设计|SmartArt样式|更改颜色|彩色|彩色,彩色范围-个性色5至6"命令,再选择"三维|卡通"(图5-33)。

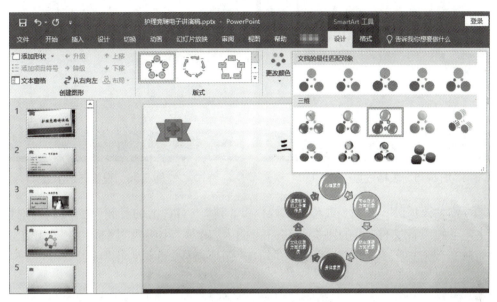

图 5-33　设置 SmartArt 图形

9. 选择第5张幻灯片,在标题占位符处输入"四、胜任能力",文本内容居中对齐,字体颜色"黑色",字体"华文新魏",字号"48磅";在内容占位符处,输入文本"热爱护理工作;具有良好的医德医风;高度责任心;娴熟的护理操作技能;爱心、耐心、细心、同情心;良好的沟通能力"设置文字字号"24磅",1.5倍行距,段前、段后0行。位置为水平自左上角6cm,垂直自左上角6cm(图5-34)。

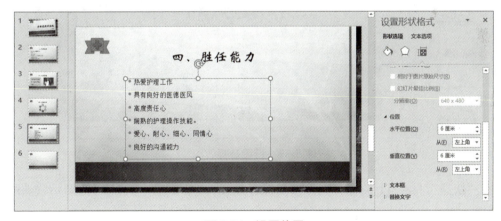

图 5-34　设置位置

10. 选择第6张幻灯片,在标题幻灯片中输入"五、目标规划",文本内容居中对齐,字体颜色"黑色",字体"华文新魏",字号"48磅";插入一个3行3列的表格,表格样式为"中度样式2-强调6",表格的宽度为17cm,高度为4.5cm,表格中输入"第一行:时间、工作、学历;第二行:三年、先进、本科;第三行:五年、标兵、研究生",表格中文字"水平居中垂直居中"对齐,字体为"黑体",字号为"24磅",表格居中(图5-35)。

11. 选择第7张幻灯片,在标题幻灯片中输入"南丁格尔女士那段感人的话:",选择内容占位符删除,插入艺术字"填充-酸橙色,强调文字颜色4,外部阴影-偏移左,硬边缘棱台"效果(位置为倒数第 2 个），输入文字"只要我此身存在，我一定为你们的生命而奋斗，并用我的一生实践这一诺言"，以标点符号为界分三行，字体设置为 32 号字，形状填充选择"细微效果，蓝色，强调颜色 2"，形状效果选择"阴影，透视，右下"（图 5-36）。

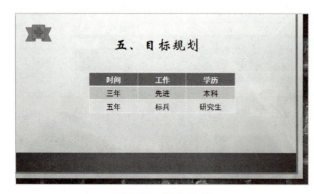

图 5-35　表格设置

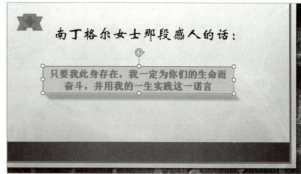

图 5-36　设置艺术字效果

12. 选择第 1 张幻灯片，执行"插入"→"媒体 | 音频"→"PC 上的音频"命令，打开对话框后，找到素材文件夹下的声音文件"爱的协奏曲.mp3"，插入；选择"小喇叭"图标，在"音频工具"选项卡中，执行"播放 | 音频选项 | 跨幻灯片播放"，并勾选"循环播放，直到为止"前的对号（图 5-37）。

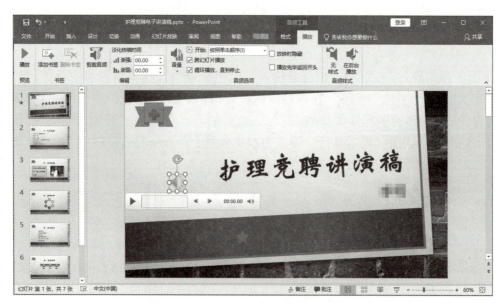

图 5-37　设置音频效果

13. 单击"快速工具栏"上的保存文件按钮保存该文件，按键盘上的【F5】键开始放映幻灯片。

第三节　演示文稿的交互效果和动画设置

情景导入

学生：老师，我们现在的演示文稿是静态的，怎么能让它动起来呢？

老师：我们可以插入动画和切换效果，生动活泼的动画可以增强演示文稿的互动性。

问题 1：如何设置动画和高级动画选项？

问题 2：如何设置幻灯片的切换效果？

一、对象动画设置

（一）动画样式应用

选择要进行动画设置的对象，通过执行"动画"→"动画"命令，在下拉列表框中选择动画模式（图 5-38），单击即可设定动画，被选中对象的动画会自动进行预览。PowerPoint 提供了"进入""退出""强调"和"动作路径"四种模式。如果觉得提供的动画效果不能满足需求，还可以单击下方的"更多"按钮，进入到相应的效果窗口（图 5-39）。

图 5-38　动画模式

图 5-39　更多动画效果

（二）动画效果设置

对于选定的动画模式，可以进一步设置。选定已经设置了动画效果的对象，在"效果选项"上单击，会打开该动画的效果选项（图 5-40），进行方向或序列等的设置。

还可以单击"对话框启动器"，打开该动画的设计窗口，通过更改各个选项卡对对象进行详细的设计：

1. 效果　效果选项卡中可以设置对象动画的水平、垂直方向；增强的声音、播放后的声音、动画文本的发送形式等效果（图 5-41）。

2. 计时　计时选项卡可以设置动画的开始方式选项，包括单击时开始、与上一动画同时、上一动画之后；延迟的秒数；期间设置动画播放的速度；动画重复的次数；播放完快退选项；还可以打开触发器，设置部分单击顺序播放动画、单击下列对象时启动效果（图 5-42）。

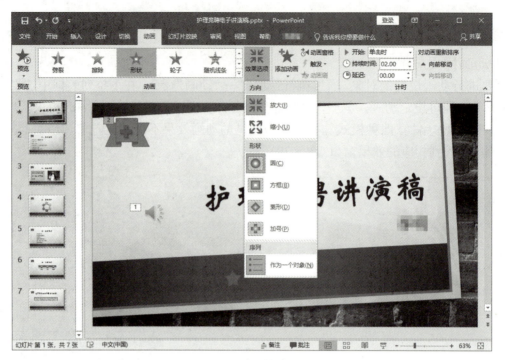

图 5-40　动画效果选项

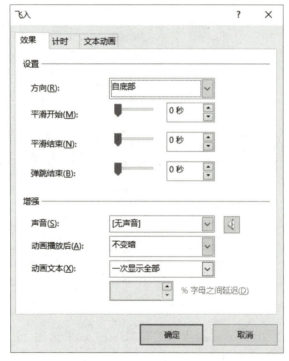

图 5-41　效果选项卡

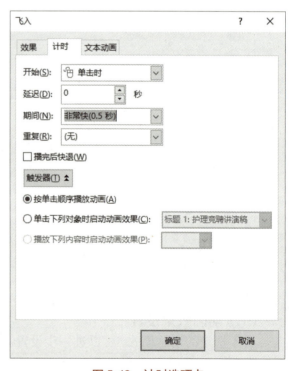

图 5-42　计时选项卡

3. 文本动画　设置组合文本的出现形式（图 5-43）。

（三）高级动画设置

对于动画还可以进行更加详细的设计，要通过"高级动画"选项组来完成。

1. 添加动画　可以对对象再添加一个动画效果，无论这个对象以前是否具有动画效果。选择"动画"→"高级动画"→"添加动画"命令，即可再为此对象添加一个动画效果。

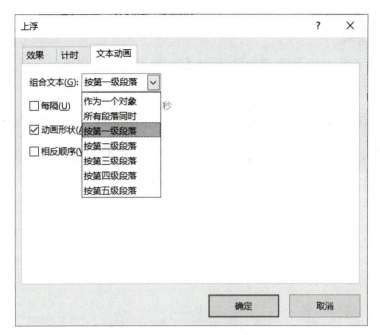

图 5-43　文本动画选项卡

2.动画窗格　动画窗格是将当前幻灯片中所有的动画都以列表的形式进行呈现的窗体,在此窗体中可以清晰显示每个对象设置的动画状态(图 5-44),在此窗格中还可以详细设置动画的各个选项以及调整动画的先后顺序。

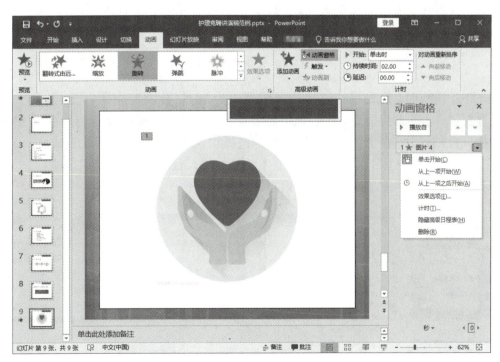

图 5-44　动画窗格

3.触发　通过执行"动画"→"高级动画"→"触发"命令,可以设置动画的特殊开始条件。PowerPoint 提供了"通过单击"和"通过书签"播放动画两种触发模式。

4.动画刷　动画刷可以把一个对象的动画效果复制到另一个对象上生成动画,操作非常简洁方便。

二、幻灯片切换效果

PowerPoint 提供了三类 48 种切换效果（图 5-45），而对于每种切换效果又设计了多种效果选项可供选择（图 5-46）。

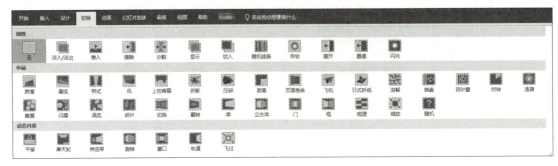

图 5-45　切换效果

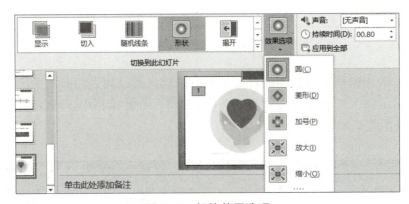

图 5-46　切换效果选项

动画及切换

设置幻灯片切换时，首先将幻灯片的视图更改为"幻灯片浏览视图"，这样看起来更为直观，也更方便设置，然后选中要添加切换效果的幻灯片，执行"切换"→"切换到此幻灯片"命令，在下拉列表框中选择切换方式，设置好切换方式后，在幻灯片上会出现一个带尾巴的小星星图标（图 5-47），还可以在"切换"选项卡中为幻灯片设置切换声音、应用、计时等内容。

图 5-47　切换设置

三、幻灯片链接操作

(一) 创建超链接

超链接是一种基本的超文本标记，在 PowerPoint 中，可以为文本、图形、图像等各种对象创建超链接。

选择要创建超链接的对象，执行"插入"→"链接"→"链接"命令，在弹出的"插入超链接"对话框中设置超链接（图 5-48），可以在"链接到："快速引导窗格中进行快速设置，也可以在"请选择文档中的位置"中设置超链接和屏幕提示信息等。

(二) 编辑超链接

可以在已经设置了超链接的对象上单击鼠标右键，在弹出的快捷菜单中选择"编辑链接"命令，在打开的对话框中编辑超链接。

(三) 删除超链接

可以在超链接上单击鼠标右键，在弹出的快捷菜单中选择"编辑链接"命令，在打开的对话框中单击"删除链接"按钮，即可删除超链接。也可以通过快捷菜单上的"删除链接"命令，完成删除操作。

(四) 动作设置

通过执行"插入"→"链接"→"动作"命令，在"操作设置"对话框中对选中的对象进行动作设置，包括对象的超链接、是否链接到其他程序、增加对象动作，为对象播放声音等选项（图 5-49），并给出了"单击鼠标"和"鼠标移动"两种触发方式。

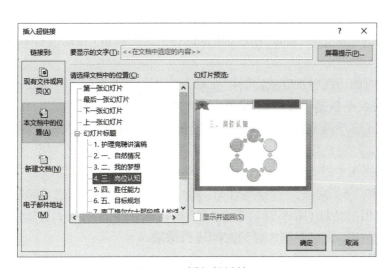

图 5-48　插入超链接

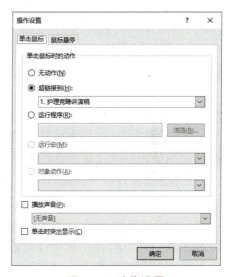

图 5-49　动作设置

第四节　演示文稿的放映与输出

一、演示文稿的放映设置

(一) 放映设置

设置演示文稿的播放环境，主要包括放映类型、放映方式、换片方式、旁白、监视器等内容。

1. **设置幻灯片放映**　通过执行"幻灯片放映"→"设置"→"设置幻灯片放映"按钮命令，打开"设置放映方式"对话框（图 5-50）。

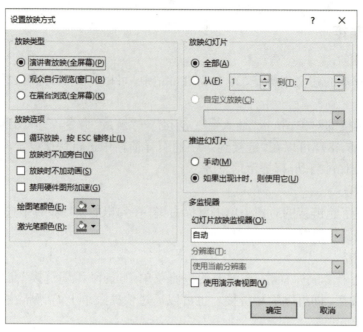

图 5-50　设置放映方式

（1）**放映类型**：是根据放映演示文稿的意图，确定演示文稿的显示方式。PowerPoint 提供了演讲者放映、观众自行浏览、在展台浏览 3 种方式。

（2）**放映选项**：是设置放映时的一些附加选项，是否进行循环放映、放映时是否加旁白和动画、绘图笔颜色、激光笔颜色等。

（3）**放映幻灯片**：是设置幻灯片播放的范围，是"全部"播放，还是选择一部分播放，还是按自定义播放。

（4）**推进幻灯片**：是定义幻灯片播放时的切换触发方式，选择"手动"，则需要单击鼠标进行播放。选择"如果出现计时，则使用它"选项，将自动根据设置的排练时间进行播放。

（5）**多监视器**：如果本地计算机安装了多个监视器，则可通过"多监视器"栏，设置演示文稿放映所使用的监视器以及演讲者视图等信息。

2. **隐藏幻灯片**　"隐藏幻灯片"就是将选中的幻灯片进行隐藏，在播放时不纳入播放范围。

3. **排练计时**　通过执行"幻灯片放映"→"设置"→"排练计时"命令，结束放映时单击"录制"工具栏中的"关闭"按钮，系统将自动弹出对话框（图 5-51），单击"是"按钮保存排练计时。在"幻灯片放映"视图中，使用排练计时进行播放时，将按照排练好的时间进行播放。

4. **录制幻灯片演示**　"录制幻灯片演示"主要是为幻灯片增加旁白，通过执行"幻灯片放映"→"设置"→"录制幻灯片演示"→"从头开始录制"命令，在弹出的"录制幻灯片演示"对话框中，选中"幻灯片和动画计时"复选框，单击"开始录制"按钮（图 5-52），即可在放映视图中录制旁白。当播放时加上旁白，即可得到边播放边解说的效果。

图 5-51　排练计时

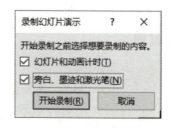

图 5-52　录制旁白

幻灯片放映
设置

(二) 放映幻灯片

演示文稿制作完成后,可以根据需要进行设置,通过放映才能体现出最终的效果。

1. 从头开始 "从头开始"播放方式,是从第一幅幻灯片开始播放演示文稿。

通过执行"幻灯片放映"→"开始放映幻灯片"→"从头开始"命令(图5-53),即可从第一幅幻灯片开始播放演示文稿。

图 5-53　幻灯片放映选项卡

2. 从当前幻灯片开始 如果需要从指定的某幅幻灯片开始播放,则可以使用"从当前幻灯片开始"功能。在使用该功能时,可以先选择指定的幻灯片,然后执行"幻灯片放映"→"开始放映幻灯片"→"从当前幻灯片开始"命令,即可从当前幻灯片播放,或者单击状态栏上的"幻灯片放映"按钮,也可以从当前幻灯片开始播放。

3. 联机演示 是允许其他人在 Web 浏览器中查看幻灯片放映。执行"幻灯片放映"→"开始放映幻灯片"→"联机演示"命令,单击"连接"按钮。

4. 自定义幻灯片放映 根据播放需要,可以通过"自定义幻灯片放映"功能,指定从哪一幅幻灯片开始播放、播放幻灯片的范围等等。

通过执行"幻灯片放映"→"开始放映幻灯片"→"自定义幻灯片放映"→"自定义放映"命令,在弹出的"自定义放映"对话框中,通过"新建"按钮,打开"定义自定义放映"对话框,将需要进行播放的幻灯片"添加"到列表中(图5-54),"确定"之后,即可确定播放范围,单击"放映"按钮即可进行播放。

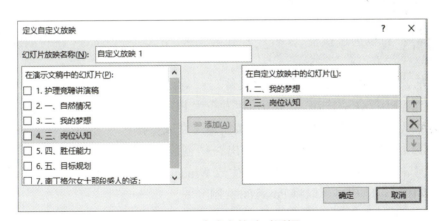

图 5-54　自定义放映对话框

二、演示文稿的输出与打印

(一) 设置幻灯片

在输出幻灯片前,为了达到主题匹配内容,突出显示重点风格的目的,往往需要根据幻灯片的内容要求来设置幻灯片页面的大小、方向、页眉和页脚等操作。

1. 页面设置 通过执行"设计"→"自定义"→"幻灯片大小"命令,在弹出的"幻灯片大小"对话框中设置幻灯片的大小、宽度、高度、幻灯片编号起始值、幻灯片方向等内容(图5-55)。

2. 设置页眉和页脚 通过执行"插入"→"文本"→"页眉和页脚"命令，在"页眉和页脚"对话框中，可以设置幻灯片的日期和时间、是否自动更新时间、语言、幻灯片编号、页脚内容等（图5-56）。

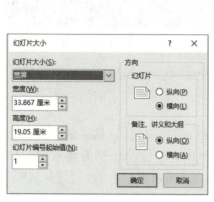

图 5-55　页面设置

图 5-56　设置页眉和页脚

（二）输出演示文稿

可以将 PowerPoint 制作完成的演示文稿以多种形式进行输出。

1. 打印演示文稿 可以通过执行"文件"→"打印"命令，在打开的"打印"窗口中设置好打印机型号、打印范围、打印形式、颜色等，进行打印操作。该窗口还提供了预览功能，以便查看。

2. 保存并发送 PowerPoint 制作完成的演示文稿，还可以通过下列多种形式进行输出或发送。

（1）**使用电子邮件发送**：PowerPoint 与 Microsoft Outlook 软件相结合，可以通过电子邮件发送演示文稿。可以通过执行"文件"→"共享"→"电子邮件"命令，在右侧的小窗口中选择以某种形式进行发送。

（2）**共享幻灯片**：可以通过执行"文件"→"共享"→"与人共享"命令，在右侧的小窗口中选择"保存到云"。

（3）**创建 PDF/XPS 文档**：可以通过执行"文件"→"导出"→"创建 PDF/XPS 文档"命令，单击右侧小窗口中的"创建 PDF/XPS"按钮，在弹出的"发布为 PDF 或 XPS"对话框，填写相应的文件位置、文件名、保存类型以及选项内容，单击"发布"按钮即可完成发布。

（4）**创建视频**：可以通过执行"文件"→"导出"→"创建视频"命令，设置好放映每张幻灯片的秒数，单击右侧小窗口中的"创建视频"按钮即可生成 Windows Media 视频。

（5）**将演示文稿打包成 CD**：可以将 PowerPoint 制作完成的演示文稿打包成光盘内容，并存放到本地磁盘或光盘中。可以通过执行"文件"→"导出"→"将演示文稿打包成 CD"命令，在右侧小窗口中单击"打包成 CD"按钮，在弹出的"打包成 CD"对话框中，可以进行添加或删除幻灯片、设置选项等操作。执行"复制到文件夹"→"复制到 CD"命令，将打包后的光盘存放到计算机磁盘或刻录到光盘中（图5-57）。打包之后，即使机器上没有安装 PowerPoint 软件，也可以播放该演示文稿。

图 5-57　打包成 CD

实践二：制作健康教育培训课件

【实践目的】

1. 掌握动画效果设置。
2. 掌握幻灯片切换效果设置。
3. 掌握表格设置。
4. 掌握幻灯片放映设置。
5. 掌握演示文稿创建视频的方法。

【实践内容】

课件主要由演示文稿制作完成，本次任务是用 PowerPoint 软件制作一份名为"健康教育培训"的课件，并创建"健康教育培训.wmv"视频文件（图 5-58）。

图 5-58　样张

【实践步骤】

1. 打开 PowerPoint 文件默认建立了一个"演示文稿 1"，执行"文件"→"保存"命令，打开"另存为"对话框，在对话框中输入文件的保存位置和文件名"健康教育培训课件"，保存类型选择"PowerPoint 演示文稿"，单击"保存"按钮。

将鼠标定位在幻灯片首页之后，按 7 次键盘上的【Enter】键，会新建 7 张版式为"标题与内容"的幻灯片。

2. 执行"设计"→"主题"命令，在下拉列表中选择"徽章"主题，变体选择"黄色"，执行"设计"→"自定义"→"设置背景格式"→"渐变填充"→"应用到全部"命令，即可设置当前主题（图 5-59）。

3. 选中第 1 张幻灯片，在标题占位符处输入"健康教育培训"，单击占位符边框，选中占位符，并按占位符周围控制按钮，调节占位符大小。在副标题处输入"——中国人群健康教育计划"，楷体，字号"32 磅"。选中第 2 张幻灯片，在标题占位符处输入"一、健康的概念"；在内容占位符中输入"健康是指……心态。"打开素材文件"健康培训文档"，相关的文字内容都在素材文件中，可以使用复制、粘贴命令，依次将文字、表格填充到第 3、5、6、7 张幻灯片中。将 2 到 7 张幻灯片的标题占位符都设置为左对齐，黑体，字号"88 磅"。

健康培训文档

图 5-59　背景格式

4. 选择第 2 张幻灯片内容占位符，设置字号大小为"24 磅"，打开段落对话框，设置行距为 1.5 倍行间距，适当调整占位符大小即可；第 3、7 张幻灯片的设置与第 2 张幻灯片相同设置相同，使用格式刷设置亦可；选择第 4 张幻灯片文字占位符，设置字号大小为"20 磅"，打开段落对话框，设置行距为 1.5 倍行间距，适当调整占位符大小即可；选中第 5 张幻灯片，选中表格，设置文字为"16 磅"，在"表格工具"选项卡中执行"布局 | 表格尺寸"命令，设置表格高度为 13cm，宽度为 25cm，在表格"对齐方式"中设置表格中文字垂直居中（图 5-60）。

四、健康状态

序 号	状 态
1	精力充沛，能从容不迫地应付日常生活和工作的压力而不感到过分紧张。
2	处事乐观，态度积极，乐于承担责任，事无巨细不挑剔。
3	善于休息，睡眠良好。
4	应变能力强，能适应环境的各种变化。
5	能够抵抗一般性感冒和传染病。
6	体重正常，身材均匀，站立时头、肩、臂位置协调。
7	肌肉、皮肤富有弹性，走路轻松有力。
8	即使身体病了内心也会坚强，保持好心情，对生活充满希望。

图 5-60　表格设置

5. 选中第 6 张幻灯片，点击占位符，字号为 10 磅，黑色，左对齐。选中占位符，执行"开始"→"段落"→"转换为 SmartArt"→"其他 SmartArt 图形"→"流程"→"垂直蛇形流程"命令，即可将文字转换为 SmartArt 图形，执行"SmartArt 工具"→"设计 | SmartArt | 更改颜色 | 彩色 - 个性色 5 至 6"命令，在文档的最佳匹配对象中选择"细微效果"即可（图 5-61）。

6. 选定第 3 张幻灯片中文字内容的占位符，执行"动画"→"动画"命令，在下拉列表中选择"进入"选项下的"翻转式由远及近"动画效果。在"效果选项"中选择"作为一个对象"选项。选定第 5 张幻灯片中的表格，执行"动画"→"动画"命令，在下拉列表中选择"进入"选项下的"轮子"动画效果，并打开动画"效果选项"，选择"4 轮幅图案"选项（图 5-62）。

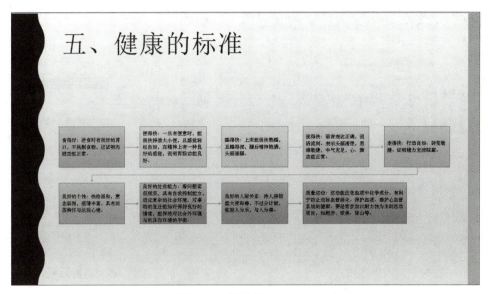

图 5-61　转换为 SmartArt

7. 选择第 4 张幻灯片，"动画"→"动画"→"更多强调效果"命令，在弹出的对话框中选择"细微"→"画笔颜色"动画效果（图 5-63），然后执行"动画"→"动画"→"效果选项"命令，将画笔颜色设为标准色"红色"，将序列设置为"作为一个对象"，开始为"与上一动画同时"（图 5-64）。打开"动画"→"高级动画"→"动画窗格"选项，在右侧弹出的动画窗格中的动画条上单击鼠标右键，选择"效果选项"，在"效果"选项卡的声音中设置"风铃"声音（图 5-65），在"计时"选项卡中设置计时期间为"中速（2 秒）"（图 5-66）。

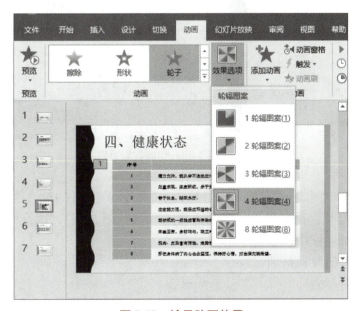

图 5-62　轮子动画效果

图 5-63　画笔颜色动画

8. 选中第 7 张幻灯片，执行"切换"→"切换到此幻灯片"→"华丽型"→"百叶窗"命令，并执行"切换"→"切换到此幻灯片"→"效果选项"命令，选择"垂直"切换效果。

9. 选中第 7 张幻灯片后按【Enter】键，增加第 8 张幻灯片，"幻灯片"→"版式"→"空白"。"插入"→"文本"→"艺术字"，选择 2 行 2 列的"渐变填充：红色，主题 5，映射"样式，将文字改为"希望大家越来越健康"。点选艺术字的边框，"绘图工具"→"格式"→"艺术字样式"→"文本效果"→"转换"→"弯曲"→"V 型：倒"。设置艺术字大小高为 4.5cm，宽为 20cm。

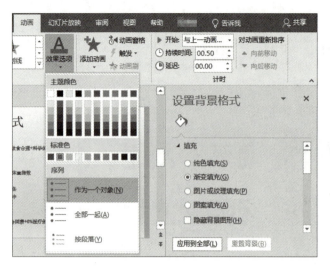

图 5-64　效果选项

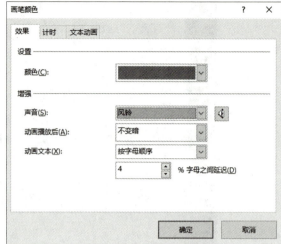

图 5-65　声音效果设置

10. 选择第 8 张幻灯片，执行"切换"→"切换到此幻灯片"→"华丽型"→"涟漪"命令，并执行"切换"→"切换到此幻灯片"→"效果选项"，选择"从右下部"切换效果（图 5-67）。

图 5-66　计时效果设置

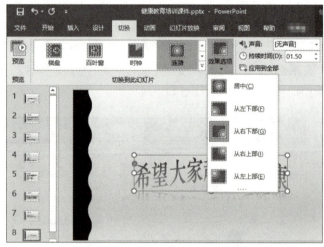

图 5-67　切换效果设置

11. 执行"设计"→"自定义"→"幻灯片大小"→"自定义幻灯片大小"命令，在打开的对话框中设置幻灯片的宽为 26cm，高为 20cm，幻灯片起始编号为 0，单击"确定"即可（图 5-68）。执行"插入"→"文本"→"页眉和页脚"命令，在对话框中设置显示日期和时间，显示幻灯片编号，页脚为"健康教育培训"，在标题幻灯片中不显示，选择"全部应用"（图 5-69）。

12. 选定第 1 张幻灯片中的文字"健康是一种心态。"，执行"插入"→"链接"→"链接"命令，在对话框中选择"本文档中的位置"，在小窗口中选择"六、健康名言"这张幻灯片（图 5-70）。

13. 选择第 7 张幻灯片，执行"插入"→"插图"→"形状"命令，在"动作按钮"中选择"动作按钮：转到主页"按钮插入，在弹出的"动作设置"对话框中设置链接到第 1 张幻灯片（图 5-71）。

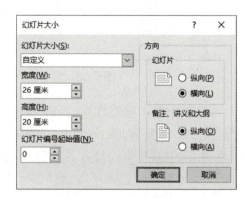

图 5-68　页面设置

图 5-69　页眉和页脚设置

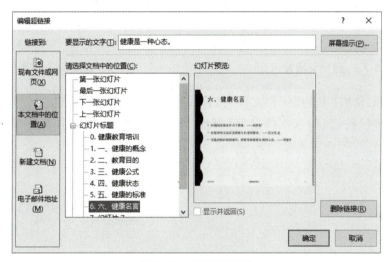

图 5-70　设置超链接

图 5-71　设置动作按钮

14. 执行"幻灯片放映"→"开始放映幻灯片"→"自定义幻灯片放映"命令，打开"自定义放映"对话框，选择"新建"命令，打开"定义自定义放映"对话框，将名称设置为"自定义放映 1"，将幻灯片 1、2、3、4、5 号添加到右侧窗格，单击"确认"（图 5-72）。

执行"幻灯片放映"→"设置"→"设置幻灯片放映"命令，在打开"设置放映方式"对话框中设置放映类型为"观众自行浏览（窗口）"，循环放映，自定义放映 1，使用排练时间（图 5-73）。

图 5-72　自定义放映

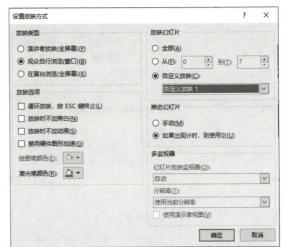

图 5-73　设置放映方式

15. 单击"快速工具栏"上的"保存文件"按钮保存该文件，执行"文件"→"导出"→"创建视频"命令，单击"创建视频"按钮，输入文件名"健康教育培训.mp4"创建视频，找到该视频文件双击即可播放。

（胡树煜）

思考题

动画的设置流程分为几个步骤？

ER 5-10

练习题

第六章 | 医学文献检索基础知识

ER 6-1
教学课件

ER 6-2
思维导图

学习目标

1. 掌握信息、知识、情报、文献及文献检索的基本概念；文献检索的方法与途径。
2. 熟悉文献及文献检索的类型；信息、知识、情报、文献之间的联系。
3. 了解文献检索的意义与作用。
4. 具有获取、分析和加工文献信息的能力。

20世纪中叶以来，随着以计算机为代表的科学技术迅猛发展，人类社会由工业社会步入信息社会，信息采集、传播的速度和规模达到空前水平。各种研究成果不断涌现，导致科技文献数量急剧增长。如何快速获取、分析、加工、利用信息与文献，是每个大学生的必修课。

第一节 概 述

情景导入

护理专业大一学生小张在学习经验交流会上，通过高年级学长了解到，在校期间可以报考全国计算机等级考试。小张也想准备参加该考试，但是对于具体的考试时间、考试大纲、考试内容、参考教材等都不清楚，不知道从哪里获取该考试的权威信息。小张一片茫然。

问题1：如何获取考试信息资源？

问题2：如何选择所需要的信息？

一、基本概念

（一）信息

信息一词源于拉丁词（informatio），是通知、解释或陈述的意思。据我国史料记载，《诗经·郑风·子衿》"纵我不往，子宁不嗣音。""嗣"作"续"解，指连续传寄音信，此为"信息"一词的原型。南唐诗人李中的七律诗《碧云集·暮春怀古人》中"梦断美人沉信息，目穿长路依楼台"，诗中用了"信息"一词，意为消息。"信息"最早脱胎于"嗣音"，后衍化成"音息""音信""音耗"等。1948年，美国数学家、信息论创始人香农在"通讯的数学理论"一文中指出："信息是用来消除随机不定性的东西。"

《中国大百科全书：情报学》对信息的定义是："事物运动状态和运动方式的反映。"信息普遍存在于自然界、人类社会和人们的思维中，是事物现象及其属性标识的集合。不同的事物、不同的运动状态和特征，会出现不同的信息反映。宏观上，信息可以划分为自然信息与社会信息。按应用领域不同，信息又可以划分为工业信息、农业信息、军事信息、政治信息、科技信息、文化信息、经济信息等。从应用领域来看，医学信息是科技信息的重要组成部分，是人们长期同疾病作斗争，保障健康的智慧结晶。从信息表现形式来看，医学信息是指通过观察、实验或借助于其他工具，对健康或疾病状态下人体生理或病理状态特征的认识及其反映。例如，人体脉搏、呼吸、温度以及疾病状态下的各种体征与症状、细胞变化的各种检测数据等都是医学信息。

从狭义上说，信息是用来消除不确定性的东西。从广义上说，有两种认识：一是在本体论层次上，信息泛指一切事物（物质的、精神的）运动的状态和方式，包括事物内部结构状态和方式以及外部联系状态和方式。二是在认识论层次上，信息是关于事物运动状态和方式的反映。从以上两点认识上才可以用来消除人们认识上的不确定性。

信息是人类维持正常活动不可缺少的资源，与物质、能量并立，构成人类社会资源的三大支柱。物质资源提供的是各种各样的材料，能量资源提供的是形形色色的动力，而信息提供的则是知识和智慧。任何知识和智慧都是人类对信息加工的结果。借助信息人类才能获得知识，才能有效地组织各种社会活动。人类认识世界的过程，实际上就是不断地从外界获取信息和加工信息的过程；而人类改造世界的过程，则是把加工外部信息所得到的"主观"信息（表现为方针、政策、计划等）反作用于外部世界的过程。没有信息，就不能认识世界；没有信息，也不能有效地改造世界。信息作为时代前进的先导，引领人们去不断探索未来，获取知识、情报。知识、情报、文献、信息已经成为现代文明的重要标志，成为经济社会的核心要素，成为时代财富的主要来源。

信息是无形的，但又是客观存在的。它可通过文字、语言、符号、声频、视频等表达出来。因此，文字、符号等是信息的重要表现手段，文献是记录知识的物质载体。阅读文献的最终目的在于获取文献上所载的信息。

信息是客观事物的一种属性，具有以下的特征：

1. **客观性**　信息是事物及其运动状态和规律的表征，是客观现实的反映，是客观事物普遍性的一种表征，信息本身的产生和存在都不受人的主观意识而改变，但是它可以被感知、存储、传递和利用。信息的产生、传递、接收，是自然界和人类社会一种普遍的现象。

2. **可识别性**　信息是人类认识世界的基础与前提。信息是可以识别的，它分为直接识别和间接识别。直接识别是指人类可以通过自己的感觉器官直接认识和识别某些信息；间接识别则是指通过各种测试手段的识别，如使用温度计来识别温度、使用试纸来识别酸碱度等。不同的信息源有不同的识别方法。

3. **载体性**　信息既不是物质，也不是能量，信息本身不是实体，没有体积和重量，它存在于客观事物中。在产生和传播过程中，必须借助一定的载体或媒介才能实现。若不借助于媒介载体，人们对于信息是看不见、摸不着的。信息的传递必须借助于语言、文字、声音、图像、胶片、磁盘、声波、电波、光波等物质形式的媒介才能表现出来，被人们所接受，并按照既定目标进行处理和存储。

4. **共享性**　共享性是由客观性决定的。信息共享性的特点，能使信息资源发挥最大的效用。信息作为一种资源，不同个体或群体在同一时间或不同时间可以共同享用，这是信息与物质的显著区别。信息交流与实物交流是有本质区别的，即实物交流，一方有所得，必使另一方有所失；而信息交流不会因一方拥有而使另一方失去，也不会因使用次数的累加而损耗信息的内容。信息通过传递和扩散，能够反复被不同的人使用、共享，信息量不会因传播或者与他人分享而减少。同一信息不仅可以被多个主体同时共有，而且还能够被无限地复制、传递。共享性是信息不同于物质和能量的最重要特征。

5. **传递性**　信息可以跨越时空进行传递。人们能够突破时间和空间的界限，对不同地域、不同时间的信息加以选择，增加利用信息的可能性。但值得注意的是，信息在传递过程中可能会发生变化、丢失。而且这种变化与丢失并不遵守能量守恒定律。所以，人们在听到或看到的可能并不是第一手的资料，这种信息经过不断传递，相比较源信息，很可能已经发生变化。因此，接收信息时，需要增强对信息的甄别意识，提高信息素养。

6. 时效性　时效性是信息的重要特征，是指从发出信息、接收信息到利用信息的时间间隔及效率。信息如果不能反映事物的最新变化状态，它的效用就会降低。即信息一经生成，其反映的内容越新，它的价值越大；时间延长，价值随之减小，一旦信息的内容被人们了解，价值就消失了。信息使用价值还取决于使用者的需求及其对信息的理解、认识和利用的能力。任何有价值的信息都是在特定的条件下起作用的，离开这些条件，信息将会失去其价值。

（二）知识

　　知识是人们在认识世界和改造世界的实践中所获得的认识和经验的总和，是人类感知并加以利用的信息，是通过人的大脑思维重新组合了的系统化的信息集合。

　　人类在实践中会产生一定的认识，这些认识若是正确反映客观事物的现象、本质和规律的，就是知识。因此，知识是人类实践经验的总结，是关于自然界、人类社会、思维现象、事物本质、运行规律的认识和描述。信息是大脑思维的原料，而知识是大脑对大量信息进行加工后形成的产品。知识经过逐步积累、发展提高、系统化，就构成了科学。医学知识是人们在实践中对医学信息的获取、积累、提炼、优化、系统化的结果，是关于人体生命、健康以及疾病现象、本质和规律的认识。

　　知识借助于一定的语言形式，物化成为某种劳动产品的形式，交流和传递给下一代，成为人类共同的精神财富。知识随社会实践、科学技术的发展而发展。经济合作与发展组织在 1996 年《以知识为基础的经济》报告中将知识分为四大类：①知道是什么的知识（know-what），主要是叙述事实方面的知识；②知道为什么的知识（know-why），主要是自然原理和规律方面的知识；③知道怎么做的知识（know-how），主要是指对某些事物的技能和能力；④知道是谁的知识（know-who），涉及谁知道和谁知道如何做某些事的知识。

　　知识作为一种特殊的信息，具有以下几项特征：

1. 意识性　知识是一种观念形态的表征，只有人的大脑才能产生它、识别它、利用它。知识通常以概念、判断、推理、假说、预见等思维形式和范畴体系表现自身的存在。

2. 信息性　信息是产生知识的原料，知识是被人们理解和认识并经大脑重新组织和系列化了的信息，是具有新颖性、独创性的成果，是知识的客观表现形式。

3. 实践性　知识是可以为人们所使用的，社会实践是一切知识产生的基础和检验知识的标准，科学知识对实践有重大指导作用。

4. 继承性　新知识的产生离不开原有知识的深化与发展，知识被记录或被物化为劳动产品，具有可继承性。

5. 渗透性　随着知识门类的增多，各种知识可以相互渗透，形成许多新的知识门类，形成科学知识的网状结构体系。

　　知识在人类社会的发展中起着巨大的作用。知识是文明程度的标志，衡量一个国家、一个民族、一个人文明程度主要看其创造、吸收、掌握和应用知识的能力。知识可以转化为巨大的生产力，人口素质的提高、科学技术的进步、社会经济的发展，都是知识推动的结果。知识是建设精神文明的动力，是科学教育的内容，能促进人类智慧的提高。

（三）情报

情报与信息在英文中为同一个词"information"，但信息的外延比情报广，信息包括情报。情报是人们为一定的目的而搜集的有使用价值的知识或信息。是为特定目的传递的知识或事实，是知识的再激活。是运用一定的媒体（载体），越过空间和时间传递给特定用户，解决科研、生产中的具体问题所需要的特定知识和信息。

情报的属性是情报本身固有的性质，主要表现在以下三个方面：

1. 知识性　知识是人的主观世界对于客观世界的概括和反映。随着人类社会的发展，每日每时都有新的知识产生。人们通过读书、看报、听广播、看电视、参加会议、参观访问等活动，都可以吸收到有用知识。这些经过传递的有用知识，按广义的说法，就是人们所需要的情报。因此，情报的本质是知识，没有一定的知识内容，就不能成为情报。知识性是情报最主要的属性。情报必须具有实质内容，凡是人们需要的各种知识或信息，如事实、数据、图像、信息、消息等，都可以是情报的内容。没有内容的情报是不可能存在的。

2. 传递性　知识成为情报，必须经过传递，知识若不进行传递交流、供人们利用，就不能构成情报。

3. 效用性　效用性是指人们创造、交流、传递情报，其目的在于充分利用，不断提高效用性。情报的效用性表现为启迪思想、开阔眼界、增进知识，改变人们的知识结构，提高人们的认识能力，帮助人们去认识和改造世界。效用性是衡量情报服务工作好坏的重要标志。此外，情报还具有社会性、积累性、与载体的不可分割性以及老化性等特性。

信息化时代情报已渗透到了各行各业中，成为经济、政治、军事、文化、科学技术发展的支撑条件。一些发达国家，比如日本，依靠情报作为富国强民的向导，使其经济得到了高速发展。一些发展中国家依靠情报作为发展本国经济的催化剂。各个部门的领导依靠情报做出正确决策，广大科技工作者不断猎取情报，大大加快了科学技术的发展。今天，情报的概念有了更广泛的含义，情报的作用也显得越来越突出。

（四）文献

文献一词古来有之，它最早见于《论语·八佾》。在朱熹《四书章句集注》中将文献解释为"文，典籍也；献，贤也"。通常人们将知识或信息用一定的符号、文字、图像、音频、视频等记录在一定的物质载体（如骨、石、竹片、锦帛、纸张、胶片、磁带、磁盘、光盘等）上，就形成了所谓的文献。文献是人类物质文明不断发展的产物，是人类精神财富的重要组成部分。

中华人民共和国国家标准 GB/T 3792—2021《信息与文献　资源描述》认为，文献是指包含知识内容和/或艺术内容的有形的或无形的实体，它作为一个单元被构想、制作和/或发行，形成单一书目描述的基础。文献是由四种要素构成的，即知识、符号、载体和记录方式。其中知识是文献的实质内容；文献的内容通过语言、文字、图像、音频、视频、数码等形式表现；载体是文献的外部形态；记录是符号和载体二者的联系物，只有将这四者结合起来才能构成文献。文献是各图书情报机构收藏的主要信息资源之一。狭义的文献定义，通常理解为图书、期刊等各种出版物的总和。

1. 记录内容　记录内容是文献的核心构成要素，也是其价值和功用所在。文献记录的内容为知识，即人类通过实践对客观事物及其运动过程和规律的认识，是被人们理解和认识并经头脑重新组织和系列化的信息。

2. 记录符号　文献中的内容必须借助一定的形式才能表现出来。从其发展历史来看，主要包括语言、文字、图像、音频、视频等。

3. 载体形式 载体是指承载记录信息符号的物质，文献的载体具备可记录性、可阅读性、可保存性和可复制性等功能属性。文献载体大体经历了泥板、纸草、羊皮、蜡版、龟背、石头、竹板、皮革、缣帛等早期载体，到造纸术发明后纸张的出现，再到现代各种新兴文献的发展过程。中国古代文献的载体形式经历了从甲骨、金石到简策、缣帛、纸张的演变，近现代后出现了胶卷、唱片、磁带、软盘、光盘、硬盘、芯片等新的载体形式。

4. 记录手段 将文献符号系统所代表的内容通过特定的记录技术手段和方法将其附着于一定的物理载体材料上。如甲骨文献的刻划、金石文献的铸刻、简策及缣帛文献的书写、纸本文献的雕版印刷和活字印刷，以及近现代文献陆续出现的影印、录音、摄影、录像、扫描、复印和计算机录入、拷贝等。

文献具有存储知识、传递和交流信息的功能，是人们认识客观事物、启发思维、开阔眼界的重要来源。专门记载医学知识的文献称为医学文献，医学文献记载着前人和当代人有关医学的大量实践经验和理论。医学文献古已有之。现知世界最古老的医学文献之一为古埃及写在纸莎草上的史密斯纸草书。我国公认的迄今发现最早的医学文献是马王堆汉墓出土的帛书《五十二病方》。《五十二病方》是一份珍贵的中华传统医学遗产，共记载有 52 种病名，载医方 283 个，药名 254 种，涉及内科、外科、妇科、儿科、五官科等 103 种疾病。

二、信息与知识、情报、文献之间的联系与区别

信息是一种十分广泛的概念，它包含了知识、情报，也包含了文献。信息在自然界、人类社会以及人类思维活动中普遍存在；知识是人的大脑通过思维加工、重新组合的系统化信息的集合。人类不仅要通过信息感知世界，认识和改造世界，而且要将所获得的部分信息升华为知识，可见知识是信息的一部分。情报是对用户有用的知识信息，具有知识性、传递性和效用性的属性。信息可以成为情报，但是一般要经过选择、综合、研究、分析、加工过程，也就是要经过去粗取精，去伪存真，由此及彼，由表及里的提炼过程。在信息的海洋里，变化流动最活跃、被激活了的那一部分就是情报。知识、情报、信息的主要部分被包含在文献之中，文献是用文字、图形、符号、音频、视频等技术手段记录人类知识的一种载体，也是知识和情报的载体。

由上述可见，知识是系统化的信息；文献是记录的知识；情报是传递的知识。它们在一定条件下是可以相互转化的（图 6-1）。

文献检索是根据学习和工作的需要获取文献的过程，是开展科学研究工作的有力武器。事实证明，任何一项知识创新、科学发明或学术成果的诞生，都需要查阅大量文献信息，借鉴和继承前人经验。因此，学会查找并阅读文献，对大学生特别重要，尤其是在当今互联网高速发展的时代。

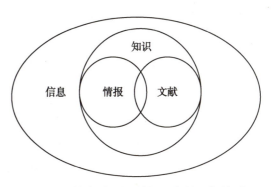

图 6-1 信息、知识、情报及文献四者关系

三、文献检索的意义与作用

随着人类社会的不断进步和科学技术的持续发展，特别是进入信息时代，科学技术以前所未有的速度赋能人类社会。一方面，学科专业化日益明显，传统的学科界限不断被打破，使学科越分越细，新兴学科不断涌现，研究领域越来越专、越来越窄。例如 20 世纪 70 年代，伴随信息科学在医疗卫生行业各个领域的应用和发展产生了一门新的交叉学科——医学信息学；另一方面，学科综合化日益突出，交叉学科、边缘学科、综合性学科层出不穷，不同学科之间交叉渗透、互相配合、共同发展，构成现代科学技术发展的新模式。医学信息学就是信息科学与医学、卫生保健学等科学的

一门交叉学科，包括生物信息学、药物信息学、公共卫生信息学、医学图像信息学等。此外，医学信息本身所包含的领域比较广泛，包括基础医学信息、临床医学信息、医疗卫生保健信息、公共卫生信息等，专业性较强；而医学信息的数据类型、属性、表达方式也较为复杂。因而，面对浩如烟海的文献信息量，尤其是更新迅速的医学信息，人们急需掌握文献信息检索工具的使用方法。那么首先，有必要了解文献检索的意义及其价值。

（一）文献检索有助于知识更新

随着科学技术的飞速发展，知识老化现象不断加重。联合国教科文组织曾经做过一项研究得出结论：信息通信技术带来了人类知识更新速度的加速。在 18 世纪时，知识更新周期为 80~90 年，19 世纪到 20 世纪初，缩短为 30 年，20 世纪 60—70 年代，一般学科的知识更新周期为 5~10 年，而到了 20 世纪 80—90 年代，许多学科的知识更新周期缩短为 5 年，而进入 21 世纪，许多学科的知识更新周期已缩短至 2~3 年。这就是说，现在毕业的大学生，如果不能继续学习和掌握新的知识，那么，再过 3~5 年，他的知识存储量和知识价值就只有 50%。据报道，医学文献的平均半衰期为 3~7.7 年，小于其他学科文献的半衰期。因此，作为医学生，只有终身学习，不断地获取、更新知识，才能不被社会所淘汰。只有快速、准确地获取和利用最新信息，才能适应迅速发展变化的信息时代的要求。

（二）文献检索有助于科学研究

由于科学技术的发展具有连续性和继承性，科技文献中记载着前人的劳动成果，后人可以借鉴，减少重复研究和劳动，提高科研的速度和效率。古今中外一切有成就的科学家，都是在广泛吸收前人和同代人知识的基础上，受到启发而取得成功的。正如牛顿所说："如果我比笛卡尔看得远些，那是因为我站在巨人们的肩上的缘故"。文献检索是研究工作的基础和必要环节，成功的文献检索无疑会节省研究人员的大量时间，使其能用更多的时间和精力进行科学研究。据有关资料显示，科学工作者在从事科研活动中所花的时间为：试验研究占 32.1%，计划与思考占 7.7%，编写报告占 9.3%，查阅文献资料则占到 50.9%。

在当今世界各国综合国力的激烈竞争当中，科学研究水平的高低已经成为影响一个国家综合国力的重要砝码。提高科研效率，加快科研速度，可以使科研课题在国内外竞争中处于有利位置。我国专利法规定，两个以上的申请人分别就同样的发明创造申请专利，专利权授予最先申请的人。显然，如果忽视科研速度，即使科研成果获得了成功，但由于发明失去了时间的新颖性，也会变成无效劳动，给国家和个人带来不必要的损失。

因此，任何人从事某一特定领域的学术活动，或开始做一项新的科研工作，都需要花费大量的时间，对有关文献进行全面的调查研究。医学文献为医学科技研究提供了重要的数据支撑，先进的文献服务载体为信息传播及检索提供了更加方便的渠道，在满足对医学科学发展信息需求的同时，能够时刻关注医学各个领域的最新研究进展和发展前景，为医学研究提供参考和突破口，从而促进医学科技的创新。因而，熟悉文献检索方法，开展有效的文献检索工作，就能大大节省查找文献资料的时间，从而加快科研速度，早出研究成果。只有充分掌握有关信息，掌握文献检索，缩短研究周期，才能避免重复，少走弯路，保证科研的高起点、高水平，获得预期效果，有所创新、有所前进。

（三）文献检索有利于为决策提供科学依据

虽然科技信息本身不能确保决策正确无误，但它是执行决策的基础。一个国家、地区或组织要发展、要提高，需要有准确、可靠和及时的科技信息作依据，才能做出正确决策。事实证明，不仅科技人员需要科技信息，计划、管理、决策部门也同样需要科技信息。要保证医疗机构的正常运行和医疗卫生事业的发展，离不开医学信息与文献的支持。借助于医学信息与文献的获取与借鉴，保证科学地制订计划、组织和协调。在医疗机构及医疗卫生事业运行管理过程中产生的大量数据及其经验，也能为管理人员做出科学化决策提供重要信息与文献保障。

（四）文献检索有助于开阔视野

文献检索可以扩大知识面，借鉴他人之法，指引治学门径，解决研究过程中的疑难问题。医学文献为医疗科研工作者提供全方位的信息服务。通过文献检索，不仅能够较快地获得必需了解和掌握的知识，获得大量的情报信息，而且还能够比较有关文献的异同优劣，明确学术源流，达到正确鉴别、准确选择所需文献资料的目的。医疗科研工作离不开医学文献的支撑，而且要保证文献的针对性、实用性和实效性，从大量的信息资源中筛选、归纳、整理出翔实可靠的信息作为科研依据，并充分挖掘其价值。

第二节　文献的类型

情景导入

护理学院组织大一学生参观中医药文化主题博物馆。同学们在参观到"名医名方"展厅时，博物馆讲解员讲到"知名中医保留下来的问诊手稿记录是珍贵的中医文献"，小张同学思考：问诊手稿记录为什么珍贵？这种文献与图书、报纸等有什么区别呢？

问题 1：文献有哪些类型？

问题 2：不同类型的文献分别有哪些特点？

在传统意义上，图书馆是收藏图书和各种出版物的地方。然而，现在信息保存已经不仅限于图书，许多图书馆把地图、印刷物，或者其他档案和艺术作品保存在各种载体上，如微缩胶片、磁带、录像带等，图书馆通过访问 CD-ROM、订购数据库等来提供文献服务。

文献的类型有很多，并有着各种不同的划分方法。例如按形成年代分，有古代文献、近现代文献、当代文献；按知识内容分，有历史文献、文学文献、哲学文献、科技文献、医学文献等。文献有存储、积累人类社会知识，传递和交流信息，社会教育，文化传承与塑造等功能。

一、按载体形式划分

（一）印刷型文献

印刷型文献是以纸质材料为主要载体，手写、打印、印刷等为记录手段而产生的一种文献信息资源，如图书、期刊等。它是传统的文献形式，其特点是便于直接阅读，符合传统阅读习惯，但存储密度小、占用空间大，不便于管理和长期保存。

（二）缩微型文献

缩微型文献是利用光学技术以缩微照相为主要记录手段，将文字、图形、影像等信息符号记载在感光材料上形成的文献，如缩微胶卷等。其显著特点是存储密度高、容量大、体积小，便于保存和传递，且成本低，便于复制、携带、存储，此外，必须借助专门的外接设备如缩微阅读机或阅读复印机才能阅读。

（三）视听型文献

视听型文献是以磁性材料或者感光材料为存储载体，借助特定的机械设备直接记录声音信息和图像信息所形成的文献，如幻灯片、录像带、唱片、电影片等。这种文献可闻其声，见其形，读者容易理解，便于掌握，有很强的存储能力并能长期保存，还能反复播放和录制。其特点是形象、直观、逼真，但是使用时需要借助特定设备。

（四）电子型文献

电子型文献是以数字代码方式将图、文、声、像等信息存储到磁、光、电介质上，通过计算机或类似设备阅读使用的多类型电子文献。目前电子型文献种类多、数量大、内容丰富，如各种电子图书、电子期刊、联机数据库、网络数据库、网络新闻、光盘数据库等。电子文献的特点是信息存储量大，体积小，易更新，传递信息迅速，可以融文本、图像、声音等多媒体信息于一体，信息表现形式直观，共享性好、易复制，成为当代重要的文献类型。

计算机技术和现代信息存储技术的应用，使文献信息的载体从传统的纸质媒介向光学、磁性媒介发展，文献信息的缩微化、电子化已成为主要发展趋势。

二、按出版形式划分

（一）图书

图书又称为书籍，是有完整定型的装帧形式的出版物。是现代出版物中最普遍的一种。其历史悠久、内容广泛、数量繁多。内容一般比较成熟稳定，是系统掌握各学科知识的基本文献信息资源。图书除了记录有知识信息这一本质特征外，联合国教科文组织规定将篇幅（除封面外）不少于49页的非定期出版物称为图书，以示与期刊等连续出版物的区别。图书一般可分为两大类，一类是供读者阅读的书籍，如教科书、专著、丛书等；另一类是供读者检索参考用的工具书，如书目、索引、手册、辞典、年鉴、图谱、百科全书、指南等。公开出版发行的图书，一般都标注有国际标准书号（ISBN）。从时间上讲，由于图书的编写时间、出版周期较长，具有一定的滞后性，因此所反映的文献信息的新颖性较差。但对于要获取某一专题较全面、系统的文献，参阅图书是行之有效的方法。

（二）期刊

期刊是指采用同一名称，定期长期出版的汇集多个著者论文的连续出版物。中华人民共和国国家新闻出版署 2005 年 12 月 1 日施行的"期刊出版管理规定"第二条指出，期刊是指有固定名称，用卷、期或者年、季、月顺序编号，按照一定周期出版的成册连续出版物。

与图书相比，期刊具有出版周期短、报道速度快、内容新颖、信息量大、种类多等特点，期刊所揭示的内容具有较强的专题性，针对某一具体问题的某一个方面进行阐述，可及时反映新进展，是人们进行科学研究、交流学术思想经常利用的文献信息资源。所以，期刊论文是科研人员的主要信息源。它的唯一性是国际标准刊号（ISSN）。

（三）报纸

报纸是指每期版式相同的一种定期连续出版物。它的出版周期更短，信息传递更及时。报纸通常散页印刷，不装订，没有封面，有固定的名称。多数每日出版，也有隔日或每周出版的。随着现代社会生活的发展和读者信息需求的多样化，除了以传播新闻和评论为主的报纸外，还有以传播知识、提供娱乐或生活服务为内容的报纸。

（四）特种文献

特种文献是出版发行和获取途径都比较特殊的一类科技文献。特种文献一般包括会议文献、科技报告、专利文献、学位论文、标准文献、科技档案、政府出版物、产品样本、病案资料等。特种文献特色鲜明、内容广泛、数量庞大、参考价值高，是非常重要的信息源。特种文献反映的有许多涉及了最新的研究和技术以及国家的法规、标准等信息，是医学信息检索的重要信息源。

三、按级别形式划分

（一）零次文献

零次文献指未经正式公开发表的或未形成正规载体的一种文献形式。知识被记载于非正式载体或出版物上，没有经过人为加工与整理，处于知识记载的一种初始状态，也指口头传承的知识形式。书信、手稿、个人通信、新闻稿、工程图样、考察记录、实验报告、医生个人处方、调查稿、原始统计数字、技术档案等都属于零次文献。此类文献与一次文献的主要区别在于其记载的方式、内容的价值以及加工深度有所不同。其主要特点是内容新颖，但不成熟，不公开交流，不易收集。

（二）一次文献

一次文献又称原始文献，它是科研人员原创、首次公开发表的记载研究成果的信息资源，是获取文献信息的主要来源，如期刊论文、学术论文、学位论文、科技报告、会议论文、专利说明书、技术标准等。一次文献是最基本的文献类型，也是产生二、三次文献的基础，是文献检索和利用的主要对象。其特点为：内容新颖丰富，叙述具体详尽，参考价值大，但数量庞大、分散。

（三）二次文献

二次文献是对一次文献进行收集、加工、整理、提炼和压缩之后，使之有序化所得到的产物，是为了便于管理和利用一次文献而编辑、出版和累积起来的工具性文献，是报道和查找一次文献线索的工具。它主要包括目录、索引、文摘和题录四种类型。二次文献以不同的深度揭示一次文献，其主要功能是检索、通报、控制一次文献，帮助人们在较短时间内获得较多的文献信息，它不会改变一次文献的原有内容。数据库是典型的二次文献（图6-2）。

图 6-2　二次文献

（四）三次文献

三次文献是指对有关的一次文献和二次文献进行广泛深入的分析研究综合概括而成的具有较高实用价值的综述性文献资源。其特点为：在内容上具有综合性，在功效上具有参考性。

三次文献主要包括三种类型：

1. **综述研究类**　如综述、专题述评、总结报告、信息预测、未来展望等。

2. **参考工具类**　如年鉴、手册、百科全书、词典、大全等。例如查找医学名词译名可使用《英汉医学词汇》等工具书。

3. **文献指南类**　如专科文献指南、索引与文献服务目录、书目之书目、工具书目录等。

第三节 文献检索的方法、途径和步骤

情景导入

　　小张是高职院校毕业的护士，工作勤勉，在临床护理工作中有机会参与了一个护理专题科研项目，她既高兴又困惑，因为她从未接触过科研，感到科研是一件遥不可及的事，不知如何着手？

　　问题 1：如何检索文献？

　　问题 2：文献检索有几种渠道？

一、文献检索的概念

　　文献检索起源于图书馆的参考咨询和文摘工作，文献检索经历手工检索、计算机检索和网络化、智能化检索等多个发展阶段。21 世纪由于信息技术的快速发展，文献检索已实现了广泛性共享。文献检索是以文献为对象的查找过程。狭义的文献检索即指文献查询，用户根据需要，采用一定的方法，借助于检索工具，从文献集合中找出所需文献的查找过程。广义的文献检索包括存储和检索两个过程。是将文献按一定的方式进行加工、整理、组织和存储起来，再根据用户特定需要将相关信息准确地查找出来的过程。

（一）文献的存储

　　文献存储主要是指专业工作人员将大量无序、分散的文献收集起来，对文献进行标引，形成文献的外表特征（标题、著者、来源等）和内容特征标识（主题词、分类号等）。经过整理、分类、标引、编排，使之有序化和系统化，而成为具有查询功能的检索工具的过程。存储的目的是方便检索。

（二）文献的检索

　　文献检索是利用已编排好的检索工具，根据读者的需求，确定检索概念及范围，然后选择一定的检索语言，将检索概念转换成检索特征标识，到文献检索系统中查找到文献线索，最后通过逐篇筛选确定需要进一步阅读的文献。存储和检索二者是相辅相成的，存储是为了检索，而检索又必须先进行存储。

　　为了保证存储与检索所依据的规则达到一致，文献存储与检索必须共同遵循文献检索语言，工作人员和检索者用同一种检索语言来标引要存入的文献特征和要查找的检索提问，从而使文献的存储过程与检索过程具备了相符性。

二、文献检索的类型

　　文献检索的对象是查找某一课题、某一著者、某一事物等的有关文献，以及这些文献的出处。文献检索主要是通过各种文献检索工具来实现的。根据检索对象的不同，文献检索的类型包括：

（一）文献检索

　　文献检索是以文献为检索对象，从已存储的文献集合中查找出特定文献的过程，如检索"高血压病人的饮食护理"的文献。其特点是：相关性检索。根据检出内容，文献检索可分为书目信息检索和全文信息检索。书目信息检索以检出文献线索和摘要为主，为读者提供文献的简要信息，获取全文的线索。全文信息检索以文献的全文信息为主，全文信息的阅读为读者提供详细的信息，为研究提供参考和借鉴。完成文献检索主要借助于各种检索工具和文献数据库。

（二）事实检索

　　以事实为检索对象，查找某一事物发生的时间、地点及过程等。如我国医药卫生事业发展的状

况、医学界知名人士的传记、各种医学术语等。其特点是：确定性检索。事实信息检索一般借助于手册、词典、指南、年鉴等参考工具书和事实型数据库完成。

（三）数据检索

数据检索也称数值检索，是以数据为检索对象的一种检索，包括数值、公式、图表、化学结构式等。如查找科学技术参数、统计数字、财政信息数据、市场行情数据等。数据检索的对象是文献信息的高度浓缩物，它或来自于文献，或直接来自实验、观测和调查。其特点是：确定性检索。这类信息通常通过手册、指南等参考工具书和数值型数据库获得。

事实检索和数据检索是从文献中提取出来的各种事实、数据为检索对象的一种确定性检索，即是指系统直接提供用户所需要的确切事实或数据，检索的结果要么是有，要么是无；要么是对，要么是错。文献检索和事实检索、数据检索虽检索对象不同，但其原理和方法并没有本质上的区别，它们之间是密切相关的。在实际工作中，文献检索是最基本和最重要的检索类型。

随着互联网的出现和发展，文献检索又细分出文本检索和音频与视频检索。文本检索与图像检索、声音检索等都是文献信息检索的一部分，是指根据文本内容，如关键词、语义等对文本集合进行检索、分类、过滤等。而音频与视频检索是基于内容检索对描述媒体对象内容的各种特征进行检索，它能从数据库中查找到具有指定特征或含有特定内容的音频、图像（包括视频片段）。它区别于传统的基于关键字的检索手段，融合了图像理解、模式识别等技术。

三、文献检索方法

在德国柏林大学图书馆的大门上镌刻着这样一句话："这里是人类的知识宝库，如果你掌握了它的钥匙，那么全部知识都是你的。"这把钥匙就是文献检索方法。

为实现信息检索计划或方案所提出的检索目的，依照一定的顺序，从不同的角度查找课题所需文献信息资料而采取的具体操作方法或手段总称为检索方法。在当今信息时代，文献信息量骤增，文献信息检索工具甚多，人们若要达到快、全、准的目的来查寻自己所需的信息资源，就必须掌握一套文献信息检索方法，特别是医学信息，具体选用什么样的方法，还要受客观情况和条件的限制。因此，在查找文献信息时，必须掌握特定的检索方法，以便迅速、准确、全面地查找所需的文献信息。归纳起来，文献检索方法主要有以下四种：

（一）检索工具法

检索工具法是指借助于数据库、搜索引擎、工具书等检索工具来获取所需文献的一种检索方法。这种方法检出的文献信息比较全面、系统。检索工具法是文献检索中最常用的方法。检索工具法的有效运用需要具有一定的检索知识与技能，在运用时需要注意检索工具的选择、检索策略的制定与调整等具体问题。

从检索时间选取上，检索工具法又可以划分为顺查法（以检索课题起始年代为起点，按时间顺序由远及近、从旧到新查找文献）、倒查法（根据课题需要由近及远、由现在到过去、从新到旧逐年回溯查找文献）、抽查法（针对某学科发展特点和发展阶段，抽出学科发展迅速、发表文献较多的一段时间，有重点地逐一进行检索）。现今，计算机检索系统的检索功能大大增强，不断推出适应用户多元需求的检索方法，如用户可通过选择检索结果的排序顺序即可实现顺查或倒查；选择检索时间段实现抽查；通过限定文献类型、学科范围等不同条件筛查文献。

（二）直接法

通过定期或不定期浏览新近出版的期刊、专著等文献来了解最新信息的方法。这种方法可以明确判定所查的文献信息是否具有针对性和实用性。由于时间有限，直接法需要注意选取浏览对象的范围和质量，且有一定的偶然性，此法适于平时的学习积累。

（三）引文法

引文法又称追溯法，是一种跟踪查找文献信息的方法。从已有文献出发，以其后所附参考文献为线索，去追溯、查找相关文献信息的方法。与直接法相比，此法从时间上来看，获取的信息越来越旧；与检索工具法相比，此法获取的信息受作者的影响，具有一定的主观性，且不全面、系统，但其优势在于对某些问题的追根溯源，能够了解经典文献，追踪科研发展轨迹。目前，不但在引文数据库中用户可以使用此方法，在很多全文数据库中也具有引文追踪功能。如中国知网提供引文网络功能，用户可以通过参考文献、引证文献、共引文献、同被引文献等多种角度了解文献间引用与被引用的复杂关系。

（四）循环法

循环法又称分段法、交替法，是综合运用前述检索工具法和引文法以获取文献信息。在检索文献时，先利用检索工具查出一批相关文献，然后通过筛选，选择与课题相关性较强的文献，再按其后所附的参考文献进行追溯查找，两种方法分期分段交替使用，直到满足用户需求为止。在学习和科研活动中，需要用户根据实际需求灵活选择适当的检索方法，才能获得满意的结果。

四、文献检索语言

检索语言是在文献检索领域中用来描述文献特征和表达信息检索提问的一种专用语言。能够唯一地表达各种概括文献信息内容的概念，能够显示概念之间的相互关系，并便于进行系统排列，便于将标引语言和检索用语进行相符性比较的人工语言。

（一）规范化语言和非规范化语言

文献检索语言可分成规范化语言和非规范化语言两种。规范化语言也叫受控语言，是对信息检索用语的概念加以人工控制和规范，对同义词、多义词、近义词等进行规范化处理，用同一个词表达一个或几个相关的概念，如主题词等。例如美国"医学主题词表"（Medical Subject Headings，MeSH）和我国"中国中医药学主题词表"都是规范化的检索语言。非规范化语言也叫自然语言，对同义词、多义词、近义词等不加处理，如关键词等。

（二）描述文献外部特征的信息检索语言和描述文献内容特征的信息检索语言

文献信息的特征可分为外部特征和内容特征。文献信息的外部特征包括题名、作者、出版者及某些特种文献自身的特征标识，如专利号、标准号等，适宜查对文献；文献信息的内容特征，指的是文献所论述的主题、观点、结论及文献内容所属的学科范围等，通常使用主题词、关键词或分类号等形式来表达文献的主题概念，揭示文献的内容特征，并建立严格有序的排检序列，为检索者提供重要的检索途径，适宜查寻文献。文献信息的内容特征是医学文献检索中的主要检索途径。

五、文献检索途径

（一）依据文献外部特征的检索途径

描述文献外部特征的检索途径有：题名、著者姓名和文献序号等。

1. 题名检索途径　以书名、刊名或文章的题名（篇名）作为检索标识，通过书名目录、题名索引、刊名索引、篇名索引或数据库名称索引来查找文献信息的一种检索途径。这种检索途径一般是按照字顺排列的。在使用题名检索途径时，必须掌握文献信息的具体名称或文献题名中的主要部分，才能准确地查找到所需要的特定义献信息。题名检索途径一般较多用于查找图书、期刊、单篇文献。

2. 著者检索途径　以文献信息上署名的著者、译者、编者的姓名或团体名称作为检索标识，利用著者索引或机构索引来查找文献信息的途径。包括个人著者、团体著者、专利发明人、专利权人和学术会议主办单位等。通过著者检索途径，可以查找某一学科领域的知名学者、专家的论著，系统地掌握他们研究发展的脉络及其成果；也可以查找到同一著者所著内容相同或相近的文献信息，便于发现和了解同行专家的研究进展。这是其他检索途径难以取代的独特功能。

3. 序号检索途径 以文献的各种代码、数字为检索标识，利用各种序号索引查找文献信息的途径。如科技报告的报告号、专利说明书的专利号、技术标准的标准号、图书的国际标准书号（ISBN）、期刊的国际标准刊号（ISSN）等，它们都按代码字顺或数字的次序由小到大排列。序号索引具有明确、简短和唯一的特点。

以文献的外部特征进行检索的最大优点是它的排列与检索都以字顺或数字为依据，不易错检、漏检，可以直接判断该文献是否存在。

（二）依据文献内容特征的检索途径

1. 分类检索途径 根据文献信息的主题内容所属学科分类体系的类目、分类号及分类索引进行信息检索的途径。分类体系的主要优点是根据科学分类的逻辑规律并结合文献类别特点进行分类，分类检索途径的优点是从学科概念的上下、左右关系来反映事物的派生、隶属、平行关系，体现了学科的系统性和科学分类的逻辑规律，有利于从学科体系的角度查找较系统的文献线索。例如，我国古代文献使用最为广泛的"经史子集"分类方法，当代使用最普遍的"中国图书馆分类法"。"中国图书馆分类法"根据现代学科特点将文献分为五大部类，22个基本大类，每一个大类以一个拼音字母代表，大类下再根据学科分成不同级别小类（若干数字来表现），数字位数越多，代表类型更为专指。比如R指医药卫生，R2指中国医学，R24指中医临床学，R245指针灸学、针灸疗法。其中，R2、R24、R245称为分类号、类号；中国医学、中医临床学、针灸学则称为分类词、类词或分类名。此外，分类号还能看到"R2-51"，其中"-51"指的是复分号，指代专类，意为丛书、汇编，因此"R2-51"指中医丛书，"R-61"则指医学辞典。

2. 主题检索途径 以文献涉及的主题概念词为检索入口，通过描述文献内容特征的主题索引来查找文献信息的检索途径。通过主题途径检索文献信息时，关键是要学会利用主题词表选准主题词，然后按主题词字顺在主题索引或主题系统中找到该主题词，组配相关联的副主题词，从而获得所需文献信息。

主题词是指能够表征文献内容主题特征的、经过规范化处理的名词术语，属于人工语言。副主题词则是对主题词起定性、修饰或限定的作用。如查找有关"肾损伤的护理"方面的文献，该课题的主题词和副主题词是"肾损伤"和"护理"。主题词表是标引人员和检索人员的共同依据，各种检索工具都有各自的主题词表，并通过参照关系做规范化处理，使同义词、近义词的主题词与非主题词在主题词表中都一目了然。目前国内最常用的医学主题词表是"医学主题词表""中国中医药学主题词表"等。

主题检索途径的最大优点是概念准确、全面、专指度高，能将分散在各学科领域里的有关某课题中同一主题词集中在一起，较好地满足特性检索的要求，突破了分类检索途径的严格框架限制，适合现代科学发展。值得注意的是，在一些文献检索数据库中，例如中国知网有"主题"检索字段，"主题"并不是这里所指的"主题词"，而是多个字段的联合检索，是在篇名、关键词、摘要3个字段中联合查找内容。

3. 关键词检索途径 以关键词作为检索标识，通过关键词索引查找文献信息的一种途径。所谓关键词就是直接从文献题名、摘要和正文中挑选出来的具有实质性意义的，并能表达文献主题内容的词。如篇名为"前交叉韧带损伤的研究进展"的为学术文献，"膝""前交叉韧带""损伤"三个词能表达该文献的主要含义，可作为关键词。关键词的主要特征是未经过规范化处理，也不受主题词表控制，属于自然语言。检索时，只要根据课题要求选择关键词（包括同义词、近义词、同形异义词等），按字顺在关键词索引中找到该关键词。关键词检索带有作者用词特点，随意性大，单独使用容易造成漏检。

4. 引文检索途径 一般来讲，文献多数附有参考资料或引用文献。利用引文编制的索引系统，称为引文索引系统。引文途径，即从被引文献检索引用文献的一种途径，如国外主要的引文检索有美国的"科学引文索引（SCI）"等，国内的典型实例——南京大学社会科学评价中心编制的"中文社会科学引文索引（CSSCI）"，中国知网的"中国引文数据库"都提供了引文途径。

5. 其他检索途径 指如药品名称索引、化学物质索引、化学分子式索引、时序途径、地区途径及专业名词等起辅助作用的检索途径。这些索引对于某些专业性的文献信息具有特殊的作用。

知识拓展

参考文献及其著录规则

参考文献是作者为撰写或编辑论著而引用的有关文献资料，类型通常有图书、期刊、学位论文、报纸等，也包括数据库、电子公告等电子资源。参考文献是作者参阅、借鉴和利用他人成果的佐证，其引用反映了科学研究的发展脉络，体现了科学研究的继承性与连续性，不仅为论著提供文献依据，也体现了对他人劳动成果的尊重。参考文献引用有着严格的格式规范及要求，相关内容可以查阅 2015 年实施的国家标准《信息与文献 参考文献著录规则》（GB/T 7714—2015）。

六、常用的文献检索技术

（一）布尔逻辑检索

布尔逻辑检索是文献检索中最常用的一种检索技术。布尔逻辑检索就是用布尔逻辑运算符来表达检索词之间的逻辑关系。基本的布尔逻辑运算符有：AND、OR、NOT，分别表示逻辑与、逻辑或、逻辑非 3 种逻辑运算关系。凡符合逻辑组配所规定条件的为命中文献，否则为非命中文献。

1. 逻辑与（AND） 逻辑与，或称逻辑乘，检索式为 A AND B 或者是 A*B，表示要求检出的文献中既含有检索词 A，又含有检索词 B。代表一种交叉和限定关系，其作用是缩小检索范围，提高查准率。例如想查找有关心血管疾病与糖尿病关联的文献，则可使用检索式"心血管疾病 AND 糖尿病"，检索结果为同时包括有心血管疾病与糖尿病两个关键词的文献。

2. 逻辑或（OR） 逻辑或，或称逻辑和，检索式为 A OR B 或者是 A＋B，表示要求检出的文献中含有检索词 A，或含有检索词 B，或同时含有检索词 A 和检索词 B。所代表的是一种并列关系，其作用是扩大检索范围，增加命中文献数，提高查全率。例如想查找关于心脏病或高血压的文献，则可使用检索式"心脏病 OR 高血压"，检索结果为包含有心脏病关键词，或者高血压关键词，或者同时包括有心脏病与高血压两个关键词的文献。

3. 逻辑非（NOT） 检索式为 A NOT B 或者是 A-B，表示要求检出的文献中含有检索词 A 且不含有检索词 B。所表示的是一种排斥关系，其作用是缩小检索范围。例如想查找乙型肝炎但不包括儿童的文献，则可使用检索式"乙型肝炎 NOT 儿童"，检索结果为包含乙型肝炎关键词的文献，但又筛除包含有儿童关键词的那部分文献。有助于精准查找所需信息。

4. 运算符的优先级 对于一个包含了多个布尔运算符的逻辑检索式，如果没有括号的情况下，默认是 NOT 优先、AND 其次、OR 最后；如果有括号时，先执行括号内的运算；有多层括号时，先执行最内层括号中的运算，再逐层向外进行。

（二）截词检索

把检索词截断，取其中的一部分，再加上截词符号以其输入检索，凡是包含这些词片段的文献均被检索出来。主要用于检索词词性的词尾变化、词根相同的一类词等。

截词检索按截断字符数量的不同划分为有限截词与无限截词。其中，截词符号"?"常用于有限截词，"?"为 1 个字符，加几个"?"代表词干前 / 中 / 后可添加几个字符。截词符号"*"常用于无限截词，即不限制被截断的字符数。例如"急性 * 肝炎"，可检出"急性乙型病毒性肝炎""急性黄疸型肝炎""急性肝炎"等。

截词检索按截断的位置不同划分为：①前截词，后方一致。如：*computer 可表示 minicomputer，microcomputer 等；②后截词，前方一致。如：cardi* 可表示 cardiac, cardiomyopathy, cardiographs 等；③中截词，前后一致。如 e*ology 可表示 ecology, embryology, epidemiology 等。截词检索可以对同一概念检索词的不同词尾变化、单复数、词根相同的同一类词以及同一词的拼法变异等进行检索，提高检索结果的查全率。截词检索作为扩大检索范围的手段，一定要合理使用，否则会造成误检。

七、文献检索步骤与策略

文献检索的步骤就是通过一定的检索手段查找文献信息的程序。这个程序是由多个环节组成的，每个环节之间都存在着必然的内在联系。在文献检索的实践中，人们总结出了文献检索的基本程序，对于不同的检索课题，采取不同的方法和步骤，并因检索课题、检索者、馆藏或数据库情况而定。一般应采用如下的步骤：

（一）分析课题，明确检索要求

分析研究课题是检索工作开始的重要步骤。在检索文献信息之前，首先要弄清楚检索课题的要求及检索目的，了解检索课题的意义和作用，弄清楚检索课题概念的内涵和外延等。对检索课题进行认真分析后，确定检索的学科范围、文献类型、检索年限、语种，要求检出的文献的数量、输出方式等。

能否正确分析检索课题，决定着检索效率的高低。主题分析应立足于文献检索，分析选定有实际意义的主题概念，尽可能保证全面性、专指性，最大限度地满足查全和查准的要求，如"出血性溃疡"含有"胃溃疡，消化性溃疡出血"等主题概念。通过对课题主题的逐步分析，得出并选定不同的主题概念，然后将其转换为词表中的主题词。

（二）选择合适的数据库

着重考虑所选数据库是否包含与文献需求相一致的较为丰富的文献，是否具备学科专业对口、覆盖文献面广、报道及时、揭示文献内容准确、有一定深度并检索功能完善等特点。要了解检索工具 / 数据库的学科专业范围及各种性能参数，检索工具 / 数据库的类型是否满足检索需要，学科专业范围是否与检索课题的学科专业相吻合，收录的文献类型、文献存储年限、更新周期是否符合检索需求，描述文献的质量如何，是否按标准化著录，提供的检索入口是否与检索课题的已知线索相对应等。

（三）选择检索途径、确定检索词

具体选用文献内容特征还是文献外表特征检索途径，需从课题对文献本身的特定要求和检索工具来确定。确定检索途径，选定检索词，将检索课题中包含的各个要素——课题中具有检索意义的语词，包括所属的学科、类型、主题词和关键词以及时间范围等及检索要求转换成检索工具或数据库中允许使用的检索标识。即用所选定的检索工具或数据库的词表（如主题词表、分类表）把检索提问的主题概念表达出来，形成主题词或分类号等，也可以是关键词、姓名、文献题名等。当检索课题内容涉及面广，文献需求范围宽，泛指性较强时，宜选用分类检索途径；当课题内容较窄，文献需求专指性较强时，宜选用主题检索；当选定的检索系统提供的检索途径较多时，应综合应用，互相补充，避免单一途径不足造成漏检。

（四）编写检索表达式

检索表达式是检索策略的具体表述，它使用布尔逻辑运算符和其他符号等将检索词连接起来，正确表达它们之间的关系，构成机器可识别和执行的命令形式。不同的数据库会采用不同的符号或文字来描述词与词之间的组配关系。检索策略的好坏与检索式的建立、检索途径的选择、检索词的选用和检索之间逻辑关系直接关联，还与检索人员的语言学功力，专业知识水平，对事物的认知能力有密切关联。

（五）获取文献线索

检索策略的实施，就是提交已完成的检索表达式，计算机使用数据库认可的检索指令进行数据检索并输出检索结果。

（六）调整检索策略

用户对数据库输出的检索结果进行浏览和评估，在一般情况下，前几次检索是尝试检索，如果尝试检索的结果令人满意，可进行正式检索。否则仔细分析原因，修改调整检索策略，调整检索策略方法主要包括修改检索表达式，调整检索词，重新选择数据库等。

（徐红梅）

思考题

1. 简述文献检索的基本原理？
2. 简述信息、知识、情报和文献之间的关系。

ER 6-3

练习题

第七章 | 医学信息资源检索

ER 7-1　　　　ER 7-2

教学课件　　　思维导图

学习目标

1. 掌握医学信息资源的常见种类。
2. 熟悉学位论文、会议文献的检索。
3. 了解专利、科技报告和电子病历的检索方法。
4. 能够通过医学信息资源平台获取所需资源。
5. 具有开展医学信息资源检索的思维能力。

医学信息资源种类较多,包括会议文献、科技报告、专利文献、学位论文、标准文献、政府出版物及档案资料等。医学信息资源特色鲜明、内容广泛、数量庞大、参考价值高,是非常重要的信息源,在医学文献检索中占有重要地位。

第一节　学位论文及其检索

情景导入

　　一位护理专业的学生对乳腺癌病人的个案管理方法很有兴趣,她发现期刊论文对于如何开展个案管理报告较为简单,她希望检索相关的学位论文,详细了解个案管理的流程、内容、工具和方法。但是她不知道如何选择数据库,也不知道从哪里入手。

　　问题1:常用的学位论文数据库有哪些?

　　问题2:如何在数据库中检索学位论文?

　　学位论文是学生科研工作成果的集中体现,凝结着学生及其导师的双重智慧与心血,既有解决实际问题的应用性研究,又有专业性较强的理论研究。学位论文反映了学生与科研人员学术动态,是掌握学科前沿、科技信息的重要文献资源,对科学研究具有重要参考价值。随着我国高等护理教育的发展,护理学学位论文的数量和质量都在迅速增长,是护理实践者和科研人员的重要文献信息来源。

一、学位论文概述

(一)学位论文及其特点

1. 学位论文　学位论文是学生为获得学位向高等院校或其他学术研究机构提交的学术研究论文,包括学士论文、硕士论文、博士论文。

2. 学位论文的特点　学位论文具有科研论文的科学性、学术性、新颖性,蕴含丰富的与课题相关的基础知识,对科研的表述循序渐进、深入、全面,且绝大多数学位论文不公开发表或出版。其中学术价值较高的硕士、博士学位论文对借鉴科研选题、了解学术前沿、获取课题相关的研究综述与参考文献、学习学位论文的写作等具有独特的参考价值，具有如下特点：

（1）**具有一定的独创性**：研究生学位论文是通过大量思维活动而提出的学术性见解与结论，其选题常是该学科急需解决的前沿问题，在选题上具有较高的新颖性和独创性。

（2）**具有较高的质量**：研究生学位论文在导师的全程指导下完成，并且经过了开题报告、中期报告、预答辩、答辩、匿名审查等环节，整体质量高于普通文献。

（3）**内容翔实、系统**：研究生学位论文一般需要用 3 年左右的时间完成，篇幅较长，且有固定格式。因此对问题的综述翔实、系统，对解决问题的方法交代清晰、具体。部分学位论文还附上详细的技术路线、研究工具、分析图表，对指导实践有着重要价值。

（4）**参考文献全面、丰富**：研究生在选题与撰写论文的过程中通常查阅大量的国内外相关文献资料，每篇学位论文均汇集了大量相关的专题文献，有利于进行文献追溯。

3. 学位论文的组成 学位论文一般由封面、版权声明、题目、中文摘要、英文摘要、目录、前言、正文、参考文献、附录、致谢、学位论文原创性声明和授权使用说明等部分组成。

（二）学位论文的收藏

1. 我国学位论文收藏 为了充分发挥我国博士和硕士学位论文的作用，做好学位论文的保管和交流，《中华人民共和国学位条例暂行实施办法》规定：已经通过的硕士学位和博士学位的论文，应当交存学位授予单位图书馆一份。已经通过的博士学位论文，还应当交存国家图书馆和有关的专业图书馆各一份。具体是：国家图书馆全面收藏所有博士学位论文；中国社科院文献中心负责收藏全国的文科及语言科硕士学位论文；中国科技信息研究所负责收藏全国的理工科的硕士学位论文。1999 年以前，国内只有几家图书馆收集电子版学位论文。收集的介质多是软盘，利用率很低，基本实现不了联机检索。1999 年以后由中国高等教育文献保障系统（China Academic Library & Information System，CALIS）负责全国高校学位论文文摘库的建设，各图书馆开始普遍收集电子版学位论文并且用于检索，但很少提供全文服务。2001 年，北京大学、清华大学图书馆开始通过网络提交学位论文。2009 年国家图书馆电子呈缴系统正式向社会开放，标志着国家图书馆开始正式收藏电子学位论文。

2. 国外学位论文的收藏 美国国会图书馆收有 20 世纪 40 年代以来大部分本国大学的学位论文。1978 年以来全部为缩微形式，共有 100 万件书本型、缩微胶卷和缩微平片形式的博士学位论文。英国从 1971 年起收藏博士论文，开始只有 2 所大学，后扩展到 83 所大学。这些论文进入数据库，可通过联机使用。俄罗斯除了医学和药学学位论文收集并保存在国立中央医学科学图书馆里，每年约 1.7 万篇副博士和 8 000 篇博士学位论文进入俄罗斯国立图书馆。日本国会图书馆关西馆收藏自 1923 年以来日本国内所有博士论文。韩国国立中央图书馆设有专门的学位论文图书馆，并建立了学位论文全文信息数据库。

二、学位论文检索

（一）国内学位论文检索

1. 万方数据知识服务平台"中国学位论文全文数据库"（China Dissertation Database，CDDB） CDDB 访问网址为：https://c.wanfangdata.com.cn/thesis。该数据库收录了我国各高等院校、研究生院、研究所博硕士学位论文。该数据库提供快速检索、高级检索和专业检索方式（图 7-1）。快速检索可从学科、专业、授予单位进行检索；高级检索入口包括主题、题名或关键词、题名、作者、作者单位、关键词、摘要、导师、专业、学位授予单位、学位等；专业检索可自行编制检索式和检索字段；作者发文检索支持通过作者和作者单位查找作者发文情况。

图 7-1　中国学位论文全文数据库快速检索界面

2. 中国知网学位论文库（China Doctoral Dissertations/Masters' Theses Full-text Database，CDMD）　CDMD 访问网址：https://kns.cnki.net/kns8?dbcode＝CDMD。包括"中国博士学位论文全文数据库"和"中国优秀硕士学位论文全文数据库"，是连续动态更新的中国博硕士学位论文全文数据库。该数据库提供高级检索、专业检索、出版物检索，其中高级检索是最常用的方式，包括题名、关键词、摘要、目录、全文、参考文献、中图分类号、学科专业名称、作者、导师、第一导师、学位年度、学位授予单位、支持基金等检索条件（图 7-2）。

图 7-2　中国博士学位论文全文数据库高级检索界面

3. CALIS 学位论文中心服务系统，访问地址：http://etd.calis.edu.cn/。收集了国内高校学位论文、高校从 2002 年开始联合采购的 PQDT 学位论文数据，以及 NDLTD 学位论文数据，涉及文、理、工、农、医等多个领域，是学术研究中十分重要的信息资源（图 7-3）。目前 CALIS 学位论文中心服务系统通过 CALIS 推出的学术资源发现系统——开元知海·e 读提供学术论文检索服务，该系统采用 e 读搜索引擎，检索功能便捷灵活，提供简单检索和高级检索功能，可进行多字段组配检索，也可从出版年、语种、类型、学科、收录数据库、收录馆等多角度进行限定检索。

4. 其他国内学位论文库　国图博士论文库是国家图书馆自建的博士学位论文数据库，该库包含数字资源 20 多万册，涉及各个学科，提供封面、目录及版权信息浏览服务。国家科技图书文献中心收录了 1984 年至今自然科学各专业领域的学位论文，包括我国 1 400 所高校、科研院所所授予

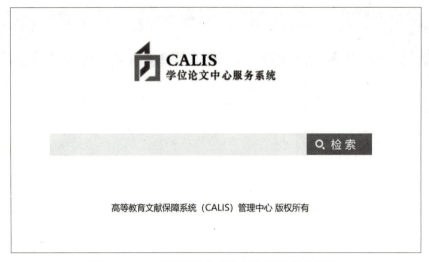

图 7-3　CALIS 学位论文中心服务系统检索界面

的硕士、博士和博士后中文学位论文 220 多万篇,每年增加论文近 30 万篇,收录了 ProQuest 公司出版的自然科学和社会科学领域的学位论文,涵盖了 2001 年以来的 924 所国外高校及科研机构电子版外文优秀硕博士论文 70 多万篇,每年新增约 4 万篇,是学术研究中十分重要的信息资源。香港大学学术库(the Hong Kong University Theses Online,HKUTO)收录了 1941 年以来的 31 021 篇港大授予的硕士和博士论文,包含艺术,人文,教育以及社会科学,医学和自然科学各学科。用户可以按照论文题目、作者、学科检索。

(二) 国外学位论文检索

1. ProQuest 学位论文全文数据库(ProQuest Dissertations & Theses,PQDT)　ProQuest 数据库收录了 1743 年至今 60 多个国家 4 000 多所高校的优秀博士、硕士论文,每年新增近 20 万篇。作为 ProQuest 学位论文全文库的全球内容授权经销商,北京中科进出口有限责任公司推出了国外学位论文中国集团全文检索平台,该检索平台允许参团成员检索、预览、购买和访问论文全文,可以共享访问的全文论文已超过 101 万篇,涵盖文、理、工、农、医等高质量的学术研究领域,这些领域在我们全球社会的未来研究和创新中发挥着不可估量的作用。用户可进行简单一框式检索,也可通过标题、摘要、作者、导师、学校/机构、学科、来源、出版年度、语种等限制进行高级检索(图 7-4)。

图 7-4　国外学位论文中国集团全文检索平台高级检索界面

2. NDLTD 学位论文库（Networked Digital Library of Theses and Dissertations，NDLTD）　NDLTD 学位论文库是基于美国弗吉尼亚理工大学的电子版博硕士学位论文，并在美国国家自然科学基金支持下发展起来的全球学位论文共建、共享的开放联盟，其成员馆来自全球各地。该库访问网址为：http://www.ndltd.org，可为用户提供免费的学位论文文摘和部分全文资源下载服务（图 7-5）。

3. 其他　美国博士论文档案数据库 1933—1955（American Doctoral Dissertations 1933—1955）收录约 100 000 篇论文文献，并提供免费使用。加拿大学位论文平台（Theses Canada）提供加拿大学位论文检索，部分论文有全文。英国图书馆学位论文在线（E-Theses Online Service，EThOS）可检索超过 600 000 篇博士论文，部分论文有全文。

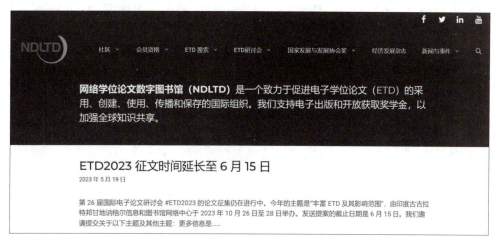

图 7-5　NDLTD 学位论文库

实践一：护理学位论文检索

【实践目的】

1. 掌握中国知网"中国优秀硕士学位论文全文数据库"的高级检索途径。
2. 掌握护理学专业学位论文的检索方法。

【实践内容】

使用中国知网"中国优秀硕士学位论文全文数据库"，完成 2020 年至今的北京大学医学部护理学专业学位论文的检索。

【实践步骤】

1. 通过所在学校的图书馆电子资源数据库列表进入中国知网主页，公共网络也可直接访问网址为：http://www.cnki.net/，进入中国知网（图 7-6）。

2. 点击主页检索框右侧的"高级检索"，进入高级检索界面。点击文献类型标签栏的"硕士"，打开硕士论文检索界面（图 7-7）。

3. 选择检索项为"学科专业名称"，输入检索词"护理学"，选择检索项为"学位授予单位"，输入检索词"北京大学医学部"，选择逻辑运算符"AND"，点击"检索"（图 7-8）。

4. 生成检索结果。点击所需论文右侧的"下载"或"阅读"按钮，可下载 CAJ 格式的论文全文，也可在线阅读。在结果上方的"排序"区，可按相关度、出版时间、被引、下载、学位授予年度排序。

在左侧"分组浏览"区可按照主题、学科、学位授予年度、研究层次、学位授予单位、导师、基金、学科专业进行结果筛选。

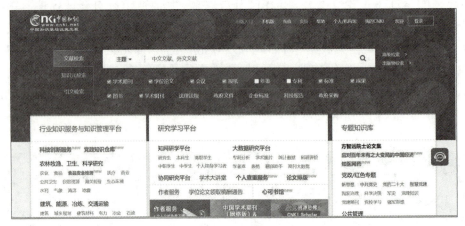

图 7-6　中国知网主页

图 7-7　中国优秀硕士学位论文全文数据库高级检索界面

图 7-8　中国优秀硕士学位论文全文数据库检索框

第二节　医学会议文献及其检索

情景导入

　　一位外科护士希望参加护理学领域的学术会议，了解最新护理理念和研究进展，但是不知道从哪里获取相关资讯。

　　问题 1：在哪里可以找到相关的学术会议信息？

　　问题 2：如何查找会议论文？

　　随着科学技术的迅速发展，各个国家的学会、协会、研究机构及国际学术组织所举办的学术会议越来越多。学术会议是一种非常重要的学术交流方式，科研人员可以借助学术会议交流思想、传递信息、相互启迪和借鉴。会议论文是了解专业领域最新发展状况的重要情报源之一，及时获取和掌握这些信息对于促进科研和改善临床有着重要意义。

一、医学会议文献概述

　　会议论文和期刊论文在学术传播中相辅相成。期刊论文常常是科研工作者成熟的科研成果，但存在发表、传播的滞后性。而会议论文往往是科研工作者最初的科研思路，报告一些新问题、新见解、新进展。

（一）会议文献

　　会议文献是指各类学术会议的资料和出版物，包括会议前参会者预先提交的论文文摘、在会议上宣读或传播的论文、会议上讨论的问题及形成的共识、会后整理编辑加工而成的正式出版物等。会议文献一般分为：

　　1. 会前文献　会前文献包括会议征文启事、会议通知、会议日程、论文目录、摘要及论文预印本等。

　　2. 会中文献　会中文献有开幕词、致辞、报告、讨论记录、会议决议、会议共识及闭幕词等。

　　3. 会后文献　会后文献有会议录、论文汇编、论文集、报告集、期刊特辑、图书以及相关的声像资料等。其中会议录是会后将论文、报告及讨论记录整理汇编而公开出版或发表的文献。随着信息技术的发展，绝大多数的会议都不再提供纸质版的论文集或报告集，而是以电子资料取代之。

（二）会议文献的特点

　　会议论文一般有新颖、聚焦、形式多样三大特征：

　　1. 新颖性　报告学科领域中最新的发现和成果，新颖性和即时性强，最能反映各个学科领域的新进展。

　　2. 聚焦性　报告内容集中、针对性强，一般都是围绕同一会议主题或分主题的论文。

　　3. 形式多样　会议文献形式多种多样，有图书、期刊、科技报告、预印本、会议录、论文集、视听资料等形式，数量庞大，出版不规则。

（三）会议文献的检索特点

　　会议文献的检索分为会议预告信息和会议论文检索两大类，在检索会议文献时，除了使用专业术语外，还需要了解关于会议的常用术语。例如会议（conference）、大会（convention）、专业研讨会（symposium）、学术讨论会（colloquium）、论坛（forum）、研讨会（seminar）、工作坊（workshop）、全体会议（plenary meeting）、分组会议（panel meeting）等。检索会议文献主要通过互联网进行，既可在专门的学术网站进行，也可通过数据库检索。

二、医学会议信息检索

医学会议信息以会议通知的形式发布，各学术会议的会议通知可在各大学、各学会、各学术机构的官方网站、微博、微信公众号等媒介获取，也可在各类会议网站上获得。无论是护理实践者和科研工作者，都应积极加入专业相关的学会或学术组织，提高专业学术水平。

（一）学会网站

1. 中华医学会网站（http://www.cma.org.cn） 中华医学会网站是中华医学会组织学术交流活动、开展继续医学教育的学术网站。通过浏览"学术交流"栏目，可以获取由中华医学会及各分会主办的学术会议信息，包括会议计划、征文通知、会议通知等。浏览"品牌会议"栏目，可以获取重要学术会议的会后报道（图7-9）。

图7-9 中华医学会学术交流界面

2. 中华护理学会网站（http://www.cna-cast.org.cn） 中华护理学会网站是中华护理学会发布信息的学术网站。通过浏览主页的"学术/继教"栏目，点击"学术会议网上报名入口"，可以获取由中华护理学会及各分会主办的学术会议信息（图7-10）。

图7-10 中华护理学会学术会议服务平台

（二）会议网站

1. 中国学术会议网（https://conf.cnki.net/Home） 中国学术会议网是中国知网的下设产品，为会议主办方、作者、参会者设计并提供的服务平台。访问网页后可通过会议名称、主办单位、召开地点、召开时间进行高级检索，并可浏览最新会议信息、论文集、观看会议直播或回放视频。会议主办方也可利用此平台建设会议网站、进行会议直播和人员管理（图7-11）。

图 7-11　中国学术会议网

2. 中国学术会议在线（https://www.meeting.edu.cn/zh） 中国学术会议在线是由教育部科技发展中心主办，面向广大科技人员的科学研究与学术交流信息服务平台。提供会议预告、会议通知、精品会议、会议新闻、会议回顾、全文搜索服务。

3. 丁香会议（http://meeting.dxy.cn/） 丁香会议是丁香园的下设产品。设有会议预告、会议快讯、视频播报、专家视点、精彩幻灯、会议专题、论坛等栏目，也可以通过会议名称、地点、学科、召开时间进行搜索。点击会议分类"护理"标签，可以看到最新的护理专业学术会议信息，并可通过会议地点和时间进行筛选，手机用户还可以关注丁香会议微信公众号跟踪会议信息（图7-12）。

图 7-12　丁香会议护理学术会议信息

医学学术论坛——丁香园

丁香园（http://www.dxy.cn/）原名丁香园医学文献检索网、丁香园医学主页，始建于2000年7月23日，是一个医学知识分享网站。网站创始人在读研究生期间，感到一些医学生和医务工作者不太擅长在浩如烟海的互联网信息资源中查找到对自己有用的信息，于是就萌生了建立专业检索网站的念头，通过向大家介绍检索经验，传授检索方法和技巧，普及知识共享。

丁香园通过专业权威的内容分享互动、丰富全面的医疗数据积累、高质量的数字医疗服务，连接医生、科研人士、病人、医院、生物医药企业和保险企业。开设了丁香通、丁香医生、丁香人才、丁香播咖、用药助手等板块，为医学生和医学工作者传播信息、寻求帮助提供了便利。丁香园论坛的"临床其他"设有护理专业讨论版，全国各地的护理学生和护理工作者在此交流实践经验、发布最新资讯和学术进展。

三、医学会议论文检索

（一）国内会议论文检索

1.万方数据知识服务平台"中国学术会议文献数据库"（China Conference Proceedings Database，CCPD）平台中包括中文会议和外文会议。数据覆盖人文社会、自然科学、工程技术、农林、医学等各学科领域，该数据库通过万方数据知识服务平台提供检索服务，有高级检索、专业检索、作者发文检索等方式（图7-13）。

图 7-13　中国学术会议文献数据库检索界面

2.中国知网会议论文库　中国知网会议论文库包括"中国重要会议论文全文数据库"及"国际会议论文全文数据库""中国重要会议论文全文数据库"收录了自1953年至今的会议论文集，目前，已收录出版3.2万余次国内重要会议投稿的论文，累积文献总量270余万篇。"国际会议论文全文数据库"收录了自1981年至今的国际会议论文集，重点收录1999年以来，中国科协系统及其他重要会议主办单位举办的在国内或国外召开的国际会议上发表的文献，部分重点会议文献回溯至1981年。目前，已收录出版国际学术会议论文集9 620余本，累积文献总量90余万篇。覆盖基础科学、工程科技、农业科技、医药卫生科技、哲学与人文科学、社会科学、信息科技、经济与管理科学等学科共168个专题。用户可通过高级检索、专业检索、作者发文检索、句子检索、一框式检索等方式搜寻文献（图7-14）。

图 7-14 中国知网会议论文数据库高级检索界面

3. 国家科技图书文献中心会议录（https://www.nstl.gov.cn/resources_search.html?t=ProceedingsSet） 国家科技图书文献中心会议录收藏的国外学协会及出版机构等出版的会议录文献总量近 20 万册，占馆藏总量的 48%。外文会议录涉及学协会 15 500 家，其中会议文献拥有 2 119 套独家收藏。重点学协会 208 个，涉及会议 54 021 种，其公开出版物 NSTL 基本全部收齐。即美国数学学会、美国物理学会、英国物理学会等等。用户进入会议录检索界面后，可通过题名、出处、会议名称、作者、机构、关键词、主题词、摘要、ISSN 等途径进行检索，并可设置筛选条件（图 7-15）。

图 7-15 国家科技图书文献中心会议录检索界面

（二）国外会议论文检索

1. 会议论文引文索引（Conference Proceedings Citation Index，CPCI） 会议论文引文索引是科学技术会议录索引（Index to Scientific & Technical Proceedings，ISTP）和社会科学与人文科学会议录索引（Index to Social Science & Humanities Proceedings，ISSHP）两大会议录的集合。CPCI 汇集的会议录资料，分为科技版和社科人文版，共涵盖 250 个学科。提供综合全面、多学科的会议论文资料，包括会议名称、主办机构、地点、论文篇名、论文摘要、参考文献等会议及文献信息，是科研人员了解和查找世界上权威会议文献最主要的检索工具。CPCI 数据库可通过 Web of Science 平台检索，已购买的用户凭 IP 地址可以直接访问。

2. 其他途径 通过各著名学术机构和学术团体的网站，查找相关会议信息。

实践二：护理学会议文献检索

【实践目的】

1. 掌握万方数据知识服务平台"中国学术会议文献数据库"的高级检索途径。
2. 掌握护理学会议论文的检索方法。

【实践内容】

使用万方数据知识服务平台"中国学术会议文献数据库"，完成 2018 年至今乳腺癌护理方面的会议论文检索。

【实践步骤】

1. 通过所在学校的图书馆电子资源数据库列表进入万方数据知识服务平台主页，公共网络也可直接访问网址：http://www.wanfangdata.com.cn/，进入万方数据知识服务平台（图 7-16）。

图 7-16 万方数据知识服务平台主页

2. 点击主页检索框上方的"会议"标签，进入会议论文快速检索界面。点击主页检索框右侧的"高级检索"，选择文献类型"会议论文"，进入会议论文检索高级界面（图 7-17）。

图 7-17 中国学术会议文献数据库高级检索界面

3. 选择检索项为"题名",分别输入检索词"乳腺癌"和"护理",限制检索年代为 2018 年至今,点击"检索"(图 7-18)。

图 7-18　中国学术会议文献数据库检索框

4. 生成检索结果。点击所需论文下方的"在线阅读"或"下载"按钮,可在线阅读,也可下载论文全文 pdf 文件。在结果上方的"排序"区,可按相关度、发表时间、被引频次、下载量排序。在左侧的"分组浏览"区可按照学科分类、会议级别、年份、语种、会议名称、作者、会议主办单位等进行分组浏览。

第三节　专利文献及其检索

情景导入

一位护士对护理相关专利设计很有兴趣,她希望检索相关的专利文献。

问题 1: 常用的专利平台有哪些?

问题 2: 如何在平台中检索专利文献?

我国护理科研起步比较晚,但随着我国护理队伍知识结构的变化,高等护理人才比例不断增大,科研成果不断涌现,护理专利的申请量也在逐年增加。本节将对专利文献及其检索进行阐述,以促进护理科研和实践人员更好地利用专利信息。

一、专利与专利文献概述

(一)专利

1. 专利(patent)　专利是受法律规范保护的发明创造。它是指一项发明创造向国家审批机关提出专利申请,经依法审查合格后向专利申请人授予的在规定时间内对该项发明创造享有的专有权。世界上各个国家都采用建立专利制度的形式来保护专利权。我国专利法于 1984 年 3 月 12 日第六届全国人民代表大会常务委员会第四次会议通过。根据 1992 年 9 月 4 日第七届全国人民代表大会常务委员会第二十七次会议《关于修改〈中华人民共和国专利法〉的决定》第一次修正。根据 2000 年 8 月 25 日第九届全国人民代表大会常务委员会第十七次会议《关于修改〈中华人民共和国专利法〉的决定》第二次修正。根据 2008 年 12 月 27 日第十一届全国人民代表大会常务委员会第六次会议《关于修改〈中华人民共和国专利法〉的决定》第三次修正。根据 2020 年 10 月 17 日第十三届全国人民代表大会常务委员会第二十二次会议《关于修改〈中华人民共和国专利法〉的决定》第四次修正。

2. 专利的属性　根据专利法的解释，专利属于知识产权，具有独占性、地域性和时间性。

(1)**独占性**：亦称垄断性或专有性，是指专利权人对其发明创造享有占有、使用、收益和处分的权利。

(2)**地域性**：是指一个国家或一个地区所授予和保护的专利权仅在该国或地区的范围内有效，对其他国家和地区不发生法律效力。

(3)**时间性**：指专利权具有一定的时间限制，也就是法律规定的保护期限。专利权人对其发明创造所拥有法律赋予的专利权只在法律规定的期限内有效。各国的专利法对于专利权的有效保护期均有各自的规定，而且计算保护期限的起始时间也各不相同。我国专利法规定："发明专利权的期限为二十年，实用新型专利权的期限为十年，外观设计专利权的期限为十五年，均自申请日起计算。"

3. 专利的类型　各国对于专利类型的划分不尽相同，我国专利分为发明专利、实用新型专利和外观设计专利三种类型。

(1)**发明专利**：是对产品、方法或者其改进所提出的新的技术方案。

(2)**实用新型专利**：是对产品的形状、构造或者其结合所提出的适于实用的新技术方案。

(3)**外观设计专利**：针对产品的形状、图案或者其结合以及色彩与形状、图案的结合所作出的富有美感并适于工作应用的新设计。

（二）专利文献

1. 专利文献　专利文献是包含已经申请或被确认为发现、发明、实用新型和工业品外观设计的研究、设计、开发和试验成果的有关资料，以及保护发明人、专利所有人及工业品外观设计和实用新型注册证书持有人权利的有关资料的已出版或未出版的文件（或其摘要）的总称。

2. 专利文献的价值　据世界知识产权组织统计，专利信息是世界上公开的技术信息源之一。世界上 90%~95% 的发明创造成果都出现在专利文献中，其中 70% 仅出现在专利文献中，并且技术信息的公开要比其他载体早 1~2 年。充分利用专利信息，可节约科研时间和科研经费。科研工作者通过检索专利文献，可以从他人的发明中获得启发、借鉴，了解科技发展的最新动态。专利申请人在申请专利前，对已有专利进行检索，可以判断拟申请专利的新颖性、创造性和实用性，增加申请成功的机会。

3. 专利文献特征　专利文献与普通文献一样，也包含外部特征和内容特征，可以利用这些信息进行检索。

(1)**外部特征**：包括专利申请号、专利号、专利申请人、专利权人、专利受让人、专利申请日期、专利公开日期等信息。

(2)**内容特征**：包括专利名称、摘要、说明书、分类号等。专利分类体系有国际专利分类法（International Patent Classification，IPC）、欧洲专利分类体系、日本专利分类体系、美国专利分类体系和联合分类体系等。其中，IPC 是国际专利组织管理的分类体系，也是目前被许多国家普遍采用的分类工具。IPC 按照部、大类、小类、大组、小组五级分类。因此，一个完整的 IPC 分类号由部（1 个字母）、大类（2 个数字）、小类（1 个字母）、大组（1~3 个数字）和小组（2~4 个数字）多个符号组成，如 A61G7/00 的内涵是专用于护理的床、提升病人或残疾人的装置。通过分析专利的 IPC 号，可以帮助我们了解一个学科的专利技术内容构成。

二、专利文献的信息检索

（一）国内专利信息检索

1. 国家知识产权局专利检索系统　国家知识产权局专利检索系统是由国家知识产权局建立的专利检索及分析系统（https://pss-system.cponline.cnipa.gov.cn/conventional Search），公众注册后即可进行专利检索和分析服务。该系统可检索 103 个国家、地区和组织的专利数据，覆盖了中国、美国、日本、韩国、英国、法国、德国等国。

（1）专利检索：有常规检索、高级检索和导航检索。常规检索有自动识别、检索要素、申请号、公开（公告）号、申请（专利权）人、发明人和发明名称 7 个检索入口（图 7-19）。注册后可使用高级检索功能，根据数据库可检索字段按照表单方式设置的联合检索功能（图 7-20）。各检索框之间的默认逻辑为"与"，并可使用"配置"功能设置更多的检索字段。检索结果可根据国家、地区进行筛选，中国发明专利还可按照类型进行分类筛选。此外，在高级检索页面的最下方，可使用逻辑运算符和检索词编制检索式进行专业检索。如检索 2020 年以后公开的关于医用输液架的专利，在"发明名称"检索框中输入"输液架"，在"说明书"检索框中输入"医疗 护理 医用"，在"公开（公告）日"检索框中输入"20200101"、框前选择">"，点击检索按钮，完成检索。此外，还可根据 IPC 分类号进行导航检索（图 7-21）。

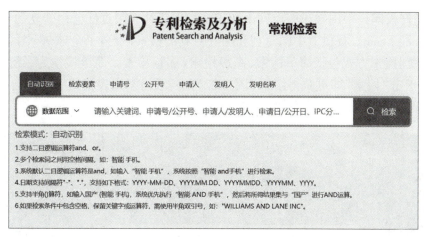

图 7-19　专利检索及分析系统常规检索界面

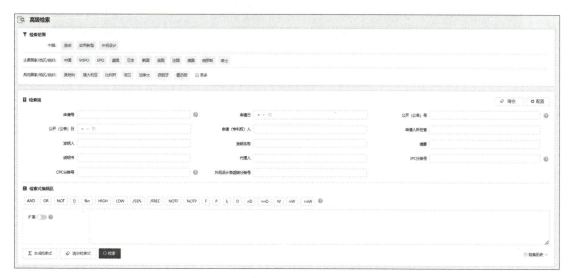

图 7-20　专利检索及分析系统高级检索界面

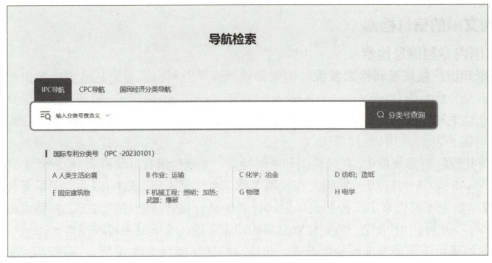

图 7-21　专利检索及分析系统导航检索界面

（2）**专利分析**：专利检索及分析系统提供的专利分析包括快速分析、定制分析和高级分析，每个分析模块下有多种分析功能。主要从区域、技术领域、申请人、发明人角度分析其趋势、分布及构成等，并以图表的形式直观显示。

2. 中国知识产权网　中国知识产权网由知识产权出版社有限责任公司建立的专利信息服务平台（http://search.cnipr.com），提供对中国专利和国外专利的检索，覆盖了全球 98 个国家和组织。

（1）**专利检索**：检索方式包括简单检索、高级检索、表格检索。简单检索为系统默认检索界面，键入检索词后，点击"检索"即可获得结果（图 7-22）。高级检索为表格式字段组合检索，与中国国家知识产权局高级检索界面和功能类似（图 7-23）。

图 7-22　专利信息服务平台简单检索界面

（2）**专利分析与跟踪**：除检索外，该系统还提供了专利分析、专利跟踪等功能。其中专利分析包括趋势分析、地域分析、申请人分析、发明人分析、技术分类分析等。专利跟踪是指通过设定检索条件，周期地检索符合条件的文献信息，从而实现某个领域技术发展的持续跟踪。

3. 中国知网专利数据库　中国知网专利数据库收录了由国家知识产权局知识产权出版社出版的专利，包括中国专利和海外专利。收录了 1985 年以来在中国申请的发明专利、外观设计专利、实用新型专利，海外专利包含美国、日本、英国、德国、法国、瑞士、世界知识产权组织、欧洲专利局、俄罗斯、韩国、加拿大、澳大利亚等国家及组织的专利。可以通过申请号、申请日、公开号、公开日、专利名称、摘要、分类号、申请人、发明人、优先权等检索项进行检索，并一次性下载专利说明书全文（图 7-24）。

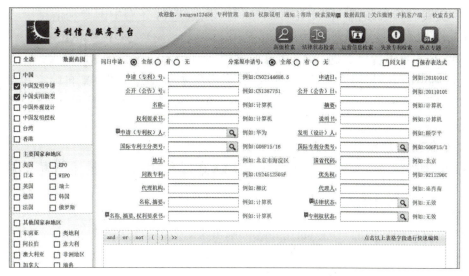

图 7-23　专利信息服务平台高级检索界面

图 7-24　中国知网专利数据库检索界面

4. 万方数据知识服务平台 "中外专利数据库"（Wanfang Patent Database，WFPD）　万方数据知识服务平台检索结果按 IPC 分类、发布专利的国家和组织、专利申请的日期自动聚类，便于用户快速筛选（图 7-25）。

图 7-25　中外专利数据库检索界面

5. 其他中文专利检索系统　除上述常用专利检索系统外,还有中国专利信息中心(http://www.cnpat.com.cn)、免费专利搜索引擎 SooPat(http://www.soopat.com)。其中 SooPat 是一个免费、便捷的专利搜索工具,其本身不提供数据,而是将互联网上所有免费的专利数据库链接、整合、调整,形成一个更符合互联网用户检索习惯的搜索引擎。其中中国专利数据的链接来自国家知识产权局互联网检索数据库,国外专利数据来自各个国家的官方网站。SooPat 不用注册即可免费检索,并提供全文浏览和下载。

(二)国外专利信息检索

互联网上的国外专利数据库很多,除了可应用上述提到的国内专利数据库检索工具检索外国专利,还可以通过各国专利局官方网站、公益性免费专利数据库网站、商业性专利数据库网站、大型国际商业联机检索系统等进行检索。

1. 德温特世界专利数据库(Derwent Innovations Index,DII)　DII 整合了 Derwent 的世界专利索引(World Patent Index)和专利引文索引(Patent Citation Index),收录了来自世界各地超过 50 家专利授予机构提供的增值专利信息,涵盖 3 900 多万项发明(Basic Records/Patent Families)和 8 000 多万条同族专利,可回溯至 1963 年,覆盖了全球 96% 专利数据,为研究人员提供世界范围内的化学、电子与电气以及工程技术领域内综合全面的发明信息。分为化学、电子电器和工程技术三部分,通过 Web of Science 平台综合检索世界各国的专利文献。与其他专利检索系统相比,其收录数据量大、范围更广,提供符合研究人员习惯的灵活简洁检索字段和界面,并可获取部分专利全文。该平台具有强大的分析与引文功能,从不同角度分析技术发展的趋势、专利的分布、专利技术细节等。

2. 世界知识产权数据库(World Intellectual Property Organization,WIPO)　WIPO 访问地址:http://www.wipo.int/pctdb/en/index.html,提供专利合作条约成员的国际专利申请查询。检索方式包括:字段组合检索、简单检索、高级检索、跨语言扩展检索(Cross Lingual Expansion)和浏览等。另外,WIPO 官网还提供美、欧等多个国家和地区的专利数据库网站链接入口。

3. 欧洲专利局专利检索　欧洲专利局专利检索访问地址:http://ep.espacenet.com 或 http://worldwide.espacenet.com,可检索的专利数据库范围包括欧洲专利组织收录的全世界 70 多个国家和地区的专利文献,数据库中的绝大部分数据可回溯到 1970 年。对于欧洲专利组织,法国、德国、瑞士、英国、美国、日本、世界知识产权组织,非洲知识产权组织及主要欧洲国家的专利,用户可以浏览、打印专利说明书全文。对于中国专利和韩国专利,用户可查阅题录和文摘。其余国家和地区专利文献,用户可查阅获取题目。

4. 其他国外专利检索系统　日本工业产权数字图书馆专利数据库(https://www.j-platpat.inpit.go.jp)提供 1992 年至今日本专利和实用新型说明书,有日文和英文两种界面,可通过关键词、发明日期、IPC 号等进行查询,可以下载和打印专利文件。加拿大知识产权局专利数据库(http://brevets-patents.ic.gc.ca)收录了 1920 年以来的加拿大专利文献,包括专利的著录项目数据、文本信息和扫描图像。俄罗斯专利局网站(http://www. rupto.ru/rupto/portal/start)、英国专利局网站(http://www.patent.gov.uk)也提供本国的专利资源检索。此外,免费专利在线(http://www.freepatentsonline.com)作为一个免费、便捷的专利检索工具。目前提供美国、欧洲、日本、德国和 WIPO 专利的查询和下载。

第四节　科技报告及其检索

> **情景导入**
>
> 　　一位护士对搬运病人护理设备很有兴趣,她希望检索相关的科技报告,详细了解搬运病人护理设备的功能、优势。但是她不知道如何检索。

科技报告是科学技术报告的简称，是用于描述科学或技术研究的过程、进展和结果，或描述一个科学或技术问题状态的文献。其类型包括专题报告、进展报告、最终报告和组织管理报告。科技报告内容新颖广泛、专业性强、技术数据具体，因而具有很高的使用价值。

一、科技报告概述

（一）科技报告的概念

科技报告是在科研活动的各个阶段，由科技人员按照有关规定和格式撰写的，以积累、传播和交流为目的，能完整而真实地反映其所从事科研活动的技术内容和经验的特种文献。它具有内容广泛、翔实、具体、完整、技术含量高、实用意义大、便于交流、时效性好等其他文献类型所无法比拟的特点和优势。

（二）科技报告的特点

1. 反映新的科研成果迅速 以科技报告形式反映科研成果比这些成果在期刊上发表要早一年以上，并且部分科研成果仅通过科技报告发布。

2. 内容多样化 涉及整个科学技术领域和社会科学、行为科学以及部分人文科学领域。

3. 保密性 大量科技报告都与政府的研究活动、高新技术有关，使用范围控制较严。

4. 报告质量参差不齐 由于撰写受时间限制、因保密需要以工作文件形式出现等因素影响，使报告的质量相差很大。

二、科技报告检索

（一）国内科技报告检索

1. 万方数据知识服务平台"中外科技报告数据库" 万方数据知识服务平台"中外科技报告数据库"是科技部指定的新技术、新成果查新数据库，包括中文科技报告和外文科技报告。中文科技报告收录始于 1966 年，源于中华人民共和国科学技术部，共计 10 万余份。外文科技报告收录始于 1958 年，涵盖美国政府四大科技报告（AD、DE、NASA、PB），共计 110 万余份，涉及自然科学各个学科领域。基本检索界面可按照中文、英文分语言查看，还可按照计划来源、学科、地域、类型分类浏览。进入高级检索界面后可进行更多的限定检索（图 7-26）。

图 7-26 中外科技报告数据库高级检索界面

2. 国家科技报告服务系统（National Science and Technology Report Service，NSTRS） NSTRS访问网址：http://www.nstrs.cn/，于2014年3月1日正式上线，系统开通了针对社会公众、专业人员和管理人员三类用户的服务。向社会公众无偿提供科技报告摘要浏览服务，社会公众不需要注册，即可通过检索科技报告摘要和基本信息，了解科技报告的基本情况。向专业人员提供在线全文浏览服务，专业人员需要实名注册，通过身份认证即可检索并在线浏览科技报告全文。向各级科研管理人员提供面向科研管理的统计分析服务，管理人员通过科研管理部门批准注册，免费享有批准范围内的检索、查询、浏览、全文推送以及相应统计分析等服务。

3. 国家科技成果网（简称"国科网"） 国科网访问网址：https://www.tech110.net/，由科学技术部创建，科技部火炬高技术产业开发中心管理。经过多年建设，国科网搭建起全国性的科技成果信息服务网络，成为科技成果发布、展示、交流的国家级科技成果信息服务平台。国家科技成果库目前已收录100万项科技成果，15万研发机构和120万科研人员信息。国家科技成果信息通过全国八十多家省、部一级科技管理机构的登记认定，来源于国内主要科研院所、高校、企业和其他研究机构。国家科技成果库内容丰富，信息翔实，涵盖国民经济各行各业。网站提供一框式检索，也可进入高级检索，通过分类导航进行检索（图7-27）。

图7-27　国家科技成果网高级检索界面

4. 国研网系列研究报告平台 国研网系列研究报告平台是国研网独家发布自主研发系列报告的网络平台，致力于通过持续跟踪、分析国内外宏观经济、金融和重点行业基本运行态势、发展趋势，准确解读相关政策趋势和影响，及时研究各领域热点、重点问题，为客户提供经济、金融、行业研究和战略决策需要的信息产品，目前已收录3万多份研究报告。登录网址 http://www.drcnet.com.cn/后，可进行目录检索，按报告日期或作者排序进行浏览，还可通过关键词进行全文检索，免费阅读报告摘要（图7-28）。

（二）国外科技报告检索

世界上著名的科技报告有美国的四大报告、英国航空航天委员会的 ARC 报告、法国原子能委员会的 CEA 报告、德国的航空研究报告（DVR）、瑞典国家航空研究报告（FFA）、日本原子能研究报告（JAERI）等。其中美国政府的四大报告包括美国商务出版局报告（Office of the Publication Board，

图7-28 国研网主页

PB)、美国武器部队技术情报局报告（Armed Services Technical Information Agency，AD)、美国国家航空和航天局报告（National Aeronautics and Space Administration，NASA)、美国能源部报告（Department of Energy，DOE)。

1. NTIS 数据库（National Technical Information Service，NTIS) NTIS 是美国国家技术情报社出版的美国政府科技报告文摘题录数据库。收录美国政府立项研究及开发的项目报告，可以检索1964 年以来美国政府 AD、PB、NASA、DOE 四大报告的文摘，少量收录世界各国的科技报告。NTIS 数据库可以通过 Proquest 平台检索，也可到 NTIS 网站（http://www.ntis.gov)上免费检索部分内容。

2. 万方数据知识服务平台"中外科技报告数据库" 包括中文科技报告和外文科技报告。其中外文科技报告收录始于 1958 年，涵盖美国政府四大科技报告（AD、DE、NASA、PB)，共计 110 万余份。

3. 美国政府科学门户网站（http://www.science.gov/) 由美国能源部主办，链接了 2 000 个科学网站供用户查询，由美国 14 个主要科技部门的 17 个科技信息机构组成的联合工作组开发维护，汇集了来自美国政府各部门的大量科技报告的全文资源。该网站默认为简单检索，也可进行高级检索、主题检索。

第五节 电子病历及其检索

情景导入

一位护理专业的学生希望了解病人的病情资料的存储和查询方式，但是她对电子病历知之甚少。

问题1：电子病历系统中包含哪些可供检索的基本信息？

问题2：电子病历的常用检索技术有哪些？

病历是医务人员在诊治护理病患过程中形成的记录病人健康状况的全部原始记录材料，包括病人基本信息、影像检查资料、医疗诊治资料、病程护理资料以及医疗检查费用等，是医院管理、教学科研、社会服务的特殊文献资料。随着信息技术的快速发展，电子病历系统出现，并成为医院信息化建设的重要组成部分。了解电子病历系统，并学会检索病历，是进入护理实践中必须掌握的技能。

一、电子病历概述

（一）电子病历的概念

病历是医疗工作的全面记录，客观地反映疾病病情、检查、诊断、治疗及其转归的全过程，是医务人员在医疗活动过程中形成的所有文字、数据、图表、影像等资料的有机整合。电子病历是通过计算机技术将病人的纸质病历汇集到计算机中，通过计算机获得病历的有关资料并对其进行归纳、分析、整理形成规范化的信息，从而提高医疗质量和业务水平，为临床教学、科研和信息管理提供帮助。电子病历具有标准性、完整性、结构化、共享性、便利性等特征。

（二）电子病历的价值

电子病历系统可以向医疗人员提供完整的、准确的病人病情资料，可以提示和警示医疗人员，为医疗人员临床决策提供支持，并连接医疗知识库及其他辅助功能。

1. 提高医疗工作效率　电子病历系统为医生护士的日常工作提供了更有力的支持。通过电子病历的结构化，计算机自动处理医嘱，检查申请与结果的无纸化传递等功能增强，有效地提高了医疗工作效率。

2. 提高医疗工作质量　医生对病人进行诊断并做出治疗决定的过程，实质上是依据他所掌握的信息做出判断的过程。电子病历系统为这一过程主动智能地提供充分有效的信息，辅助医生做出判断。

3. 实现病历共享　病人看病不可能局限在某个医院，因此病人的病历信息应有一个共享机制。电子病历可以提供这种机制，通过授权，可以调阅病人的既往病历信息，避免重复检查，节省医疗开支。

4. 辅助医疗决策　电子病历为国家医疗宏观管理提供了原始数据库。管理部门可以从中提取数据进行分析，用于指导管理政策的制定。如疾病的发生及治疗状况、用药统计、治疗方案、医疗消耗等。

5. 为科研工作者提供数据积累　通过对电子病历进行分析，可以探索疾病发生、发展的规律，总结治疗、护理措施的效果，分析疾病预后的影响因素，为医学发展奠定基础。

二、电子病历的发展

（一）国外电子病历的发展

1960 年，美国麻省总医院开发了门诊电子病历，并将它投入使用，取得了良好的效果。1991 年，美国国家科学院医学研究所发表了题为"电子病历是医疗保健的基本技术"的研究报告，报告研究了自 1915 年美国开始记录病历以来的历程，总结了近 40 年来实现病历记录计算机化的经验，全面论述了电子病历发展的各个方面，提出了推动电子病历建设的多项建议。2004 年 7 月，美国政府的医疗信息电子化计划，通过确立统一的网络技术标准规范，将医院、实验室、药店、保险公司等机构的计算机相互连接，以实现医疗信息资源共享。2010 年，美国推出了"医生病历记录共享"项目，让病人通过加密的方式直接进入医院电子病历系统，查询到自己的病历记录。

英国已将电子病历 IC 卡应用于孕妇孕期检查信息记录、产程信息记录和跟踪观察。伦敦和英格兰南部地区国民医疗服务体系（NHS）的社区医院和精神病院，目前已经实现病人电子病历共享，医生可以快速安全地查阅和编辑病人的电子病历。荷兰阿姆斯特丹医学中心对肾病病人和器官移植病人使用电子病历卡记录病人透析情况，病人可持卡异地透析。世界各地对电子病历建设的重视程度由此可见一斑。

通过电子病历实现关键医疗信息的共享，已经成为医疗卫生业的发展趋势，同时也成为了医院信息化的核心。

（二）我国电子病历的发展

我国电子病历的发展始于 20 世纪 80 年代。在 2000 年之前，电子病历只是将纸质病历电子化，进行文本式的录入，实现了病历的录入、浏览、保存和分享，没有统一的结构与标准。在接下来的十年里，电子病历结构开始改善，出现了电子病历的专业厂商，把重心集中在研究病历的内容和结构上，提高了电子病历内容的有效性和规范性。但结构化方面依然存在些问题，不能很好地实现医院间甚至是医院内部科室间的共享。2008 年以后，电子病历建设从自身的结构和内容等方面出发的同时，还结合了 HIS 的流程和临床信息系统，达到了集成化的电子病历，能够保证在统一的界面完成整个病历的录入、执行和查询工作，但对于不同医疗机构间的共享还缺乏解决方案。

为了促进电子病历的共享，2016 年，国务院颁布了《国务院办公厅关于促进和规范健康医疗大数据应用发展的指导意见》，鼓励各类医疗卫生机构推进健康医疗大数据采集、存储，加强应用支撑和运维技术保障，打通数据资源共享通道。医院内部电子病历共享已成为基础，并逐渐建立医院与社区卫生服务中心共享、通过第三方平台共享等创新模式。如上海申康医院发展中心组织建设的"医联工程"，在申康内部 23 家市级医院实现临床信息共享。上海市持社保卡就医的病人在这些医院就医时，经授权的医生就可以通过医生工作站调阅该病人近一个月来在本院以及其他医院的就诊记录、门诊处方、住院病历首页、检查检验结果，并可以调阅到部分医学影像。2018 年 8 月，北京地区已有 30 家试点医院实现电子病历共享调阅。中国香港医院管理局的病人卡（patient card）记录了病人完整的医疗过程，包括医师检查、检验结果、X 线片、MRI 片及处方等。2018 年 8 月 22 日，国家卫生健康委员会医政医管局发布了《关于进一步推进以电子病历为核心的医疗机构信息化建设工作的通知》，要求全国各级医院持续推进以电子病历为核心的医疗机构信息化建设。

（三）电子病历的发展趋势

促进电子病历的标准化、提高电子病历的安全性能、明确电子病历的法律效力是电子病历未来发展中需要解决的问题。其中最迫切也是最难解决的就是电子病历的标准化问题，这涉及 4 个方面。

1. 电子病历书写的标准化　2010 年，卫生部印发的《病历书写基本规范》（以下简称规范）中，对病历（电子病历）书写进行了明确定义，指医务人员通过问诊、查体、辅助检查、诊断、治疗、护理等医疗活动获得有关资料，并进行归纳、分析、整理形成医疗活动记录的行为。这份书写规范，为电子病历的结构化标准奠定了基础。

2. 电子病历使用术语、编码的标准化　医学术语标准化是电子病历发展的必然趋势，只有实现医学术语标准化才能促进电子病历在全球范围内的共享和利用。病历专业术语标准化包括三方面的内容：医学名词标准化，检验结果标准化和疾病分类标准化。

3. 电子病历互通标准化　电子病历功能强大与否不在于有多少个子系统，而在于能否互联互通。因此亟待建立电子病历的数据传输标准、数据存储标准和国际共享标准。

4. 电子病历的使用标准化　指使用者应在得到授权的情况下，在规定的使用范围内使用电子病历信息，避免信息的篡改和泄露。

知识拓展

电子护理记录的突破点——标准化护理用语

信息化步伐的不断加快，电子病历和护理记录信息在实现联机检索上面临的首要障碍就是不同医院、不同人员的电子记录用词不一致。护理信息表达的标准化是使用计算机处理护理信息必须跨越的障碍。护理信息化建设的基础是标准化，而解决护理信息的标准化表达方式是当前电子护理记录和临床护理决策支持系统开发的关键。因此，研究者和实践者共同呼吁使用具有操作性的标准术语来满足不同表达和编码记录项的数据集成，即标准化护理术语（standardized nursing terminologies）。它是一个统一术语的词库，在不同分类间建立等效的术语，更是电子护理记录的重要组成部分。

三、电子病历的检索

随着电子病历信息"大数据时代"的到来，如何针对海量病历数据进行搜索、分析，以及可视化地呈现，成为医学信息使用中的难题。但由于电子病历具有保密存储的特殊性，互联网联机检索电子病历目前尚无法实现。而电子病历系统的不统一，使得在医疗机构中检索电子病历也困难重重。信息学家和软件工程师不断努力，开发了一系列全文检索技术，希望帮助医务人员利用电子病历信息。

1. 基本检索技术　在电子病历系统中检索病人姓名、住院号、诊断等基本信息，获得某份或多份相关病历。适合于查找某一病人的既往病历，以及某一类诊断的全部病历。但对于病历中的信息需要自行阅读全文来分析。

2. OCR 文字识别技术　适合于早期扫描或拍照存档的电子病历，用字符图像识别方法将形状识别翻译成计算机文字的过程。通过对纸质文本资料扫描成图像文件，再进行分析和识别处理，最后获取到文字信息。常用的 OCR 软件有清华紫光 OCR、汉王 OCR 等。

3. 中文分词技术　中文分词技术是将一个连续的字序列的多个汉字拆分成单独的词。拆分过程必须按照一定的规范，并且重新组合成词序列。中文分词作为文本数据挖掘的基础，它的准确与否，常常直接关系到对检索结果的相关度的排序。分词功能现在通过人工智能技术已能很精确地实现。

4. 全文检索技术　通过提供快速便捷的数据管理工具和强大的海量数据查询分析手段，使人们能够在短时间内进行大量的文档资料的采集、整理和管理、利用等工作。通过使用该技术能够快速便捷地查到任何想要的数据信息。作为一种包括中文在内的信息领域的基本技术，全文检索技术以其易用性和实用性，也已成为新一代信息管理系统的代名词。随着网络时代的发展，以全文检索为核心技术的搜索引擎也已成为主流技术之一。基于中文信息的固有特点，国内自主开发的中文全文信息软件系统有 TRS、TRIP、TPI 等。开源软件 Lucence 是较为著名的全文检索软件，目前也被广泛研究和使用。

（杨燕梅）

思考题

1. 简述可查找国内外学位论文、会议论文的主要数据库资源。
2. 如何获取国内外医学会议信息？请列举常用资源。
3. 检索国内专利文献可以选择哪些数据库？简述国内专利类型。
4. 简述国内外检索科技报告的常用数据库或平台。

ER 7-3

练习题

第八章 | 中文期刊医学信息资源检索

ER 8-1

教学课件

学习目标

1. 熟悉网络数据资源的功能特点。
2. 掌握网络数据资源的检索方法,掌握各种不同检索方法的检索技巧。
3. 了解网络数据资源的各种衍生服务。
4. 学会使用各种不同的网络数据资源检索和获取学习过程中需要的各种文献资源。
5. 具备高效获取信息资源的有效手段和信息处理能力。

随着知识经济时代的到来,科学技术的飞速发展,计算机的普及,网络正在渗透到科学、教育及经济生活的各个领域,改变着人类的思维方式、学习方式、工作方式和生活方式,成为人们获取信息资源的主要途径和有效手段。我国互联网上信息资源建设主要体现在信息网络建设与数据库建设两个方面,网络数据库由于具有信息量大、学术性强、检索系统成熟等优点,已成为高校图书馆网络信息资源建设中的首选资源。

网络数据库(web-database)是指由数据库生产商在因特网上发行,通过计算机网络提供信息检索服务的数据库。网络数据库是数据库技术与现代网络技术相结合的产物,既具有一般数据库的特点,同时又有着明显的网络化特征,成为目前数据库服务方式的主流。网络数据库作为数据库技术在网络环境下的一种发展,表现出一定的优势,其特点是:

1. 信息容量大,增长迅速,更新及时。

2. 网络数据库面向大众用户,检索界面清晰友好,表现生动形象,易于理解,便于使用。

3. 网络数据库具有较为强大的检索功能,查全率和查准率比较高,除提供基本或简易检索模块供一般用户使用外,还可提供各种形式的高级检索模块以方便用户进行各种限定检索,或使用逻辑运算符、括号、位置运算符、截词符等构造检索式进行组配检索,使得检索更为灵活,更为准确。一般网络数据库都提供多途径检索入口,允许用户根据自己的需要选择不同的检索途径,其中包括关键词(keyword)、题名(title)、著者(author name)、文摘(abstract)、全文(full text)等,有的网络数据库甚至可以通过几十个检索入口进行检索。

4. 大部分网络数据库给用户提供了更灵活的输出方式,用户可以直接对检索结果进行存盘和打印,可利用 E-mail 发送检索结果,或直接在网上订购文献全文。

5. 网络数据库可以在不同地区建立它的镜像站点,这样不仅可以使用户获得最佳的检索效果,而且节省了时间与空间,实现了异地远程检索。

6. 全文型的网络数据库直接为用户提供获取全文的服务,同时一些书目索引文摘等二次文献数据库也与全文数据库之间建立链接,帮助用户迅速、直接访问,获取所需原始文献信息,增强了数据库的全文提供能力。

7. 有着较强的扩展整合功能。网络数据库除了为用户提供信息查询服务外,还提供多种整合功能。用户只需透过同一界面,通过强大的检索机制,就可以超越学科与时间的局限,迅速地发现在不同学科、不同年代所有与自己研究课题相关的重要文献。

这些特点使得不同类型的网络数据库成为越来越受欢迎的学习研究的重要参考资料来源，本章仅以下三种常用网络数据库为例，介绍主要数据库的特点与检索方法。

第一节　万方数据知识服务平台

情景导入

学生：作为一名即将毕业的护理专业学生，如何在完成学业的同时，不断学习新知识充实自己，时刻关注掌握前沿动态，更好地为病人服务？

老师：要完成这些工作可以从掌握万方数据知识服务平台的应用入手，熟悉万方数据知识服务平台的工作界面和主要的功能特点，方便今后工作中获取各种信息。

问题1：万方数据知识服务平台能提供什么样的数据资源？

问题2：如何才能利用万方数据知识服务平台快速高效地检索到所需要的文献？

一、万方数据知识服务平台概况

万方数据知识服务平台（Wanfang Data Knowledge Server Platform）是由北京万方数据股份有限公司建立的综合信息资源出版、增值服务的平台，在浏览器的地址栏输入网址"http://www.wanfangdata.com.cn"即可打开万方数据知识服务平台（图8-1）。该平台集中外科技期刊、学术会议论文、学位论文、标准、专利、科技成果等各类信息资源。资源种类全、品质高、更新快，具有广泛的应用价值。提供检索、多维浏览等多种人性化的信息揭示方法，同时还提供了知识脉络、查新咨询、论文相似性检测、引用通知等特色增值服务。

图8-1　万方数据知识服务平台主页面

万方数据知识服务平台主要数据库有：

（一）中国学位论文全文数据库

"中国学位论文全文数据库"资源由国家法定学位论文收藏机构中国科技信息研究所提供，并委托万方数据加工建库，收录了自 1980 年以来我国自然科学领域博士、博士后及硕士研究生论文，截至 2023 年 8 月，已达 615 万余篇，并年增全文 35 万篇，合作单位 900 余家，建成"中国学位论文全文数据库"，涵盖了自然科学、数理化、天文、地球、生物、医药、卫生、工业技术、航空、环境、社会科学、人文地理等学科领域。

（二）中国学术期刊数据库

"中国学术期刊数据库"收集了 1998 年以后的全国大部分正规刊物，截至 2023 年 8 月，收录共8 000 余种，收齐率高。拥有数量众多的高品质核心期刊 3 300 余种，论文数量达 15 588 万余篇，年增加 300 万篇。资源更新频率快、覆盖面大。

（三）中国学术会议数据库

"中国学术会议数据库"中会议资源包括中文会议和外文会议，中文会议收录始于 1982 年，年收集约 2 000 个重要学术会议，年增 10 万篇论文，每月更新。外文会议主要来源于 NSTL 外文文献数据库，收录了 1985 年以来世界各主要学协会、出版机构出版的学术会议论文共计 1 100 万篇全文（部分文献有少量回溯），每年增加论文 20 余万篇，每月更新。此库具有高质量、高权威、收录年限广、中西文合璧等特点。

（四）中外专利数据库

"中外专利数据库"涵盖 1.56 亿条国内外专利数据。其中，中国专利收录始于 1985 年，共收录4 060 万余条专利全文，可本地下载专利说明书，数据与国家知识产权局保持同步，包含发明专利、外观设计和实用新型三种类型，准确地反映中国最新的专利申请和授权状况，每年新增 300 万条。国外专利 1.1 亿余条，每年新增 1 000 万余条。

（五）中国特色资源库

"中国特色资源库"包括地方志、万方视频、红色文化专题库、行业知识服务平台、民俗文化专题和家训家风专题库等。

二、万方数据知识服务平台的检索方法

在浏览器的地址栏输入网址按回车键或通过镜像站点，可进入万方数据库资源系统。购买了使用权的单位可直接登录，不需要输入用户名和密码，就可以免费检索和下载。个人用户需购卡注册后方可检索和下载资源。

万方数据知识服务平台的文献检索方式主要有一框式检索、高级检索、专业检索、作者发文检索及期刊导航等。

（一）一框式检索

万方数据知识服务平台首页就可以进行一框式检索，一框式检索也称基础检索。先单击检索编辑框左侧的"全部"来选择文献类型，再单击检索编辑框来选择检索字段，最后输入检索词进行引擎式学术搜索（不选检索字段则进行全文智能搜索）。系统默认在学术论文（跨期刊、学位、会议、外文期刊、外文会议等多库）范围内快速检索文献。

（二）高级检索

在检索编辑框右侧单击"高级检索"，进入高级检索界面（图 8-2）。系统提供了包括标题、作者、刊名、关键词、摘要、全文、DOI 等 12 个检索条件入口。系统默认各检索条件之间是逻辑"与"的关系。

图8-2　万方数据知识服务高级检索主页面

(三) 专业检索

在高级检索界面单击"专业检索"选项,进入专业检索界面(图8-3)。专业检索提供了题名、作者、关键词、来源和摘要等多个字段的表达式组配检索功能,多个检索词之间根据逻辑关系使用AND(与)、OR(或)、NOT(非)连接。如:检索发表在《癌症》杂志上有关肝肿瘤的文献,首先通过鼠标选择检索字段,再输入关键字,最终表达式为刊名:(癌症)and 关键词:(肝肿瘤)。注:括号换成双引号时,表示准确检索。

图8-3　万方数据知识服务平台专业检索页面

(四) 作者发文检索

在高级检索界面单击"作者发文检索"选项,进入作者发文检索界面。此时检索项只有作者、第一作者和作者单位。如作者单位名称有变化,为减少失误可增加检索行进行组合检索。

(五) 期刊导航

单击首页上方的"学术期刊"按钮,进入数字化期刊主界面(图8-4)。

1. 按刊名检索　在期刊检索页面,系统默认刊名检索为模糊检索,在检索框内输入刊名检索词,点击"搜期刊",系统将查询并显示所有刊名含有检索词的刊物。例如:输入"护理",检索到刊名包含"护理"的期刊共 146 种。单击某一刊名,系统将显示该刊物的相关信息页面。同时,用户可以按相关度、影响因子、文献量、被引频次、下载量对期刊进行排序。

2. 按论文检索　按论文检索是按论文的内容查询文献,在检索框中输入检索词,单击"搜论文"按钮,系统将显示期刊相关的文献。仅按论文检索途径检索得到的结果往往会多一些,用户通过页面左侧的聚类筛选区来缩小检索范围或者直接在结果界面上方的检索栏位输入条件点击"结果中查询"来进行二次检索,以获得更高的查准率。

图 8-4　万方数据知识服务平台期刊导航页面

3. 按学科检索　系统提供了"按学科"划分的期刊分类表,当想要选择某一学科时,直接单击学科名称,系统便直接链接和显示相关学科的期刊。如用户想检索"临床医学"类期刊,只需单击"医药卫生"→"临床医学"即可,点击期刊列表上方的选项,可以缩小范围。如果用户仅需要查询北大核心期刊,只要单击"北大核心",系统便只显示"临床医学"期刊中的北大核心期刊。

单击所需查询的刊物,进入期刊概览页,该页面包括期刊简介、主办单位、国际刊号、国内刊号和邮编地址等信息。通过期刊概览页,用户可以快捷地进行文章浏览、特色栏目查看、期刊投稿统计分析、查看征文启事及 DOI 服务。

4. 按刊首字母　数字化期刊主界面还提供"按刊首字母"选项,系统按刊物名称的拼音首字母排列刊物,例如,检索"癌症"刊物,选择拼音首字母"A"即可进入查询列表。

5. 按核心收录来源　系统默认为全部核心,通过单击收录来源系统缩小检索范围。

6. 按收录地区　点击页面显示的某省份名称,系统就自动查询该省份期刊列表,点击列表期刊,系统直接链接到刊物详细信息页面。

(六) 检索历史

检索历史是系统对用户检索历史做自动保存。单击保存的检索式进行该检索式的重新检索或者通过"与、或、非"逻辑组配,同时用户可以对检索历史进行选择、删除操作。

三、检索结果输出

检索结果页面包括二次检索区、聚类筛选区和结果显示区（图8-5）。

图8-5　万方数据知识服务平台搜索结果页面

（一）检索结果的处理

用户可对检索结果进行以下操作：

1. 二次检索　用户通过在检索结果显示区上方文本框中输入检索词，单击"结果中检索"即可进行二次检索，提高查准率。

2. 排序　将检索结果以相关度、出版时间或被引频次顺序或逆序排序。

3. 批量选择　单击全选复选框可选中当前页的所有记录，也可一一选择所需文献记录。

4. 清除　单击"清除"按钮清除所有选中记录。

5. 批量引用　单击"批量引用"，将选中的检索结果以参考文献、查新格式、NoteExpress、Refworks、Note First、EndNote、Bibtex、自定义格式的形式生成题录信息，支持用户复制、编辑和导出。导出的格式可以为 TXT、XLS 和 DOC。

（二）检索结果的显示

1. 单击"列表"按钮，显示文章的题名、刊名、关键词、数据库及部分引文等。

2. 单击"详细信息"按钮，则显示包含文摘信息的题录。

3. 单击论文标题可逐页查看、引用、分享、收藏、打印或下载全文。同时用户可以查看引证文献。

4. 单击"下载"项则可打开或保存全文。

四、知识脉络分析

万方知识服务平台提供脉络分析，分为关键词知识脉络、学者知识脉络和机构知识脉络。

知识脉络是以年度为横坐标，以年度每百万篇期刊论文的命中数为纵坐标，对检索结果作趋势图。在趋势图的右侧列出了与检索词相关的热词（热词是指与被检索词共同出现在关键词字段较多次数的词），可以了解相关主题的学术研究趋势及热点。在知识脉络检索结果页面还可以进一步"比较分析"。例如，在检索框内输入需要分析的检索词"护理干预"进行知识脉络分析时得到的检索结果（图8-6），从图中可以直观地看到对"护理干预"研究热度的变化。

图 8-6　万方数据知识服务平台研究趋势图页面

单击"更多指标"按钮，显示（图 8-7）的页面，该页面对与"护理干预"相关的词作趋势图，可以了解相关学科的发展趋势。

图 8-7　万方数据知识服务平台比较分析页面

五、万方数据知识服务平台特色功能

（一）软件下载

万方数据知识服务平台提供 PDF 阅读器下载、WPS 阅读器下载、PDF 转 Word 软件下载。

（二）平台产品

万方数据知识服务平台拥有 10 余种特色产品：万方科慧、万方选题、灵析、万方检测、万方学术圈、学科发展评估、平台标准管理服务系统、学者知识脉络、机构知识脉络、关键词知识脉络、专利工具、行业知识服务平台等。

科研诚信与学术不端

诚信是人类社会千百年传承下来的道德传统，也是社会主义道德建设的重点内容。科研诚信涉及科研方法与态度、道德标准等的基本要求、师生关系、论文与署名、同行评议、利益冲突管理、合作研究、数据所有权、知识产权保护等问题。学术规范涉及学术积累、学术交流、学术自由、学术责任、学术创新等问题。

科研诚信是科研人员在科技活动中必须弘扬追求真理、实事求是、崇尚创新、开放协作的科学精神，遵守相关法律法规，恪守科学道德准则，严守学术共同体公认的行为规范。新时代大学生应具有求真的科学态度和严谨的逻辑思维能力，能独立进行深入、系统和富有创新意义的研究，坚持以"严肃、认真、诚实、守信"的精神进行科研活动，遵守学术道德和学术规范。

学术不端事件是指违反学术道德规范的行为，包括抄袭、伪造数据、篡改成果、利用职权谋取利益、滥用款物等。

学术不端论文查重系统是一种利用计算机软件程序，凭借语言技术和计算机算法，以检测论文是否存在不端行为的系统。该系统通过分析文本、比较文字结构、识别文字特征等方法，检测出文章中的重复内容，从而准确发现论文中存在的抄袭、剽窃等学术不端行为，可以有效地排除论文中的其他学术不端行为。学术不端论文查重系统还可以通过比较文本中的单词、句子、段落等内容，以及比较文本结构、语义、语法等特征，来发现论文中存在的学术不端行为。该系统还可以利用深度学习技术，利用机器学习模型来检测论文中的抄袭、剽窃等学术不端行为。

实践一：万方数据知识服务平台的应用

【实践目的】

1. 掌握高级检索方法。
2. 掌握逻辑组配关系。
3. 掌握题录项的导出。
4. 掌握文献的下载与保存。

ER 8-2

万方数据知识
服务平台的
实践操作

【实践内容】

护理专业的学生毕业后在工作中除了要干好本职工作之外，还要具备一定的信息获取能力。可以通过掌握万方数据知识服务平台的应用来达到目标，熟悉万方数据知识服务平台的工作界面和主要的功能特点，方便今后工作中进行各种信息的获取。本次实践任务，通过万方数据服务平台，运用高级检索方法查找"黑龙江护理高等专科学校所有人员在《卫生职业教育》"上发表的护理相关文献。检索年限限定在"2009~2020年"，导出被引频次前四的题录信息的参考文献格式。

【实践步骤】

1. 登录系统　在浏览器地址栏中输入"http://www.wanfangdata.com.cn/"，或者进入万方数据知识服务平台的站点，点击"高级检索"进入高级检索页面。

2. 多库检索　多库检索可以实现在多个数据库中同时搜索，点击所需检索的数据库资源列表的选择框即可选中。多库检索可以提高文献的查全率，例如，选中的数据库为学术期刊、学位论文和会议论文三个数据库进行多库检索，检索条件限定为"主题"，检索的关键词限定为"护理"；第二个检索条件限定为"作者单位"，检索的关键词限定为"黑龙江护理高等专科学校"；第三个检索条件限定为"期刊-刊名"，检索的关键词限定为"卫生职业教育"。三个检索条件之间的逻辑关系选择逻辑"与"，文献时间范围限定为"2009~2020年"，进行检索。

逻辑"与"的关系：指在前次结果中继续查找同时满足新的检索条件的数据，执行结果最终将缩小结果范围。

逻辑"或"的关系：指在前次结果中加入满足新的检索条件的结果记录，执行结果最终将扩大结果范围。

逻辑"非"的关系：指在前次结果中排除符合新的检索条件的结果记录，执行结果最终将缩小结果范围。

如果获得的检索结果太多，而大多是无关信息，可以再次通过页面左边的"缩小检索范围区"在当前检索结果中进行二次检索，以获得更高的查准率。

3. **单一数据库检索** 单一数据库的检索对象限定为某一个特定的数据库，单一检索可以提高查准率。用户可以根据所需检索内容，选择相应的某一数据库进行检索，检索时只需点击所需数据库，然后输入检索词，单击"检索"按钮即可获得检索结果。如选择的数据库为"期刊"这一单一数据库，检索条件限定为"主题"，检索的关键词限定为"护理"；第二个检索条件限定为"作者单位"，检索的关键词限定为"黑龙江护理高等专科学校"；第三个检索条件限定为"期刊-刊名"，检索的关键词限定为"卫生职业教育"。三个检索条件之间的逻辑关系选择逻辑"与"，文献时间范围限定为"2009~2020年"，进行检索。

对比两次检索的结果可见，在同样的检索词、同样的时间限定下，多库检索获得满足条件的结果较多，而单一数据库的检索满足条件的结果较少，可见，多库检索查全率高，而单一数据库检索查准率高。

4. **浏览检索结果** 在检索结果报告区提示总记录数、总页数及当前页。在分页显示导航区点击数字，可以进入相应点选页。检索结果页面首先为概览页，即显示命中文献记录的简单内容。在概览页，可以选择并保存检索的题录信息，也可在结果中进行二次检索，用来进一步精选文献。然后在检索结果列表区选择与题目要求相符合的检索结果导出题录项。

5. **获取原文** 在检索结果中选择所需的文献，点击选中文献题名链接，即可打开文献的详细信息进入该文献细览页面。在细览页面，除显示文献题名、作者、中文摘要等详细内容外，还显示参考文献、引证文献、共引文献、同被引文献、相似文献、相关期刊等信息，供用户参考。在概览页面和细览页面均可直接点击相应按钮下载或浏览文献全文。点击"在线阅读"可在线阅读原文；点击"下载"，就可获得文献的全文，注意确认保存的路径。

第二节　维普期刊资源整合服务系统

情景导入

学生：老师，我接到护理部主任通知，要求我提交一份"新入职护士职业规划"的文件，下班之前提交草稿，而我又缺乏这方面的经验，怎样高效率地搜集这方面的信息？

老师：学会使用维普期刊资源整合服务系统会给你提供很大的帮助。

问题1：维普期刊资源整合服务系统能提供什么样的数据资源？

问题2：如何利用维普期刊资源整合服务系统进一步筛选符合条件的文献资源？

一、维普期刊资源整合服务系统概况

重庆维普资讯有限公司的前身是中国科技情报所重庆分所数据库研究中心。1989 年"中文科技期刊数据库"研发成功,以软盘形式开始向全国用户发行,开创了中国信息产业数据库建设的先河。1992 年,又研究开发出我国第一张中文数据库光盘,不仅在中文信息存储介质中有重大突破,在中文数据处理、盘片制作、软件开发及光盘数据库的推广应用等方面为业界提供了可借鉴的经验,推动了我国信息产业的发展。1998 年"中文科技期刊数据库"收录期刊达 7 000 余种,年数据加工量 60 万条,成为国内最具权威和最受欢迎的数据库之一。

维普资讯网(http://www.cqvip.com)于 2000 年建成,目前已经成为全球著名的中文信息服务网站,是我国最大的综合性文献服务网,并成为谷歌学术(Google Scholar)最大的中文信息合作网站。网站目前较为领先数字出版行业发展水平,数次名列中国出版业网站百强,并在中国图书馆业、情报业网站排名中名列前茅。于 2011 年 4 月全新改版,新版为仓储式在线出版平台。新版"维普期刊资源整合服务系统"(CSTJ)V6.5 版(http://qikan.cqvip.com),是中文科技期刊资源服务平台,是一个由单纯提供原始文献信息服务过渡延伸到提供深层次知识服务的整合服务系统。2023 年 4 月,重庆维普资讯有限公司历时近一年潜心研发、倾力打造的新版"维普网"(https://wwwv3.cqvip.com)正式上线,共收录了 7 463 万余篇期刊。其中核心期刊 1 957 种,文献总量 2 081 余万篇,覆盖社会科学、自然科学、工程技术、农业科学、医药卫生、经济管理、教育科学和图书情报等学科内容。蓝白主色科技风简洁界面,崭新功能模组,结合数据分析、数据挖掘、自然语言处理、人工智能等领先技术,致力于为广大用户提供专业、深度、多维的科技情报与科研工具。

维普期刊资源整合服务系统的特点:

1. **高效的文献检索平台** 检索排序优化和同义词扩展等大大提高检索性能。
2. **精准的聚类组配方式** 多维度对检索结果进行层层筛选。
3. **深入的引文追踪分析** 深入追踪研究课题的来龙去脉。
4. **详尽的计量分析报告** 快速了解和掌握相关领域的研究概貌。
5. **完善的全文保障服务** 全方面的期刊全文资源获取服务;
6. **完整的移动解决方案** 满足移动端用户的多场景使用需要。

本次上线的新版"维普网"主要新增主题知识脉络、机构知识脉络、人物知识脉络、比对分析和新闻动态等功能服务。

二、维普期刊资源整合服务系统检索方式

在浏览器的地址栏输入"http://www.cqvip.com",打开维普资讯首页,点击"中文期刊服务平台"进入维普期刊资源整合服务系统主页,也可以通过图书馆网站数字资源列表中的维普期刊相关链接访问平台,或者直接输入网址"http://lib.cqvip.com",打开"中文期刊服务平台"(以下简称"平台")并登录(图 8-8)。平台提供手机 APP 下载,将海量期刊论文装进口袋,实现期刊数据海洋随时随地畅游。平台的文献检索方式主要有一框式检索、高级检索、期刊导航及检索历史等。

(一)一框式检索

登录系统后,默认检索方式为一框式检索。系统提供了题名、刊名、关键词、作者、第一作者、文摘、机构、分类号、参考文献、基金资助等检索入口。在不清楚文献外部特征的情况下,用户可以采用系统默认的检索入口(任意字段),不输入字符,而直接点击"检索"按钮,系统出现更多检索方式选项的画面(图 8-9)。此页面显示当前收录文献的篇数。

图8-8　维普期刊资源整合服务系统首页

图8-9　维普期刊资源整合服务系统检索页面

（二）高级检索

平台为熟练用户提供了更丰富更直接的向导式高级检索，亦称"组栏式检索"。用户根据向导提示输入检索词进行多条件组配检索，提高查准率，一步获取最优检索结果。

用户首先选择检索项，在检索框内输入检索词，选择逻辑运算符，进行限定字段的扩展信息选择，单击"检索"按钮即可，也可单击"清空"按钮重新设置条件。用户可以运用"与""或""非"的布尔逻辑关系将多个检索词进行组配检索。用户不仅可以进行同字段的组配检索，也可以进行不同字段的组配检索。对每个检索词分别设定检索命中字段，并且通过时间范围限定、期刊范围限定、学科范围限定来调整检索的数据范围；还可以选择"精确"和"模糊"两种匹配方式，选择是否进行"中英文扩展"和"同义词扩展"，通过更多的检索前条件限定，缩小文献检索范围，获得最佳的检索结果（图8-10）。

图 8-10　维普期刊资源整合服务系统高级检索页面

1. 同义词扩展　"同义词"系统默认为全选状态。关闭时,只对当前关键词检索有效。例如,选择"关键词"字段后在文本框中输入"头孢拉啶",单击"检索"按钮,系统将"头孢拉啶""头孢雷定""泛捷复"等同义词一并检索,提高了文献的查全率。

2. 模糊/精确　该选项只对关键词、刊名、著者、第一著者、分类号这几个字段的检索有效。系统首先默认为"模糊"检索,即检索含有检索词的文献。例如,选"著者"字段,输入"李伟",检索到著者字段中出现"李伟""李伟强""李伟杰""李伟超"等作者的文献;如选择"精确",则只检索作者为"李伟"的文献。

3. 扩展检索条件　单击"扩展检索条件"按钮,系统提供时间限定、更新时间选择、学科限定和期刊范围的限定。扩展检索可使检索的结果减少。

(三) 检索式检索

检索式检索是系统提供给专业级用户的数据库检索功能。用户可以自行在检索框中书写布尔逻辑表达式进行检索。在检索式输入框中直接输入逻辑组配检索式,在逻辑组配时各字段要进行字段字母代码的输入(注意要大写),并用逻辑运算符进行组配,最后单击"检索"按钮即可。单击"清空"按钮重新设置条件。

逻辑运算时系统按逻辑运算的优先级运算。有括号时先运算括号内的再运算括号外的。无括号时逻辑与"*"优先运算。检索式检索同样支持用户选择时间范围、期刊范围、学科范围等检索限定条件来控制检索命中的数据范围(图 8-11)。

(四) 期刊导航

单击主页"期刊导航"标签,进入期刊导航检索界面(图 8-12)。系统为期刊检索主要提供刊名、ISSN、主编、主办单位和国内统一刊号(CN)等七种检索入口。国内统一刊号(CN)检索一般是精确检索,刊名检索是模糊检索;期刊检索提供二次检索功能。所查刊物可以列表显示或封面显示,列表显示中提供了刊名、主办单位、收录情况、发文量、被引量及 OA 期刊的标志等期刊信息。

在该页面显示目前平台期刊收录种数,用户可以通过点击"只查看 OA 期刊",来查看 OA 期刊,进而免费获取全文。用户可按首字母查找,即按期刊名的第一个字的拼音首字母查询,也可以通过聚类筛选平台提供的核心刊导航、国内外数据库收录导航、地区导航、主题导航多种期刊聚类方式按需进行切换。

图 8-11　维普期刊资源整合服务系统检索式检索页面

图 8-12　维普期刊资源整合服务系统期刊导航页面

　　单击系统提供的学科分类列表链接可查到该学科的所有期刊文献。选择期刊刊名,进入期刊的整刊浏览页面。页面包括刊物详情、收录汇总、发表作品、发文分析及评价报告选项。点击"期刊详情"可查看创刊时间、刊期、出版地、主办单位、联系方式、出版物号等信息,系统还提供了该期刊简介、变更情况、获奖情况和收录情况;点击"收录汇总",用户可以通过选择页面左侧年份、刊期,进行二次检索,页面右侧显示所选刊物目录信息,点击文章题名,即可实现文章检索,系统显示文章详细页。此时用户根据需要进行认领、引用、收藏、分析操作。

特别注意：通过维普网首页"期刊大全"进行期刊搜索时，系统对检出结果提供"H指数排序"和"影响因子排序"。

(五) 检索历史

检索历史是系统对用户检索历史做自动保存。单击保存的检索式进行该检索式的重新检索或者"与、或、非"逻辑组配，同时用户可以对检索历史进行选择、删除、订阅操作（图8-13）。

图8-13　维普期刊资源整合服务系统检索历史页面

中文期刊服务平台提供了基于检索结果的二次检索、聚类筛选及多种排序方式，方便用户快速找到目标文献。

二次检索：系统默认"二次检索"为逻辑"与"，即本次检索与上次检索之间进行AND的逻辑运算，与在结果中进行二次检索含义相同。

知识拓展

影响因子

期刊影响因子（impact factor, IF），是代表期刊影响大小的一项定量指标。也就是某刊物平均每篇论文的被引用数，它实际上是某刊在某年被全部源刊物引证该刊前两年发表论文的次数，与该刊前两年所发表的全部源论文数之比。

1. 综合影响因子　综合影响因子即影响因子计算公式：IF = A/B，其中，IF为期刊某一年的影响因子，A为该期刊前两年发表的文章在统计年内被期刊引用的总次数，B为该期刊在前两年内发表的文章总数。例如，如果我们想计算2023年的某期刊影响因子，我们需要关注以下数据：

A = 2023年内，该期刊在2021年和2022年发表的文章被期刊引用的次数之和

B = 2021年和2022年该期刊发表的文章总数

用A除以B，得到影响因子。

2. 复合影响因子　复合影响因子（composite Impact Factor, CIF），计算公式：CIF = C/B，其中，CIF为期刊某一年的复合影响因子，C为该期刊前两年发表的文章在统计年被期刊、硕博士论文、会议论文引用的总次数，B为该期刊在前两年内发表的文章总数。

三、检索结果输出

（一）检索结果页面说明

图 8-14 是维普期刊资源整合服务系统检索结果页面。对应图上的序号：

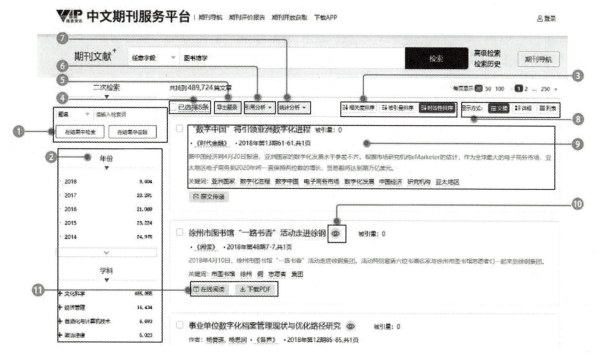

图 8-14 维普期刊资源整合服务系统检索结果页面

1. 二次检索区 在已有检索结果的基础上，通过"在结果中检索"选定特定检索内容，或者通过"在结果中去除"摒弃特定检索内容，缩小检索范围，进一步精炼检索结果。

2. 检索结果聚类区 平台提供基于检索结果的年份、所属学科、期刊收录、相关主题、期刊、发文作者和相关机构的分面聚类功能，各聚类项执行"且"的检索逻辑，用户可以通过点击相关聚类项，进行结果的聚类筛选。

3. 检索结果排序按钮区 平台提供相关度排序、被引量排序和时效性排序三种排序方式，用户可以从不同维度对检索结果进行梳理。

4. 文献选择按钮 平台提供已选文献集合的文献管理功能，用户可以对已勾选内容进行题录导出和计量分析。

5. 文献题录导出 平台支持文献题录信息的导出功能，支持的导出格式为文本、查新格式、参考文献、XML、NoteExpress、Refworks、EndNote、Note First、自定义导出、Excel 导出。用户可以勾选目标文献，点击"导出"按钮后选择适当的导出格式实现此功能。

6. 引用分析 可对单篇或多篇文献题录的参考文献和引证文献进行汇总分析，同样以查询结果的形式返回具体数据，帮助用户有效梳理研究主题的来龙去脉。

7. 统计分析 提供对"检索结果"和"已选文献集合"的统计分析功能，分析文献集合的年份、发文作者、发文机构、发文期刊、发文领域等多维度的分布情况。

8. 切换查看视图 平台支持文摘、详细和列表三种文献查看方式，用户可以按需进行视图切换。

9. 文献题录查看 可以在题录列表中详细浏览文献题录信息，根据显示方式的不同，文献题录显示详略不一，主要有题名、作者、机构、来源和期次等。

10. 首页信息预览　在文摘和详细视图下,用户可以点击题名右侧的预览按钮,以实现文献首页的内容预览,快速判断文献参考价值。

11. 全文保障服务平台　提供在线阅读、下载 PDF、原文分享、OA 全文链接等多途径的全文保障模式。

（二）检索结果操作

用户通过上述任何检索方式检索出结果后,在检索结果页面系统显示一共找到文章数量,下方复选框可进行单选、多选或全选文章。通过点击"导出题录""引用分析""统计分析"可对选中的文章进行相应操作。

（三）检索结果显示

维普中文期刊服务平台中检索结果默认显示方式为"概要显示"。页面显示内容主要包括文章的标题、文章前两位作者、文章出处(期刊名、出版年、卷、期、页码)。可自行切换显示方式,选择"文摘""详细"或"列表"。"文摘显示"主要显示文章的题名、作者、刊名、出版时间、文摘的详细内容和关键词;"详细显示"显示文章的题名、刊名、机构、作者、关键词、文摘、分类号、出版时间、相关文献链接;"列表显示"将题名、作者、出处、发文年、被引量等信息以表格形式显示。列表中的所有信息符号都可点击。

选择显示方式的同时还可对每页页面显示的条数进行选择,检索结果默认为每页显示 20 条,可在显示方式处根据个人需求改成 50 条或 100 条。对于检索结果中的文章,用户可逐页翻阅,也可用"跳转"功能跳转至自己希望阅读的页号。

（四）获取全文

在检索结果的概览页面上单击"下载 PDF"或"免费下载"按钮下载全文,点击文献标题也可以实现全文下载。

（五）浏览器下载和使用

1. 下载　对于非开源文献,点击"在线阅读"或"下载 PDF"后,用户就可以在页面中单击"阅读软件"项,便可进入 PDF 阅读器下载页面,选择浏览器下载专区,选择某一版本的浏览器下载即可,还可通过镜像站点下载该浏览器。

2. PDF 浏览器实现图像复制　找到要复制的图像,按下鼠标左键拖动,选定要复制的区域后释放鼠标左键。右击在弹出的快捷菜单中选择"复制"命令,便可将选定区域的内容以图像形式粘贴到 Word 等软件中进行图像处理。

系统首先默认鼠标指针的形状为手形,如果要对文章的内容进行复制处理,则首先要单击工具栏图标,鼠标指针的形状变为"I"形,在 PDF 文档显示区域按下鼠标左键拖动鼠标,选定所需文字区域(即要复制的区域),此时,释放鼠标左键。右击选择"复制"命令,便可将选定区域内的文字复制到其他文本编辑器中进行编辑、利用。

实践二：维普期刊资源整合服务系统的应用

【实践目的】

1. 掌握基本检索方法。
2. 掌握学科范围条件的选择。
3. 掌握文献传递的利用。
4. 掌握检索词的选取。

维普期刊资源
整合服务系统
的实践操作

【实践内容】

护理专业的从业人员在工作中还需要具备一定的信息获取能力,提高检索的效率,要完成这些工作就要掌握维普中文科技期刊数据库的应用,熟悉维普中文科技期刊数据库的工作界面和主要的功能特点,方便在工作中进行各种信息的获取。本次实践任务通过维普中文科技期刊数据库检索发表在北大核心《临床儿科杂志》上并有免费全文链接的有关心理干预在意外伤害方面的文献。

【实践步骤】

1. 登录系统 在浏览器地址栏中输入"http://qikan.cqvip.com/",或者进入维普中文科技期刊数据库的站点。

2. 文献检索 在首页中选择"高级检索"检索方式,此方法在检索页面上提供各种条件限制的检索功能。

(1)**选择检索入口**:维普中文科技期刊数据库提供 14 种检索入口:关键词、作者、第一作者、刊名、任意字段、机构、题名、文摘、分类号、题名或关键词、参考文献、作者简介、基金资助、栏目信息,用户可根据自己的实际需求选择检索入口、输入检索式进行检索。这里选择"题名或关键词"字段,输入"心理干预"进行检索。

(2)**限定检索范围**:用户可从根据需要进行范围限制(全部期刊、核心期刊、EI 来源期刊、SCI 来源期刊、CAS 来源期刊、CSCD 来源期刊、CSSCI 来源期刊)和数据年限限制(1989~2020 年),来限制检索范围,从而更精准地得到自己所需的数据。这里选择"核心期刊"。

(3)**显示方式**:根据用户喜好,可设置检索结果的显示方式(文摘显示、详细显示、列表显示)和每页显示的篇数(20 条、50 条、100 条)。

(4)**二次检索**:二次检索是在一次检索的检索结果中运用"与""或""非"进行再限制检索,其目的是缩小检索范围,最终得到期望的检索结果。用户直接输入关键词检索到的数据往往是比较多的,可能还有些数据是不需要的,这就说明用户检索条件过宽,可以考虑二次检索来缩小检索范围。这里可以在检索词输入框中输入"儿童重症监护室"作为关键词,通过点击"在结果中检索"来进行二次检索,或者分解成"心理干预""儿童重症监护室"两个关键词组合起来进行检索。

(5)**学科类别限制**:学科分类导航系统参考《中国图书馆分类法》(第五版)进行分类,每一个学科分类都可以按树形结构展开,利用导航缩小检索范围,进而提高查准率和查询速度。例如,在本题中可以在"医药卫生"类中选择"临床医学"分类进行查找。

3. 浏览检索结果 根据检索结果信息判断文献相关性,可筛选导出文献,导出题录。选中检索结果题录列表前的复选框,单击"导出",可以将选中的文献题录以文本、参考文献、查新格式、XML、NoteExpress、Refworks、EndNote、NoteFirst、自定义导出和 Excel 的格式导出。导出形式有复制、导出打印等。

单击文献题名进入文献细览页,查看该文献的详细信息和知识节点链接。此界面还提供参考文献(作者在撰写文献时引用的其他文献,反映本文的背景或依据。单击链接可以进入参考文献)、相似文献(与本文研究主题相似的文献),反映同类研究现状。

4. 获取全文 用户点击下载全文、文献传递、在线阅读按钮,将感兴趣的文献下载保存到本地磁盘或在线进行全文阅读。其中新增原文传递的全文服务支持对不能直接下载全文的数据,通过委托第三方社会公益服务机构提供快捷的原文传递服务。需要填写电子邮箱等个人信息,一般在24 小时以内就会接收到维普中文科技期刊数据库发来的邮件信息。

第三节　中国知网数据库

一、中国知网数据库概况

　　中国知网是《中国学术期刊（光盘版）》电子杂志社、同方知网（北京）技术有限公司共同创办的网络知识出版平台。其前身为1995年立项的《中国学术期刊（光盘版）》及1996年开通的中国期刊网。2004年，中国期刊网更名为中国知网，并确立了建设"中国知识基础设施工程（China national knowledge infrastructure，CNKI）"的目标。CNKI采用自主开发并具有国际领先水平的数字图书馆技术，全方位整合多种媒体形式的知识资源，构建标准化、规范化、集成化、具有国际领先水平的网络出版平台。文献类型包括学术期刊、博士学位论文、优秀硕士学位论文、工具书、重要会议论文、年鉴、专著、报纸、专利、标准、科技成果、知识元、哈佛商业评论数据库、古籍等，还可与德国Springer公司期刊库等外文资源统一检索。

（一）CNKI数据库的资源介绍

　　中国知网是目前全球最大的中文数据库，CNKI的源数据库主要包括"中国学术期刊网络出版总库""中国学位论文全文数据库""中国重要会议论文全文数据库""中国重要报纸全文数据库"等；特色资源主要包括"中国年鉴网络出版总库"和"中国工具书网络出版总库"等；国外资源主要包括"学术研发情报分析库""全球产业（企业）案例分析库"等；行业知识库主要包括医药、农业、建筑、城建、法律等；作品欣赏主要包括"中国精品文化期刊文献库""中国精品文艺作品期刊文献库"和"中国精品科普期刊文献库"；指标索引主要包括全国专家学者、机构、指数等。产品分为十大专辑：基础科学、工程科技Ⅰ、工程科技Ⅱ、农业科技、医药卫生科技、哲学与人文科学、社会科学Ⅰ、社会科学Ⅱ、信息科技、经济与管理科学。

　　1. 中国学术期刊网络出版总库　是连续动态更新的中国学术期刊全文数据库，内容以学术、技术、政策指导、高等科普及教育类期刊为主，覆盖自然科学、工程技术、农业、哲学、医学、人文社会科学等各个领域。目前，收录国内学术期刊8 450余种，含北大核心期刊1 970余种，网络首发期刊2 470余种，全文文献总量6 140余万篇。收录自1915年至今出版的期刊，部分期刊回溯至创刊年份。

　　2. 中国学位论文全文数据库　是国内内容最全、质量最高、出版周期最短、数据最规范、最实用的学位论文全文数据库。出版内容覆盖基础科学、工程技术、农业、医学、哲学、人文、社会科学等各个领域。目前，收录来自520余家培养单位的博士学位论文50万余篇，800余家硕士培养单位的硕士学位论文550余万篇。

　　3. 中国重要会议论文全文数据库　收录了国内重要会议主办单位或论文汇编单位书面授权，投稿到"中国知网"进行数字化版的会议论文，是"中国学术期刊（光盘版）"电子杂志社编辑出版的国家级连续电子出版物。重点收录1999年以来中国科协、社科联系统及省级以上的学会、协会，高校、科研机构，政府机关等举办的重要会议上发表的文献。其中，全国性会议文献超过总量的80%，部分连续召开的重要会议论文回溯至1953年。目前，已收录国内会议、国际会议论文集4.2万余本，累计文献总量360余万篇。

4. 中国重要报纸全文数据库 收录2000年以来中国国内重要报纸刊载的学术性、资料性文献的连续动态更新的数据库。报纸库收录并持续更新2000年以来出版的各级重要党报、行业报及综合类报纸500余种。

（二）CNKI数据库的检索特点

为方便读者检索，知识发现网络平台进行了全新改版。知识发现网络平台不同于传统的搜索引擎，它利用知识管理的理念，实现了知识汇聚与知识发现，结合搜索引擎、全文检索、数据库等相关技术达到知识发现的目的，可在海量知识及信息中发现和获取所需信息，简洁高效、快速准确。

KDN的主要目标是更好地理解用户需求，提供更简单的用户操作，实现更准确的查询效果。KDN着重优化页面结构，提高用户体验，实现平台的易用性和实用性。实现检索输入页面、检索结果页面的流畅操作，减少迷失度和页面干扰。提供标准化的、风格统一的检索模式，提供多角度、多维度的检索方式，帮助用户快速定位文献。

主要新特性如下：

1. 一框式检索 检索平台提供了统一的检索界面，采取了一框式的检索方式，对输入短语经过一系列分析步骤，更好地预测读者的需求和意图，给出更准确的检索结果。用户只需要在文本框中直接输入自然语言（或多个检索短语）即可检索。一框式的检索默认为跨库检索，目前包含文献类数据库产品有期刊、博士、硕士、国内重要会议、国际会议、报纸和年鉴7个库。一框式检索的优点：简单易用，风格统一。

2. 智能提示 其功能给用户带来了极大的方便，而且能智能建议检索词对应的检索项。

3. 在线预览 在线预览是KDN推出的一项新功能。该功能极大地满足了读者的需求，使读者由原来的"检索－下载－预览"三步走，变成"检索－预览"两步走，节省了读者的宝贵时间，让用户第一时间预览到原文，快捷方便。

4. 导出功能 改版后的文献导出功能可实现多次检索结果一次性导出，并生成检索报告。

5. 分类导航 平面式分类导航帮助用户快速找到数据来源。

6. 文献分享 用户可以方便地把自己感兴趣的文献分享到新浪微博、复制链接或微信扫一扫。

7. 推送功能 可以关注文献的引文频次更新、检索主题的更新、期刊的更新，Email、手机短信订阅更新等提醒功能。

总之，KDN兼顾了不同层次用户群的需求，简化默认检索模式，重点功能、用户重点关注的内容更突出。

二、中国知网数据库的检索方法

通过中国知网主页（https://www.cnki.net/）或通过镜像站点登录中国知网。购买了数据库使用权的单位不需要输入用户名或密码就可直接登录。个人用户可购买CNKI阅读卡，注册后可使用数据资源。中国期刊全文数据库（Web版）主界面（图8-15）。首页提供旧版及手机版入口。

CNKI检索方法主要有一框式检索、高级检索、专业检索、作者发文检索、句子检索和出版物检索等检索方法。

（一）一框式检索

打开中国知网首页，即可进行一框式检索，也可以通过高级检索界面链接进入。一框式检索时系统默认为跨库文献检索，包括期刊、博硕士论文、国内重要会议、国际会议、报纸和年鉴数据库等总库。用户可以根据需要快速切换到知识元检索和引文检索。

图 8-15　"中国期刊全文数据库"主页

1. 输入检索词直接检索　选择数据库以及检索字段,在检索框中直接输入检索词,单击检索按钮进行检索。

"中国期刊全文数据库"提供了以下 16 个检索项。

1)主题:默认检索字段,在中英文篇名、中英文关键词、机标关键词、中英文摘要中检索。

2)篇关摘:一般是依据篇章结构和篇章之间的关联提取出来。

3)关键词:包括中文关键词、英文关键词、机标关键词。机标关键词是由计算机根据文章内容,依据一定的算法自动赋予的关键词,与作者自拟关键词有所区别。

4)篇名:在中文篇名、英文篇名中检索。

5)全文:在文章的正文中检索,可输入一个词、一个短语或是一句话,如"锄禾日当午,汗滴禾下土",可以选择"并且""或者""不包含"几种关系。

6)作者:出现于文章中由作者提供的中英文作者名称。

7)第一作者:文章发表时,多个作者中排在首位的作者。

8)通讯作者:出现于文章中通讯作者提供的名称。

9)作者单位:作者发表文章时所任职的机构,照录在文章中规定位置出现的机构名称。检索时不宜使用简称,如输入"北京大学"而不是"北大"。

10)基金:用基金名称检索受各种基金项目资助的文章,如"国家高技术研究发展计划(863)基金""国家自然科学基金""国家社会科学基金"。

11)摘要:在中文摘要、英文摘要中检索。

12)小标题:使文章新颖别致,过渡便捷,内容丰富,主旨突出,但并不是所有的文章都可以用小标题的结构形式。

13)参考文献:在文章后所列"参考文献"中综合检索,而不是按条目、题名、作者分别检索。

14)分类号:即中图分类号,通过"中国图书馆分类法"分类号检索,如 H319、R6。

15)文献来源:中文刊名和英文刊名。英文刊名中包括中文期刊的英文名称和英文期刊的名称。如有刊名发生变更的情况,无论输入曾用名、当前名,均可检出。

16)数字对象唯一标识符(digital object unique identifier,DOI):DOI 是一套识别数字资源的机制,涵括的对象有视频、报告或书籍等等是一套识别数字资源的机制,涵括的对象有视频、报告或书籍等等是云计算背景下最佳的"大数据"样本存储和应用技术,具有唯一性、持久性、兼容性、互操作性、动态更新的特点。

2. 数据库切换直接检索　选择字段以及输入检索词,切换数据库则直接检索;如果检索框为空,则不检索。

3. 智能提示检索　当输入检索词时,系统会根据输入的词,自动提示相关的词,通过鼠标或键盘选中提示词,鼠标单击检索按钮(或者单击提示词,或者直接回车),即可实现相关检索。

(二) 高级检索

高级检索在初级检索基础之上增加了多项双词逻辑组合检索、双词频控制。双词是指一个检索项中可输入两个检索词(在两个输入框中输入),每个检索项中的两个词之间可进行并且、或者、不包含三种组合,每个检索项中的两个检索词可分别使用精确/模糊匹配。CNKI"中国期刊全文数据库"高级检索界面(图8-16)。

图 8-16　CNKI"中国期刊全文数据库"高级检索页面

1. 匹配方式　高级检索页面中检索词的匹配方式分为"模糊""精确"两种。

精确:检索结果完全等同或包含与检索字/词完全相同的词语,为默认选项。

模糊:检索结果包含检索字/词或检索词中的词素。

例如,通过作者检索时,输入"王选"选择"精确"匹配方式,只有"王选"被检出,反之选择"模糊"匹配,"王选明""王选庆""王选深""王选杰"等均可检出。如不能确定作者姓名,可以只输入名字中的一个或两个字,选择"模糊"方式可以检出。

2. 检索范围　检索范围有网络首发、增强出版和基金文献三个选择。

3. 扩展　对检索词是否进行中英文扩展或同义词扩展。

4. 更新时间　库中数据更新日期,通过下拉列表选择最近一周、最近一月、最近半年、最近一年、今年迄今及上一年度。

5. 时间范围　通过鼠标点击日历图标进行选择。

6. 重置条件　单击"重置条件",系统将清除所有设置的检索条件,恢复为默认情况。

(三) 专业检索

在高级检索页切换"专业检索"标签,可进行专业检索(图8-17)。专业检索是所有检索方式里面比较复杂的一种检索方式,用于图书情报专业人员查新、信息分析等工作,使用运算符和检索词构造检索式进行检索。

1. 专业检索的一般流程　确定检索字段构造一般检索式,借助字段间关系运算符和检索值限定运算符可以构造复杂的检索式。

2. 专业检索表达式的一般式　<字段代码><匹配运算符>'<检索值>'

图 8-17　CNKI "中国期刊全文数据库" 专业检索页面

专业检索需要用户自己输入检索式来检索,并且确保所输入的检索式语法正确,这样才能检索到想要的结果。每个库的专业检索都有说明,详细语法可以单击右侧检索表达式语法参看详细的语法说明。在期刊库中,用字母来表示可检索字段(表 8-1)。

表 8-1　CNKI "中国期刊全文数据库" 专业检索字段对应表

序号	字段代码	检索字段	序号	字段代码	检索字段
1	SU	主题	12	FU	基金
2	TI	题名	13	CN	CN 号
3	KY	关键词	14	SN	ISSN
4	AB	摘要	15	CLC	中图分类号
5	FT	全文	16	CF	被引频次
6	AU	作者	17	SI	SCI 收录刊
7	FI	第一作者	18	EI	EI 收录刊
8	RF	参考文献	19	HX	核心期刊
9	RT	更新时间	20	JN	期刊名称
10	PT	发表时间	21	AF	作者单位
11	YE	期刊年			

这样,如果需要检索的主题是"护理",关键词是"护理干预",作者"王萍",作者单位"山东大学",那么用户需要在图 8-17 的检索框中输入"SU = '护理' AND KY = '护理干预' AND AU = '王萍' AND AF = '山东大学'"即可查询相关文献。

3. 作者发文检索　在高级检索页切换"作者发文检索"标签,可进行作者发文检索,通过输入作者姓名及其单位信息,检索某作者发表的文献,此检索方法仅提供作者、第一作者、通讯作者和单位四个检索字段。功能及操作与高级检索基本相同。

4. 句子检索　在高级检索页切换"句子检索"标签,可进行句子检索。它是通过输入的两个检索词,在全文范围内查找同时包含这两个词的句子,找到有关事实的问题答案。句子检索不支持空检,同句、同段检索时必须输入两个检索词。

例如：检索同一句包含"护理干预"和"儿童"的文献。检索结果（图8-18）。

图 8-18　CNKI "中国期刊全文数据库"句子检索结果页面

在结果页面，单击"句子来自"后的题名，即可打开文献详细页面，进而对文献进行引用、收藏、分享、打印、手机阅读、HTML阅读、CAJ下载、PDF下载等操作。

5. 出版物检索　在知网的首页点击"出版物检索"进入出版物检索页面，通过出版来源导航下拉菜单，可以切换八种导航方式（出版来源导航期刊导航、学术辑刊导航、学位授予单位导航、会议导航、报纸导航、年鉴导航、工具书导航）（图8-19）。操作与前一节的维普网期刊检索相似。

6. 检索历史　在检索结果的概览页面，单击"检索历史"，进入检索历史页面，单击保存的检索式进行该检索式的重新检索或者"与""或""非"逻辑组配；同时用户可以对检索历史进行选择、删除操作。

图 8-19　CNKI "中国期刊全文数据库"出版物检索检索结果页面

三、检索结果输出

中国知网的检索结果页面显示及处理与万方数据知识服务平台的相类似。

（一）检索结果的处理

选中检索结果条目后，用户可通过"导出与分析"点击"导出文献"将选中的检索结果导出题录信息，导出的格式有 GB/T 7714-2015 格式引文、知网研学、CAJ-CD 格式引文、MLA 格式引文、APA 格式引文、查新（引文格式）、查新（自定义引文格式）、NoteExpress、Refworks、Note First、EndNote 和自定义格式，支持用户复制、打印和导出。导出的格式可以为 XLSX 和 DOCX。点击"可视化分析"可以对已选文献或全部检索结果进行分析。

（二）检索结果的显示

1. 检索结果的排序方式

（1）**发表时间**：按文献入库时间逆序输出，为默认方式。

（2）**相关度**：按词频、位置的相关程度从高到低顺序输出。

（3）**被引**：按文献的被引次数降序输出。

（4）**下载**：按文献的下载次数降序输出。

（5）**综合**：综合考虑以上信息输出文献。

2. 概览页面　检索结果系统默认为概览页面（图 8-20）。页面左上方为文献导航区域，供用户选择检索范围。页面右上方为初级框，可根据检索结果进行重新检索和二次检索，用于调整检索结果。右下方为检索结果概要列表，包括文献的篇名、作者、刊名、发表时间等内容。用户直接单击题名，可链接进入细览页面。

图 8-20　CNKI"中国期刊全文数据库"检索结果概览页面

3. 细览页面　单击某一篇名的链接后，进入细览页面。细览页面链接主要包括：

（1）**参考文献**：作者在写文章时所引用或参考的并在文章后列出的文献的题录。

（2）**引证文献**：引用或参考文献的文献，也称来源文献。

（3）**共引文献**：与文献主体共同引用的某一篇或某几篇文献的一组文献。

（4）**同被引用文献**：文献主体的引证文献的参考文献。

（5）**二级参考文献**：文献正文后所列每一篇参考文献的参考文献。

（6）**二级引证文献**：引证文献的引证文献。

（7）**读者推荐**：根据日志分析和读者反馈信息获得的与来源文献最相关的部分文献。

（8）**相似文献**：根据动态聚类算法获得的，在内容上与来源文献最接近的部分文献。

（三）全文下载及浏览

系统提供批量下载和单篇下载两种途径：

1. 在检索结果的概览页面，系统仅提供"HTML 阅读"功能浏览，依次选中篇名前的"口"按钮，可批量下载类型为 ECMAScript 6.0 的文件，也可实现批量导出功能。

2. 在检索结果的细览页面，系统提供"HTML 阅读"和"手机阅读"功能浏览，单击"CAJ 下载"或"PDF 下载"项，可分别下载 CAJ 格式或 PDF 格式全文。CAJ 格式全文需要安装 CAJ 浏览器才能打开；PDF 格式全文需要安装 PDF 阅读软件才能打开。

（四）浏览器的下载和使用

1. 在中国基础知识设施工程网首页，单击"下载中心"可进入浏览器下载页面，根据需要选择浏览器下载，单击"本地下载"即可。可供下载的软件有：CAJ Viewer、知网研学、Adobe Reader、标准阅读器、手机知网及 CNKI 电子日历。

2. **CAJ 浏览器的使用**　CAJ Viewer 7.0 的主界面可分为三部分：功能区、目录区、页面显示区。目录区可根据用户的需要隐藏或显示。

单击功能区的工具栏的文本选择工具，然后按住鼠标左键在页面拖动，选定部分高亮显示，再单击工具栏的复制按钮，把选择结果复制到剪贴板上。

单击功能区的工具栏的图像复制工具，然后按住鼠标左键在页面拖动，选中的部分被图表框框住。可以单击工具栏的复制按钮，把选择结果复制到剪贴板上。

3. PDF 浏览器的使用。

文字复制：单击工具栏的文本选择工具，然后按住鼠标左键在页面拖动，选定部分高亮显示，再单击工具栏的复制按钮，把选择结果复制到剪贴板上。

图像复制：单击工具栏的图像复制工具，按下鼠标左键拖动，选定要复制的区域后释放鼠标左键，系统自动弹出"您所选择的内容已复制到剪贴板"的提示，可将选定的区域的内容直接粘贴到 Word 等处理软件中进行编辑、利用。

（五）中国知网特色功能

1. **知识元检索**　在中国知网首页单击"知识元检索"，切换至知识元检索，可检索工具书、词典、手册、百科、图片、统计数据及指数库。知识元是显性知识的最小可控单位，是指不可再分割的具有完备知识表达的知识单位，即能够表达一个完整的事实、原理、方法、技巧等。可以把知识元看作是一篇文章。

2. **引文检索**　是指对文章的参考文献进行的检索，是从学术论文中引证关系入手进行检索的一种方法。检索范围为中国引文数据库。引文，就是通常所说的参考文献。文献的相互引证直接反映学术研究之间的交流与联系，通过引文检索可查找相关研究课题早期、当时和最近的学术文献，可以了解文献之间的内在联系。进而可以有效地揭示过去、现在、将来的科学研究之间的内在联系，揭示科学研究中所涉及的各个学科领域的交叉联系，协助研究人员迅速地掌握科学研究的历史、发展和动态；可以从文献引证的角度为文献计量学和科学计量学提供重要的研究工具，分析研究文献的学术影响，把握研究趋势，从而不断推动知识创新；可以较真实客观地反映作者的论文在科研活动中的价值和地位。

引文检索下也有高级检索,其中包括被引作者检索、被引机构检索、被引期刊检索、被引基金检索、被引学科检索、被引地域检索和被引出版社检索(图8-21)。

3. 知网节 知网节是知识网络节点的简称,主要包括文献知网节、作者知网节、机构知网节、学科知网节、基金知网节、关键词知网节、出版物知网节。其示意图(图8-22)。知网节分为"单库知网节"和"跨库知网节"。单库知网节只能链接到同一库内的相关文献,跨库知网节实现多库相关文献的各种超链接。

图 8-21　CNKI "中国期刊全文数据库" 引文检索示意图

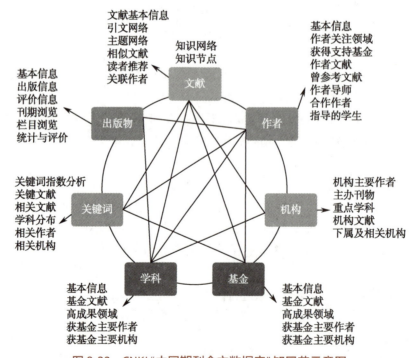

图 8-22　CNKI "中国期刊全文数据库" 知网节示意图

知网节是提供单篇文献的详细信息和扩展信息的浏览页面,它以一篇文献作为节点,不仅包含了单篇文献题名、作者、机构、来源、时间、摘要等详细信息,还提供各种扩展信息,如知识元链接、参考文献、引证文献、相似文献、读者推荐文献、作者与机构的链接以及分类导航等的入口汇集点,通过概念相关、内容相关等方法揭示知识之间的关联关系，达到知识扩展的目的，有助于新知识的学习和发现。

"参考文献"是主体文献引用或参考的文献，能够发现主题研究的背景和依据，即"来龙"。

"引证文献"是其他文献对主体文献的引用或参考，能够发现主题研究工作的继续、发展、渗透、融合，即"去脉"。

"共引文献"与主体文献有共同参考文献，可以发现主题研究工作的内容交叉、相似、相关，"同被引文献"与主体文献共同被引。

"相似文献"根据内容相似度计算而得，内容上与主体文献最接近。

"推荐文献"根据用户操作日志计算而得，与主体文献相关，属"意外发现"。

4. 相似词　在各数据库检索页面，对于题名、关键词等字段输入的检索词，系统会通过后台知识处理，在检索结果页面自动提示若干相似词，供用户参考选择使用。如输入"护理干预"，会有护理干预模式、护理干预糖尿病、护理干预分类系统、护理干预措施、护理干预进展等相似词。同时，检索结果页面还会提示该检索词在中国知网工具书数据库各种工具书的解释链接，点击相关链接可以获得该检索词的详细解释信息。

5. CNKI 知识搜索（https://search.cnki.com.cn/）　CNKI 知识搜索是以学术文献为搜索内容的搜索引擎，搜索范围包括期刊文献、学位论文、会议论文、报纸文献、工具书、年鉴等。包括全文搜索、工具书搜索、数字搜索、学术定义搜索、图形搜索、翻译助手等诸多功能，简单易用，实现实时的知识聚类、多样化的检索排序和最丰富的知识链接。其检索结果全部来源于 CNKI 知识库，内容更为专业，突出学术性。

6. CNKI 翻译助手（http://dict.cnki.net）　专业领域全面的科技术语在线英汉、汉英词典，能提供双语例句、英文例句、文摘，是翻译专业文献的极佳辅助工具。

7. 手机知网　将知网客户端安装至手机，学科与行业动态和研究成果，唾手可得。

实践三：中国知网数据库的应用

【实践目的】

中国知网数据库的实践操作

1. 掌握高级检索方法。
2. 掌握分组浏览条件的选择。
3. 掌握检索结果的排序方式。

【实践内容】

在实际工作中要随时关注和领会党和国家的重大决策，掌握 CNKI 知识发现网络平台的应用对完成这些工作有很大帮助，熟悉 CNKI 知识发现网络平台的工作界面和主要的功能特点。本次实践任务通过 CNKI 知识发现网络平台，运用高级检索方法查找 2002 年至现在，主题与"十一届三中全会"相关，在"社科"类别的应用基础研究层次下发表，并且被引用次数最高的文献信息。

【实践步骤】

1. 登录系统　在浏览器地址栏中输入"http://www.cnki.net/"，或者进入 CNKI 知识发现网络平台的站点。

2. 进入高级检索页面，添加一些限制条件，以提高查准率。一般检索过程规范为三个步骤：

(1) **输入检索控制条件**：如时间、支持基金、文献来源、作者等。

（2）**输入内容检索条件**：如篇名、主题、关键词等。

（3）对检索结果分组排序，反复筛选修正检索式得到最终结果。

检索控制条件：设置检索控制条件的目的，是为了通过对检索范围的限定，以便获得比较准确的检索结果。条件设置越多，检索范围就越小，检索速度就越快，检索结果就越精确。

CNKI 设置的检索控制条件有：期刊年期、来源期刊、来源类别、支持基金、作者、作者单位等。

期刊年期：它是限定检索期刊的年限范围，这里选择从 2002—2023 年的期刊。

来源类别：根据期刊所属类别，在下拉框中选择"全部期刊、SCI 来源期刊、EI 来源期刊或者核心期刊"等项，默认为"全部期刊"。

支持基金：在检索中，可直接在检索框中输入基金名称的关键词，也可以单击下拉框中选择"基金名称、基金管理单位"后，单击"确定"，返回检索框，支持基金已经填充在检索框中了。

作者及作者单位：在检索中可限定文献的作者和作者单位。在下拉框中选择限定"作者"或"第一作者"，在后面的检索框中输入作者姓名或作者单位（可使用模糊检索或精确检索）。若要检索多个作者合著的文献，单击检索项前"+"按钮可增加逻辑检索行，添加一个作者项；单击"-"按钮可减少逻辑检索行，去除一个作者项。

注意：所有检索框在未输入检索词时默认为该检索项不进行限定，将检索出库中全部文献。

内容检索条件：设置内容检索条件的目的是通过基于文献的内容特征："主题、篇名、关键词、摘要、全文、参考文献、中图分类号"之间，进行简单的"并且包含""或含"或"不含"运算。实际上这是布尔逻辑"与""或""非"的运算。

在下拉框中，选择一种文献内容特征，在其后的检索框中填入一个关键词。若一个检索项需要两个关键词做控制，可选择"并且包含""或含"或"不含"的关系，在第二个检索框中输入另一个关键词。单击检索项前的"+"按钮可增加逻辑检索行，添加另一个文献内容特征检索项；单击"-"按钮可减少逻辑检索行。选择"主题"项为检索入口，添加"十一届三中全会"作为检索词，单击"检索文献"进行搜索。

3. 检索结果评价 按研究层次分组，在学术文献总库中，每篇文献还按研究层次，分为自然科学和社会科学两大类，每一类下再分为理论研究、工程技术、政策指导等多种类型。可以通过分组查到相关的国家政策研究、工程技术应用成果、行业技术指导等，实现对整个学科领域全局的了解。

选择"社科"再点击检索结果分组筛选中的"研究层次"项，点击其中的"应用基础研究"研究层次，检索结果则筛选出"应用基础研究"类的文章。

4. 检索结果排序 数据库为检索结果提供了相关度排序以及发表时间、被引频次、下载频次等评价性排序。

相关度排序：根据检索结果与检索词相关程度进行排序，反映了结果文献与用户输入的检索词相关的程度，越相关越排前，通过相关度排序可找到文献内容与用户检索词最相关的文献。

发表时间：根据文献发表的时间先后排序。可以帮助学者评价文献的新旧，找到最新文献，找到库中最早出版的文献，实现学术跟踪，进行文献的系统调研。

被引频次：根据文献被引用次数进行排序。按"被引频次"排序能帮助学者选出被学术同行认可的好文献以及好出版物。

下载频次：根据文献被下载次数进行排序。下载频次最多的文献往往是传播最广、最受欢迎、文献价值较高的文献。根据下载次数排序帮助学者找到那些高质量但未被注意到的文献类型，比如学位论文等。

对检索结果选择按照"引用次数"来排序，并选取出引用次数最高的文献。

（何署芳）

1. 通过万方数据服务平台，运用高级检索方法查找"中国医科大学"所有人员发表在"中华医学教育探索杂志"上，有关护理主题相关文献。检索年限限定在"2010—2023 年"。请写出检索步骤和过程及命中文献数，并写出 5 条检索结果的题录。

ER 8-5

练习题

2. 请通过维普网中文期刊服务平台，检索出"护理类"期刊，写出检出的期刊总数；筛选出 OA 期刊，并记录总数。

3. 请使用中国知网，检索出 2023 年发表在"中国实用医药"期刊上，主题与"护理干预"有关的文章，按发表时间升序排列，记录下第一篇文献人题名与作者。

第九章 │ 新一代信息技术概述

教学课件

思维导图

学习目标

1. 了解人工智能技术的发展、知识与知识图谱及人工智能技术在护理行业中的应用，熟悉机器学习与深度学习。

2. 掌握大数据的概念与特征，了解大数据的来源与分析流程和大数据技术在医疗行业中的应用。

3. 了解虚拟现实技术的发展历程与应用场景，虚拟现实技术在医学中的应用。

新一代信息技术正在深刻重构社会发展的方式和形态。智能化是这场技术变革的主题词。人工智能、大数据、云计算、虚拟现实等新一代信息技术以其强大的处理能力和智能化程度，渗透进了社会生活的各个领域，推动产业转型和升级，创造新的商业模式，重塑竞争格局。同时，新一代信息技术以其便捷性和个性化满足了人们的自定义需求，使人们在工作、生活等方面享受到科技的红利。更为重要的是，新一代信息技术是保障国家安全的重要手段，也是提升国家综合实力、增强国际竞争力的战略支点。

第一节 人工智能

情景导入

学生：老师，我实习的医院即将上线一款非常先进的智能护理系统，什么是智能护理系统，它是如何工作的呢？

老师：智能护理系统是应用人工智能技术来辅助医护人员提供更优质的护理服务的系统。它利用了知识图谱、机器学习和深度学习等技术来实现智能化的护理服务。

问题1：什么是人工智能？

问题2：什么是知识图谱？

问题3：什么是机器学习和深度学习？

一、人工智能的发展

（一）什么是人工智能

1956年夏，麦卡锡、明斯基等科学家在美国达特茅斯学院开会研讨"如何用机器模拟人的智能"时首次提出"人工智能（artificial intelligence，AI）"这一概念，标志着人工智能学科的诞生。

人工智能是研究和开发能够模拟、延伸和扩展人类智能的理论、方法、技术及应用系统的技术科学，旨在形成具备学习、思考、判断、推理、证明和自我纠错等能力的系统。一项产品或者应用是否具备人工智能主要看它是否具备人工智能的三个功能。一是感知能力，人工智能具有感知环境的能力，比如对自然语言的识别和理解，对视觉图像的感知等，如人脸识别；二是思考能力，人工智能能够自我推理和决策，各类专家系统就具备典型的思考能力，如阿尔法狗；三是行为能力，即具备自动规划执行下一步工作的能力，如扫地机器人、无人机。

（二）人工智能的发展历程

探索人工智能的道路曲折起伏，可以将人工智能的发展历程大致划分为以下六个阶段：

1. 起步发展期 1956 年—20 世纪 60 年代初期，初次提出人工智能的概念并取得了一些令人瞩目的研究成果，如机器定理证明和跳棋程序等，开启了人工智能发展的第一个高潮。

2. 反思发展期 20 世纪 60 年代初期—70 年代初期，初期的突破性进展使得人们对人工智能期望过高，制定了一些不切实际的目标，人工智能的发展进入低谷。

3. 应用发展期 20 世纪 70 年代初期—80 年代中期，专家系统的出现使得人工智能开始向实际应用领域拓展。它模拟人类专家的知识和经验，成功解决了一些特定领域的问题，人工智能进入了应用发展的新阶段。

4. 低迷发展期 20 世纪 80 年代中期—90 年代中期，随着应用范围的扩大，专家系统的局限性逐渐暴露，例如应用领域狭窄、缺乏常识性知识、知识获取困难等，人工智能陷入了低迷时期。

5. 稳步发展期 20 世纪 90 年代中期—2010 年，互联网技术的迅猛发展推动了人工智能的创新研究，人工智能技术更加实用化，如 1997 年国际商业机器公司（IBM）的超级计算机深蓝战胜国际象棋世界冠军卡斯帕罗夫，以及 2008 年 IBM 提出"智慧地球"的概念等。

6. 蓬勃发展期 2011 年至今，伴随着大数据、云计算、互联网和物联网等信息技术的飞速发展，人工智能技术以深度神经网络为代表迎来了一波爆发式的增长。在此进程中，图像分类、语音识别、人机对弈、无人驾驶、知识问答等领域都有显著的技术突破。曾经被视为无法攻克的技术难题，现如今已经成为了可行的解决方案。这些成功的实践促使人工智能技术得以快速应用于各个领域，推动了人工智能技术在科学与应用之间实现了质的飞跃。

ER 9-3
聊天机器人
ChatGPT

（三）我国的人工智能

1. 我国人工智能的发展态势 我国人工智能的发展呈现出积极向上的态势。根据清华大学发布的《中国人工智能发展报告 2018》，我国已成为全球人工智能投融资规模最大的国家。在人脸识别、语音识别、智能音箱、智能家居等领域，我国的人工智能技术取得了令人瞩目的成绩。然而，我们也应该正视现实，我国在基础理论、关键设备、基础材料、高端芯片、软件与接口等方面与国际领先水平还有较大差距。特别值得注意的是，人工智能领域的尖端人才仍然短缺，远不能满足发展的需求。这意味着我国需要进一步加大人才培养力度，打造更具吸引力的科研环境，吸引更多国际一流的人才投身于我国的人工智能事业。另外，适应人工智能发展的基础设施、政策法规、标准体系等方面也亟待完善。

ER 9-4
2022 年人工智能全球最具影响力学者榜单——AI 2000

综上所述，我国在人工智能领域取得了重要进展，但也要清醒认识到发展中存在的挑战和不足。面对新形势、新需求，必须主动求变应变，牢牢把握人工智能发展的重大历史机遇，不断加强创新、加大投入、加强国际合作、大力培养和吸引优秀人才，从而推动我国的人工智能技术持续向前发展。

2. 我国人工智能的发展目标 党中央、国务院高度重视并大力支持发展人工智能。习近平总书记在党的十九大、全国网络安全和信息化工作会议、十九届中央政治局第九次集体学习等场合多次强调要加快推进新一代人工智能的发展。《新一代人工智能发展规划》中明确了我国新一代人工智能发展的战略目标：到 2020 年，人工智能总体技术和应用与世界先进水平同步，人工智能产业成为新的重要经济增长点，人工智能技术应用成为改善民生的新途径；到 2025 年，人工智能基础理论实现重大突破，部分技术与应用达到世界领先水平，人工智能成为我国产业升级和经济转型的主要动力，智能社会建设取得积极进展；到2030年，人工智能理论、技术与应用总体达到世界领先水平，成为世界主要人工智能创新中心。

知识拓展

我国人工智能的发展历程

1. 起步阶段　我国在启动电子计算机的研制工作后逐步开始人工智能领域的相关研究。1983年，清华大学在图像处理方面达到了国际领先水平。此外，为推动机器学习、计算机视觉等重要领域的研究，我国成立了中国人工智能学会，为人工智能技术的发展奠定了基础。

2. 发展阶段　进入21世纪，我国在模式识别、声音识别等技术上有了较大的进展。随着深度学习算法的兴起，我国人工智能研究迎来了发展的黄金时期，为人工智能技术的突破和创新提供了强有力的支持。

3. 加速发展阶段　互联网、大数据和云计算等新兴技术的蓬勃发展，进一步推动了我国人工智能领域的加速发展。国家发改委公布了《新一代人工智能发展规划》，为人工智能技术的发展提供了政策支持。国内企业也加速投入到人工智能的研发和应用中，如人工智能国际顶会ICML 2020公布的论文收录结果，阿里巴巴7篇论文入选，是入选论文数量最多的中国科技公司。华为成立了AI实验室，腾讯开展了多项人工智能技术研究，为我国人工智能技术的蓬勃发展贡献了重要力量。

二、知识与知识图谱

（一）知识

在《中国大百科全书·教育》中"知识"条目是这样表述的："所谓知识，就它反映的内容而言，是客观事物的属性与联系的反映，是客观世界在人脑中的主观映象。就它的反映活动形式而言，有时表现为主体对事物的感性知觉或表象，属于感性知识，有时表现为关于事物的概念或规律，属于理性知识。"在信息技术中，知识（knowledge）是信息的拥有或快速定位信息的能力。

（二）知识图谱

知识图谱是一种用于表示和存储知识的图结构。它是一种半结构化或结构化的数据模型，用于捕捉现实世界中的实体（例如人、地点、物品等）之间的关系（图9-1）。知识图谱可以帮助计算机理解知识并进行推理。

在知识图谱中，知识被表示为节点和边。节点代表现实世界中的实体，而边表示实体之间的关系。每个节点和边都可以有一些属性，用以描述它们的特征或性质。例如由谷歌收集和整理的大规模知识图谱，它包含了数十亿个实体，如人物、地点、事件、组织等，以及它们之间的关系，如出生地、所属组织、成就等。谷歌知识图谱是谷歌搜索引擎和其他服务的基础，它能够为用户提供更准确和更丰富的搜索结果。

知识图谱的应用非常广泛。它在自然语言处理、信息检索、推荐系统、智能问答等领域发挥了重要的作用。通过建立知识图谱，计算机可以从结构化的知识中获取信息，从而提供更加智能和个性化的服务和更为高效地处理大规模数据的能力。

构建智能护理系统的知识图谱是一个复杂而有挑战的任务，需要深入了解医疗领域和护理实践，并将这些知识转化为计算机可理解的形式。以下是构建智能护理系统知识图谱的一般步骤：

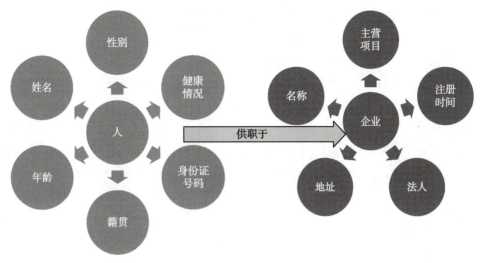

图 9-1 知识图谱

1. **需求分析** 需求分析是确定智能护理系统的需求和目标，明确系统要解决的问题和提供的服务，了解护理过程中可能涉及的实体、关系和知识点。

2. **知识获取** 知识获取是收集医学和护理领域的相关知识和数据，包括医学教科书、专业论文、临床指南、病例报告、药品数据库等。

3. **知识建模** 知识建模是将收集到的知识转化为计算机可理解的形式。

4. **知识存储** 知识存储指选择适合的数据库或图数据库来存储知识图谱。图数据库通常更适合表示实体之间的复杂关系。

5. **知识整合** 知识整合是将不同来源的知识进行整合，消除冲突和重复并建立知识之间的连接。

6. **知识推理** 知识推理是利用推理引擎对知识图谱进行推理，帮助系统从已有的知识中推导新的知识，填充缺失的信息，并做出合理的推断。

7. **与其他系统集成** 智能护理系统通常需要与其他医疗信息系统（如病历系统、医嘱系统等）进行集成，以便获取实时的病人信息和更新知识图谱。

8. **安全和隐私考虑** 在构建智能护理系统的知识图谱时，要考虑数据的安全性和隐私保护，确保病人和医疗机构的信息得到妥善处理和保护。

9. **测试和优化** 智能护理系统知识图谱构建完成后，还要进行系统测试和优化，确保智能护理系统的知识图谱在实际应用中能够满足需求，有效地发挥作用。

10. **持续更新** 医疗领域的知识不断更新和演进，智能护理系统的知识图谱也需要持续更新和维护，以保持其准确性和有效性。

构建智能护理系统的知识图谱是一个持续迭代的过程，需要不断地优化和改进，以适应不断变化的医疗环境和需求。同时，与医疗专业人员的紧密合作和反馈也是确保智能护理系统知识图谱构建成功的关键因素。

三、机器学习与深度学习

机器学习和深度学习是人工智能的两个重要分支，它们都涉及让计算机从数据中学习和提高性能。

（一）机器学习

机器学习旨在让计算机通过数据学习，并根据学习的知识和经验做出预测、决策和解决问题。机器学习的核心思想是计算机通过对大量数据的分析和模式识别，可以自动改进其性能和效果。

它不是通过编程规则来实现特定任务，而是通过从数据中提取模式和规律，自动调整模型参数来实现任务。

机器学习算法主要分为监督学习、无监督学习和强化学习等类型。监督学习利用有标签的训练数据来学习并进行预测；无监督学习是在没有标签的数据中发现模式和结构；强化学习则是通过与环境交互，根据奖励信号来学习最佳决策策略。

（二）深度学习

深度学习是机器学习的一个分支（图9-2）。它模仿人类大脑的神经网络结构，通过构建多层的神经网络来进行学习和决策。深度学习中的神经网络由许多层（通常称为隐藏层）组成，每一层都由一组神经元（也称为节点）组成，其中包含权重和偏差。这些权重和偏差是通过大量数据训练来优化的。深度学习在计算机视觉、自然语言处理、语音识别等领域取得了很大的成功。由于其能够自动从数据中学习特征，并且在处理大规模数据方面表现出色，深度学习成为了目前最为热门的机器学习方法。

总结起来，机器学习是让计算机通过数据学习，自动提高性能和效果，而深度学习则是机器学习的一种方法，通过构建多层神经网络进行学习和决策，它们是现代人工智能的重要组成部分。

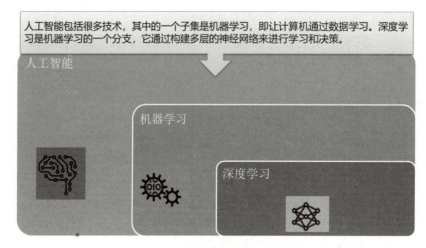

图9-2　人工智能、机器学习和深度学习

四、人工智能技术在护理行业中的应用

人工智能在护理领域的应用显现出巨大的潜力，已成为现代医疗体系中不可或缺的组成部分。

（一）病人监测与病情预测

病人监测是护理中的一个重要环节，人工智能技术的应用使得监测更加智能和全面。通过智能设备搭载传感器，可以实时采集病人的生理数据并传输到人工智能系统。人工智能系统利用这些数据进行实时分析和比对，从而预测可能出现的异常情况，如心律失常等。一旦出现异常，系统会立即向医护人员发出预警，医护团队可以迅速采取干预措施，提高护理时效，防止病情的进一步恶化。

（二）个性化护理和健康管理

人工智能技术的个性化护理应用基于病人的基因组信息、生活习惯和健康数据等，可以为病人定制健康管理方案。通过深度学习和数据挖掘，系统可以分析病人的特定风险因素，并推荐针对性的饮食、运动和药物管理方案。这种个性化护理的方法有助于预防疾病的发生和恶化，使得病人能够更好地管理自己的健康状况，同时也减轻了医护人员的工作负担。

（三）自然语言处理和语音识别

在护理工作中，处理大量的医学文献、临床指南和病历数据是常见的任务。自然语言处理技术可以帮助护理人员更高效地处理这些信息，从而提高其工作效率和减少错误。语音识别技术可以将医疗工作者和病人的语音转化为文本，方便进行存档和查询。这样的技术应用不仅使得医疗信息更易于访问和共享，也有助于更好地跟踪病人的治疗进程和记录病历。

（四）护理人员培训和教育

随着医学科技的不断进步，护理人员需要不断地学习和更新知识技能。人工智能技术为护理人员提供了在线培训和教育资源，例如虚拟仿真实践和临床案例分析等。这样的教育工具可以使护理人员在虚拟环境中进行实践操作，通过实时反馈，护理人员可以更加高效地学习，并提高其技术水平和应对突发情况的能力。

总体来说，人工智能技术在护理行业中的应用为病人和医护人员带来了许多益处。它不仅提供了更智能、高效的护理服务，也为护理行业的发展带来了更多的机遇和可能性。然而，在应用人工智能技术的同时，也需要考虑隐私和安全等方面的问题，促进人工智能与人类护理实践的良性融合。

第二节　大　数　据

情景导入

学生：老师，智能护理系统不就是利用人工智能技术进行护理的系统吗，为什么还需要大数据和云计算技术呢？

老师：大数据技术能帮助护理人员更好地了解病人的病情变化，及时采取措施，提高护理质量。而云计算技术为智能护理系统提供弹性和可扩展的计算和存储资源，使得系统能够应对大量数据，并实现数据的实时共享和协同处理，促进医疗信息的跨机构交流与共享，提供更加个性化的护理服务。

问题1：什么是大数据？

问题2：什么是云计算？

问题3：大数据技术在医疗行业中有哪些重要应用？

一、大数据的概念与特征

在当今信息爆炸的时代，大数据无处不在。例如在线平台的个性化推荐、社交媒体的精准广告投放、交通导航、健康医疗、金融服务、气象预测、旅游餐饮、教育学习等处处都有大数据的影子。大数据并不是遥不可及的高级概念，而是实实在在地充斥在生活中。

（一）大数据的概念与发展历程

1.大数据的概念　大数据，或称巨量资料，指的是所涉及的资料量规模巨大到无法运用主流软件工具直接对其操作，在合理时间内实现撷取、管理、处理、并整理，成为帮助企业经营决策的资讯。大数据包括结构化、半结构化和非结构化数据，非结构化数据越来越成为大数据的主要部分。

大数据作为当今信息时代的核心驱动力之一，具有重要的战略意义和经济价值。随着科技的飞速发展，各种设备和系统产生了海量的数据，通过合理地分析和挖掘这些数据，能够为各个领域带来巨大的价值。

首先，大数据在决策和创新中起着关键作用。无论是政府、企业还是学术机构，都需要依赖数据做出决策。大数据的分析可以揭示出市场趋势、消费者需求、社会变化等信息，帮助决策者制定更明智的策略。同时，大数据还能够推动创新，挖掘出新的商业模式、产品和服务，为经济增长和社会进步带来新的动力。

其次，大数据可以优化资源利用和提高效率。例如在城市规划中，大数据分析可以帮助理解人流、交通流和资源分配的模式，从而优化城市的设计和布局；在制造业中，通过分析生产过程中的数据，可以发现生产瓶颈和效率低下的环节，提高生产效率。这些都有助于降低成本，提高资源利用效率，实现可持续发展。

再次，大数据也为个性化服务提供了可能。例如在互联网和电商领域，大数据分析可以了解用户的兴趣和行为习惯，从而为用户提供更符合其需求的产品和服务。这不仅能够提升用户满意度，还可以带来更高的客户忠诚度和更大的市场份额。

最后，大数据在科学研究和技术创新中起着重要作用。例如科学家可以通过分析大规模的数据集，发现新的规律和关联，从而推动科学的进步。在医疗领域，大数据分析在早期诊断、药物研发和个性化治疗等领域都有重要的应用。

综上所述，大数据是一个引领未来发展的重要动力。通过充分利用大数据，我们能够更好地理解世界、做出明智决策、实现创新和发展。

2. 大数据的发展历程　1998年，美国高性能计算公司SGI的首席科学家约翰·马西（John Mashey）在国际会议报告中首次提出了"大数据"的概念。他指出，随着数据量的迅速增长，将面临数据难以理解、难以获取、难以处理和难以组织等四大难题。他使用"大数据"这个词汇来描述这一挑战，引发了计算领域的深刻思考。

2007年，数据库领域的先驱人物吉姆·格雷（Jim Gray）进一步推进了大数据概念的演进。他认为，大数据将成为人类理解和探索复杂现实系统的有效手段，开启了以数据为核心的科研浪潮。

2012年，牛津大学教授维克托·迈尔-舍恩伯格（Viktor Mayer-Schnberger）在他的畅销著作《大数据时代》中强调，大数据时代将改变数据分析的模式。传统的"随机采样""精确求解"和"强调因果"的方式将演变为"全体数据""近似求解"和"只看关联不问因果"的新模式，引发了对大数据方法在商业应用领域的广泛讨论。

在2012年和2013年，大数据宣传达到了高峰，随后逐渐趋于理性。大数据的技术、产品、应用和标准持续发展，构建了完整的大数据生态系统，涵盖了数据资源与API、开源平台与工具、数据基础设施、数据分析和数据应用等多个方面。这个生态系统不断壮大并朝着从技术到应用再到治理的方向不断演进。

（二）大数据的特征

1. 容量　大数据的容量巨大，通常以TB（千兆字节）、PB（拍字节）、EB（艾字节）等级别来衡量。传统数据库和处理工具难以承载如此大规模的数据量。

2. 种类　大数据包含多样性的数据类型，涵盖结构化、半结构化和非结构化数据。这些数据来源广泛，包括文本、图片、音频、视频、社交媒体内容、传感器数据等。

3. 速度　大数据的产生速度非常快，实时数据源源不断地涌入。例如，社交媒体信息、交易数据、物联网设备数据等都以高速度生成。

4. 可变性　数据的特点之一是数据的变异性。数据可能是高度不规则的，包括数据格式、结构和来源的多样性，因此需要灵活的数据处理方法。

5. 真实性　大数据的真实性是指数据质量的问题。由于大数据来源广泛，其中可能包含不完整、不准确甚至错误的数据。因此，要从中提取有价值的信息，需要解决数据的真实性问题。

6. 复杂性　大数据往往涉及复杂的关联关系和高维度特征。处理和分析大数据需要使用先进的技术和算法，以挖掘其中的潜在信息。

7. 价值　大数据的最终价值在于通过有效的数据分析和挖掘，从海量数据中提取有用的见解、洞察和价值。这些信息可以用于支持决策、改进业务流程、预测趋势等，从而产生实际的商业或社会价值。

综合上述特点，大数据不仅提供了巨大的机遇，也带来了诸多挑战。正确利用大数据可以提升优势、有助创新，但也需要克服数据管理、隐私保护、数据安全等问题，确保数据的有效应用和价值发挥。

（三）我国的大数据技术

1. 我国大数据的发展态势　我国在互联网大数据领域方面发展态势良好。党的十八届五中全会将大数据上升为国家战略，为我国大数据发展开辟了新的篇章。回顾过去几年的发展，我国在大数据领域取得了显著的进步。随着数字中国建设的推进，各行各业的数据采集和应用能力不断提升，我国业已成为全球数据资源大国。

我国相继发布了一系列文件，推动政务信息资源的共享管理、系统整合等，政务领域的数据开放共享取得了显著进展。各地也纷纷制定政策，推动大数据的发展。通过前期的科研投入，我国在大规模集群计算、服务器、处理器芯片等方面取得了一系列成果，支撑了大数据应用的发展。一些互联网公司建立了世界领先水平的大数据处理平台，在移动支付、网络征信、电子商务等领域取得了重要进展。

总之，我国大数据战略的实施为我国大数据发展描绘了美好的前景。在党的领导下，我国大数据不断进步，为我国的经济增长、社会治理和科技创新注入了新的活力。

2. 我国大数据发展的不足　我国在大数据领域虽然取得了显著进步，但也需要清醒认识到一系列亟待补上的短板。首先，数据共享开放程度相对较低，数据开放平台存在标准不统一、数据不完整等问题，需要持续推进改革。其次，我国在大数据核心技术方面仍显薄弱。在基础理论、核心器件、算法以及软件等方面与技术发达国家相比仍有差距。在大数据处理系统与工具方面，我国依赖国外开源软件，缺乏自主可控能力，制约了我国大数据产业发展和国际化运营。最后，我国大数据与实体经济融合有待加强。在工业互联网领域，存在基础设施配置不足、企业数字化转型进展缓慢等问题。国外企业抢占工业互联网平台市场，也加大了竞争压力。此外，数据安全和隐私问题也是我国在大数据领域需要解决的重要问题。数据安全隐患增多，数据泄露事件频发，需要加强数据安全保护和管理。

2021年6月10日中华人民共和国第十三届全国人民代表大会常务委员会第二十九次会议通过《中华人民共和国数据安全法》，自2021年9月1日起施行。这部法律是数据领域的基础性法律，也是国家安全领域的一部重要法律，同时更是我国第一部有关数据安全的专门法律。《中华人民共和国数据安全法》明确了国家实施大数据战略，推进数据基础设施建设，鼓励和支持数据在各行业、各领域的创新应用，促进数据开发利用，保障数据依法有序自由流动，维护数据安全等。

综上所述，我国在大数据领域虽然取得了不小的成就，但仍面临诸多挑战和短板。需加强法律法规建设，推动数据共享开放，加强核心技术研发，深化大数据与实体经济融合，加强数据安全保护，从而推动我国大数据发展迈上新的台阶。

知识拓展

个人信息保护

2021年，央视"3·15"晚会曝光了三起引发关注的个人信息安全事件。一是有商家在门店内安装摄像头，用于捕捉顾客的人脸信息，并将这些信息共享到多个门店，以便进行综合报价，从中获取利益；二是一些招聘平台只要支付费用，就可以下载大量求职者的简历，导致大量个人信息被泄露；三是一些专注于老年人的手机清理App，不断获取用户手机信息，同时推送带有欺骗性内容的信息。同年，全国首例利用微信"清粉"软件非法获取微信用户信息的案例也集中宣判，八名被告人通过控制微信账号，使用所谓的"清粉"软件，非法获取用户信息并将其出售,从中非法获利逾200万元。

这些案例不仅对个人造成了直接的经济和隐私损失,还对社会秩序和信任产生了不良影响。因此我们应该高度重视个人信息安全,采取有效措施保护个人信息。

1.谨慎公开个人信息,避免过多地在社交媒体和公共平台上透露个人信息,如生日、地址、电话号码等。这些信息可能被不法分子利用进行钓鱼诈骗或身份盗窃。

2.注意钓鱼邮件、短信、电话,谨慎点击链接,警惕不明来历的电子邮件、短信、电话。不轻易点击链接、下载附件或提供个人信息。

3.保护移动设备,使用密码或指纹锁定手机和平板电脑,启用远程定位和擦除功能,以防止设备丢失或被盗时信息泄露。

4.小心使用公共Wi-Fi,在使用公共Wi-Fi时,避免访问银行账户、社交媒体等敏感信息。使用虚拟私人网络(VPN)可以加密网络连接,提高安全性。

5.警惕恶意软件,不要下载不可信来源的应用或软件,以防止恶意软件获取个人信息。

6.定期更新操作系统和应用程序,修复安全漏洞。

7.隐私设置和权限管理,定期更换复杂密码,定期检查社交媒体和在线账户的隐私设置,确保只有需要的人能够查看个人信息,仅向可信的应用授予权限。

8.保护物理文件,将重要文件存放在安全的地方,如保险箱等。不随意丢弃包含个人信息的文件。

9.购物安全,在线购物时,选择可信的网站,确保网站使用安全支付方式,避免将过多的信用卡信息存储在网站上。

10.定期监测账户,定期检查银行账单、信用报告和其他账户活动,及时发现异常情况。

二、大数据的来源与分析流程

(一)大数据的来源

大数据来源于多个方面,包括但不限于以下几个主要来源:

1. 社交媒体和网络活动　社交媒体平台、网站和论坛等人们交流、分享信息的重要场所每天产生着海量的用户行为数据。这些数据包括用户的点赞、评论、分享、点击等行为,这些数字足迹构成了用户在虚拟空间中的活动轨迹。通过分析这些数据,可以了解用户的兴趣、偏好和社交网络结构,从而为企业制定精准的市场营销策略、改进产品设计提供宝贵的参考。

2. 物联网设备　物联网技术使得各种智能设备能够连接互联网并产生大量传感数据。传感器、智能家居设备、工业监控设备等被应用在不同领域,这些设备产生的数据不仅可以用于实时监测和控制,还可以通过分析挖掘其中的模式和趋势,帮助预测未来情况并优化运营。

3. 移动设备和应用　从社交媒体到在线购物,人们越来越依赖智能手机、平板电脑等移动设备进行各种活动。这些设备产生的数据涵盖了位置信息、应用使用记录、搜索历史等。通过分析这些数据,可以洞察用户的移动行为模式,为商家提供精准的定位广告,为城市规划者提供人流分析。

4. 在线交易和电子商务　电子商务平台是商品交易的主要渠道之一,每天都有大量的交易数据产生。这些数据包括用户的购买行为、浏览记录、支付方式等。通过分析这些数据,企业可以了解用户的购物习惯、热门商品和促销策略的效果,从而进行更精细的市场调整和推广。

5. 传统企业数据　传统企业在日常运营中产生大量的业务数据,如销售数据、财务数据、供应链数据等。这些数据蕴含着企业运营的各种信息,通过分析这些数据可以帮助企业优化供应链、控制成本、改进销售策略等,从而提高生产效率和市场竞争力。

6. 科学研究和实验数据　科学研究涉及多个领域,各种实验和观测都产生大量的数据。这些数据不仅支持科学家进行研究，还可以通过数据分析来发现新的模式、关联和趋势，从而推动科学领域的进一步发展和探索。

（二）大数据的分析流程

大数据的分析流程通常包括以下几个步骤（图9-3）。

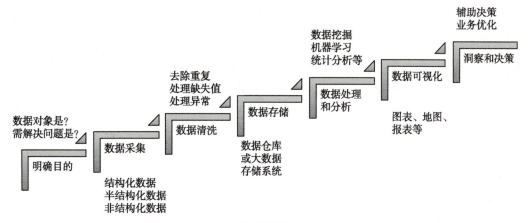

图 9-3　大数据的分析流程

1. 明确目的　在明确目的这个阶段，需要与相关团队和利益相关者合作，对目标和问题达成共识。包括定义明确的问题陈述、业务需求和预期的分析结果。明确目的有助于指导后续的数据采集和分析过程。

2. 数据采集　在数据采集这一步骤中，数据工程师会从不同的数据源收集数据，这包括从数据库、API、日志文件、传感器等获取数据。数据可能以不同的格式存在，如结构化数据、半结构化数据和非结构化数据。

3. 数据清洗　清洗数据是一个关键步骤，涉及识别和处理数据中的问题。包括去除重复数据、处理缺失值、处理异常值等。

4. 数据存储　数据存储是将清洗后的数据存储在适当的数据仓库或存储系统中，以便后续的分析。数据存储可以是传统的关系数据库，也可以是大数据技术如 Hadoop、Spark 等。

5. 数据处理和分析　在数据处理和分析这一阶段，数据科学家使用各种分析方法和技术，如数据挖掘、机器学习、统计分析等，从数据中提取有用的信息。

6. 数据可视化　数据可视化是将分析结果以图表、地图、报表等形式展示出来，使其易于理解。使用工具如 Tableau、Power BI 等，可以创建交互式的可视化报表，帮助决策者快速获取信息。

7. 洞察和决策　洞察和决策是指基于数据分析的结果，可以制定决策、采取行动、优化业务流程、改进产品等。

以上流程并不是线性的，大数据分析是一个迭代的过程，需要不断地调整和优化分析方法和流程，以获得更准确、有用的数据洞察。

三、大数据技术在医疗行业中的应用

大数据技术在医疗行业的应用范围广泛，这些应用正在逐步改变传统的医疗服务方式，为病人提供更精准、高效的医疗健康管理服务，从而促进整个医疗体系的创新和进步。

（一）疾病预测和监测

大数据技术通过整合多源数据，如病人的临床病历、遗传信息、生活习惯、环境因素等，构建了庞大而复杂的数据模型。这些数据模型能够捕捉到不同因素之间的关联性和影响，揭示出隐藏在数据背后的规律。通过这些数据模型，可以分析出病人的潜在风险，如心血管疾病、糖尿病、癌症等。同时，大数据技术还能够根据病人的个人特征和历史数据，量身定制风险评估模型，实现更加个性化的预测。这种预测有助于实现早期干预和治疗，从而降低病人的患病风险和疾病的严重程度。医疗人员可以根据预测结果来制订个性化的健康管理计划，为病人提供针对性的建议，如合理的饮食、适度的运动、定期的体检等。此外，大数据技术还能够监测病人的健康状态和病情变化，实时跟踪各种指标的波动，并提供警示和提醒，帮助病人保持良好的健康状况。

（二）临床决策支持

大数据技术在辅助医疗工作者做出精准的诊断和治疗决策方面发挥着重要作用。通过整合和分析海量的临床数据、病例资料以及医学文献，大数据系统能够为医疗工作者提供全面、多维度的信息，帮助他们更深入地了解病人的疾病情况，为医疗工作者提供辅助决策的支持，推荐最适合的治疗方案，优化诊疗流程，提高医疗效率，减少误诊和漏诊的风险。同时，基于大数据分析系统还可以识别出潜在的风险因素和病情趋势，可以预防和干预可能的并发症。此外，大数据系统还可以根据医学研究和临床试验的最新成果，为医疗工作者提供最新的治疗指南和药物信息，从而确保医疗工作者能够基于最新的医学知识做出决策。

（三）个性化医疗和精准医疗

个性化医疗和精准医疗是医学领域的一项重大革命，而大数据技术正是这一革命的关键推动力。在这个领域，大数据技术的应用不仅使医疗工作者能够更深入地了解每位病人的疾病特征，还能够根据这些信息为病人提供更精确、个性化的治疗方案。

首先，大数据技术可以整合多源医疗数据，包括病人的临床记录、基因组数据、生化指标、影像数据等。这些数据来自不同的医疗机构和设备，以及不同时间点的诊疗过程。通过对这些数据的综合分析，医疗工作者可以更全面地了解病人的健康状况，从而为其制定更具针对性的治疗方案。其次，大数据技术能够发现隐藏在海量医疗数据中的模式和关联。通过运用数据挖掘和机器学习算法，医疗工作者可以识别出潜在的疾病风险因素等。例如，在癌症领域，大数据分析可以帮助医生确定哪些基因变异与肿瘤的发生和发展有关，从而指导治疗方案的制定。

综上所述，大数据技术在个性化医疗和精准医疗中有着不可或缺的作用。它不仅为医疗工作者提供了更多的信息和洞察，也为病人带来了更精准、更有效的治疗方式，推动着医学领域朝着更加智能化、个性化的方向发展。

（四）药物研发和试验

大数据技术可以帮助研究人员进行药物研发和临床试验的优化。药物研发和试验是一个耗时、费力的过程，而大数据技术的应用正为这一领域带来深刻的变革。首先，研究人员通过大数据分析，可以更精准地设计药物分子。这种基于大数据的药物设计能够加速新药的发现和开发，缩短药物研发周期。其次，大数据技术有助于优化药物临床试验的设计和执行。临床试验是验证药物安全性和有效性的关键步骤，而大数据分析可以提供更准确的病人特征数据，预测药物在特定病人群体中的疗效和安全性，帮助研究人员更好地筛选合适的临床试验参与者。此外，大数据分析还可以挖掘临床文献、疾病数据库等信息，寻找已有药物的新适应症，促进药物的再利用和再定位。

（五）医疗图像智能分析

医疗图像数据，如 X 射线、CT、MRI 等，承载着丰富的临床信息，传统的人工分析方式在处理庞大而复杂的数据时往往耗时费力，且容易受到主观因素的影响。大数据技术的引入改变了这一现状，为医疗工作者提供了强大的工具和方法，使医学影像数据的分析更加高效、准确、全面。

大数据技术能够通过图像识别和深度学习算法实现自动化的医疗图像分析。这意味着医疗影像数据可以在很短的时间内被快速扫描和分析，自动识别出潜在的异常情况，如肿块、病变等。这种自动化分析不仅减轻了医疗工作者的负担，还提高了诊断的效率，特别是在大规模筛查和疫情防控中具有重要意义。

大数据技术使得医学影像数据也能够进行多维度的分析和综合，从而帮助医疗工作者获取更全面的信息。通过整合不同时间点、不同模态的医学影像数据，医生可以更好地了解病情的发展和变化趋势，从而做出更准确的诊断和治疗决策。

大数据技术还可以将多个病例的医学影像数据进行比对和匹配，帮助医生寻找相似病例，提供参考信息，尤其对于罕见疾病的诊断具有重要帮助。

此外，大数据技术推动了医学影像数据的三维可视化和立体重建。传统的二维医学影像有一定的局限性，大数据技术可以将多个角度和模态的图像数据融合，生成高质量的三维模型，帮助医生更深入地观察和分析病变的位置、形状、大小等特征。这种立体重建的技术提高了诊断的准确性。

（六）疫情监测和预测

大数据技术的引入为流行病学研究提供了强大的工具和方法。在疾病暴发、传播和防控过程中，大数据在追踪、分析和应对疫情中发挥着重要作用。例如在新冠疫情的全球暴发中，大数据技术展现出了巨大的潜力和价值，为疫情监测和预测提供了强有力的支持。通过汇集多种数据源，包括病例数据、人员流动数据、社交媒体信息等，大数据分析能够实时追踪疫情的传播动态，揭示疫情的发展趋势。这种实时监测不仅有助于卫生部门快速了解疫情在不同地区的蔓延情况，还能提供数据支持，使政府能够更准确地制定防控策略。通过分析历史数据和传播规律，研究人员可以构建流行病学模型，这种模型不仅为决策者提供了科学的依据，也可以帮助卫生部门在早期做好资源分配和医疗准备，以应对疫情的可能变化。

四、云计算

数据技术的战略意义不在于掌握庞大的数据信息，而在于对这些含有意义的数据进行专业化处理。换而言之，如果把大数据比作一种产业，那么这种产业实现盈利的关键，在于提高对数据的"加工能力"，通过"加工"实现数据的"增值"。所以提到大数据，就不得不提到云计算。大数据与云计算密不可分。大数据必然无法用单台的计算机进行处理，必须采用分布式架构。它的特色在于对海量数据进行分布式数据挖掘，它需要依托云计算的分布式处理、分布式数据库和云存储、虚拟化技术。因此，大数据和云计算相互融合，构成了处理和管理大数据的有效解决方案。通过云计算的弹性和灵活性，大数据处理变得更加高效和经济，使得企业和组织能够更好地应对大数据带来的挑战，并发现其中蕴藏的价值。

（一）云计算的概念

云计算是一种"计算"模式。这种模式按使用量付费，用户无须自己购买设备，而是基于网络从云计算服务提供者那里获取和使用专业化的计算机存储服务（如服务器、存储、应用软件等），这些服务资源能够被快速按需提供，用户能够像获取自来水一样获取所需要的"计算"。

（二）云计算的部署模式

1. 公有云　公有云通常指第三方提供商为用户提供的能够使用的云，公有云一般可通过 Internet 使用，公有云的核心属性是共享资源服务。这种云有许多实例，例如传统电信基础设施运营商中国移动、中国联通等；各级政府主导下的地方云计算平台；互联网巨头打造的公有云平台，如阿里云、百度云等。

2. 私有云　私有云是为一个用户单独使用而构建的，因而在数据安全性以及服务质量上可以有效地管控。私有云的基础是要拥有基础设施并可以控制在此设施上部署应用程序，私有云可以部署在企业数据中心的防火墙内，核心属性是专有资源。

3. 混合云　混合云融合了公有云和私有云，是近年来云计算的主要模式和发展方向。私有云主要是面向企业用户，出于安全考虑，企业更愿意将数据存放在私有云中，但是同时又希望可以获得公有云的计算资源，在这种情况下混合云被越来越多地采用，它将公有云和私有云进行混合和匹配,以获得最佳的效果,这种个性化的解决方案,达到了既省钱又安全的目的。

阿 里 云

着眼于全球,Google、Amazon Web Services、Microsoft 都是著名的云计算服务提供商。在我国,阿里云凭借强大的技术实力和广泛的生态系统,占据我国公有云领域市场份额的 30% 左右,稳坐我国云计算市场首位,更向着全球舞台迈进。

阿里云创立于 2009 年,它专注于为用户提供安全、可靠的计算和数据处理能力,其服务覆盖了制造、金融、政务、交通、医疗、电信、能源等众多领域。阿里云在高难度的应用场景中取得了显著的成绩,表现出良好的运行记录,如天猫双 11 全球狂欢节和 12306 春运购票等。

阿里云还在全球范围内部署了高效节能的绿色数据中心,以清洁计算为基础,为万物互联的新世界提供源源不断的能源动力。目前,阿里云已经在新加坡、美国的东部和西部、欧洲、中东、澳大利亚和日本等地建立数据中心。

(三) 云计算的应用

1. 云存储　云存储是云计算中的一种服务,用于提供数据的存储和管理。数据存储在云计算提供商的服务器上,用户通过互联网进行访问、共享和管理这些数据。云存储具有以下特点:

(1)**可靠性和安全性**:云存储提供商通常采用多重备份和数据冗余技术,确保数据的可靠性和安全性。用户的数据在云存储中受到加密和权限控制,保护用户数据不会被未经授权访问。

(2)**弹性和扩展性**:云存储可以根据用户的需求弹性地扩展存储空间,无须担心物理存储设备的限制。用户可以按需调整存储空间,避免了因存储需求的不断增长而导致的硬件扩展和维护成本。

(3)**方便地访问和共享**:用户可以通过互联网从任何设备访问云存储中的数据,无须受到地理位置的限制。此外,用户可以方便地给其他用户或团队成员共享存储的数据。

(4)**成本效益**:云存储通常采用按使用量付费的模式,用户只需支付实际使用的存储空间,避免了固定的硬件设备成本。

(5)**自动备份和恢复**:云存储提供商经常进行自动备份,确保用户数据的安全性和可恢复性。在数据丢失或意外删除时,用户可以从备份中恢复数据。

个人用户可以使用云存储来备份照片、视频、文档等个人数据;企业可以将重要的数据和文件存储在云中,便于团队成员的共享和协作;开发者可以利用云存储来存储和分发应用程序和软件。总的来说,云存储为用户提供了方便、安全和高效的数据存储解决方案。

2. 云开发　云开发是一种基于云计算的软件开发方式,它允许开发者在云端进行应用程序的开发、测试、部署和运行,而无须搭建和维护本地的开发环境和基础设施。

在传统的软件开发中,开发者通常需要在本地计算机上搭建开发环境,包括操作系统、编程语言、数据库等软件工具和服务。这需要占用大量的本地资源,并可能导致开发环境的复杂性和不稳定性。而云开发通过云计算服务提供商的平台,将开发环境和基础设施部署在云端。开发者可以通过网络连接到云平台,利用云计算资源进行软件开发。云计算平台提供了丰富的开发工具、集成开发环境(IDE)、数据库、存储和部署服务,方便开发者进行开发和测试。云开发的优势包括:

(1)**灵活性和可扩展性**:云开发允许开发者根据需要灵活调整计算资源和存储空间,无须受限于本地设备的性能和存储容量。

(2)**成本效益**:云开发免去了本地开发环境的购买和维护成本,开发者只需按照实际使用付费,更加经济。

（3）**协作和共享**：云开发可以实现团队协作和共享，多个开发者可以同时在云端进行开发，提高了团队的效率。

（4）**自动化和持续集成**：云开发提供自动化工具和持续集成服务，可以实现代码的自动构建、测试和部署，加快开发周期。

（5）**高可靠性和安全性**：云开发提供了数据备份和灾难恢复等服务，保障开发和数据的安全。

云开发在近年来得到了越来越多的关注和应用。它为开发者带来了更加便捷、高效和经济的软件开发体验，促进了软件开发的创新和发展。

3. 教育云　教育云是当今教育信息化的一种新兴形式，它基于云计算技术，通过虚拟化各类教育硬件资源，将这些资源部署在互联网上，为教育机构、教师和学生提供了便捷的教学和学习平台，从而更好地满足教育需求。

在教育云中，各类学习资源、教材、课程等被数字化并储存在云端服务器上，学生和教师可以随时通过网络访问和利用这些资源。教育机构可以建立自己的云平台，实现学生信息管理、课程安排、在线考试等各项教务管理任务，从而提高教育管理的效率和准确性。慕课（大规模开放在线课程）等在线教育方式就是教育云的一个典型应用。通过教育云平台，学生可以在任何时间、任何地点参与课程学习，提高学习的灵活性和便捷性。教师也能够借助教育云平台设计、发布和管理课程，实现教学内容的优化。

教育云的出现为教育信息化带来了新的机遇和变革，促进了教育方式的创新与升级，为学生和教师提供了更广阔的教育资源和学习空间。这种创新的模式为教育的发展注入了活力。

4. 医疗云　医疗云是在云计算、移动技术、多媒体、大数据和物联网等新兴技术的支持下，结合医疗技术而构建的一种全新医疗健康服务平台。通过"云计算"，医疗云平台将医疗服务、健康管理和信息化技术相融合，为医疗健康领域带来了巨大的变革和创新。

在医疗云的架构中，医疗机构、医护工作者、病人和其他相关方可以通过网络平台进行信息的共享、存储和传输。医院预约挂号、电子病历管理、医保结算等服务都因云计算技术的应用而更加便捷。病人可以通过移动设备随时随地进行预约和查询，医生能够更高效地管理和维护病人的病历和健康信息。医疗云的优势不仅在于提升了医疗机构的运营效率，同时也为居民就医提供了更为便利的途径。此外，医疗云注重数据的安全性和隐私保护，采用高级加密技术确保病人的个人健康数据不被泄露。医疗云还具备动态扩展的能力，可以根据实际需求进行灵活升级，同时能够在全国范围内布局，实现跨地域医疗资源的共享和整合，提高医疗服务质量。

5. 云安全　云安全强调了"众多使用者带来更强安全性"的核心理念。在这一理念中，用户的大规模增加形成了一个庞大的网络生态系统，覆盖了互联网的各个方面，从而使得任何网站面对恶意攻击或新型病毒感染时都能够快速被检测和应对。云安全通过客户端全面监测异常网络行为，实时获取互联网中的木马、恶意程序等威胁的最新信息，然后将这些信息传输至服务器端进行自动化分析和处理，最终将解决方案分发给每个客户端，实现整体网络的安全保护。

在云安全的框架下，大量的客户端共同构成了一个强大的网络安全防护体系。当一个用户在网络上遇到异常或风险时，其所观察到的情况会被传递给云安全平台进行分析。这样，一旦有新的威胁出现，系统可以迅速捕获并分析其特征，随后向整个网络生态系统传播相应的解决方案，使所有用户能够及时应对和抵御潜在的风险，保障整个网络环境的安全稳定。

6. 金融云　金融云以将信息、金融服务等功能分布到广袤的互联网"云"中为核心，旨在为金融机构如银行、保险、基金等提供高效、安全的互联网处理和运行服务，同时实现互联网资源的共享，从而达到提升效率、降低成本的目标。

金融云的出现为金融机构带来了一系列变革。传统金融业务常常伴随着复杂的运营和高昂的成本,而金融云的模式则赋予了金融机构灵活性和创新力。通过利用云计算技术,金融机构可以在更短的时间内推出新的金融产品和服务,快速响应市场需求,同时也降低了硬件设备投资和维护成本。诸如阿里云、苏宁金融、腾讯等企业纷纷推出了金融云服务,为金融机构提供了全面的数字化解决方案。

金融云不仅仅是为金融机构提供内部运营的支持,还将金融服务带入了更广阔的用户群体。用户可以随时随地进行移动支付、转账、保险购买、基金交易等多种金融操作,这种数字化的金融服务模式为用户带来了更加便利和高效的金融体验。

第三节　虚拟现实技术

情景导入

学生:老师,我刚刚在虚拟医疗环境中进行了模拟实践,简直太震撼了!以前我们只能通过书本学习,感觉离真实医疗场景还有一段距离,现在我仿佛置身于真实的环境中,真切地感受到了护理工作的紧张和挑战,虚拟现实技术真是太神奇了!

老师:是的,将虚拟现实技术应用在护理学的模拟实践中确实可以让感受更加生动和真实。能够在虚拟环境中体验各种临床情景和医疗操作,对实际工作大有裨益。

问题1:什么是虚拟现实?

问题2:虚拟现实是如何发展起来的?

问题3:虚拟现实有哪些应用?

一、虚拟现实技术的发展历程与应用场景

(一)虚拟现实技术

虚拟现实技术(virtual reality,VR),简称虚拟现实,是一种通过计算机技术模拟环境,使用户能够身临其境地感受和交互的技术。它通过使用专门的虚拟现实设备,如头戴式显示器、手柄或手套等,使用户进入虚拟世界并与其中的数字化环境进行互动。

虚拟现实技术通过模拟视觉、听觉和触觉等感官的输入,创造出一种类似于真实世界的体验。用户可以在虚拟环境中看到和感受到三维图像和声音,同时可以通过设备的互动功能进行实时交互。

(二)虚拟现实技术的发展历程

1. 第一阶段(1963年以前)**虚拟现实思想萌芽期**　1929年,Edward Link 开发了飞行员训练模拟器,Morton Heilig 在1956年创造了多通道仿真体验系统 Sensorama。

2. 第二阶段(1963—1972)**虚拟现实萌芽阶段**　1965年,Ivan Sutherland 发表论文"UltimateDisplay"(终极的显示);1968年,他开发了第一个计算机图形驱动的头盔显示器(HMD)和头部位置跟踪系统,这是虚拟现实技术发展的重要里程碑,为其后续发展奠定了基础。

3. 第三阶段(1973—1989)**虚拟现实概念的产生和理论初步形成阶段**　1977年,Dan Sandin 等人设计了数据手套 SayreGlove,1984年,NASA AMES 研究中心开发出用于火星探测的虚拟环境视觉显示器。同年,VPL 公司的 Jaron Lanier 首次提出"虚拟现实"的概念,1987年,Jim Humphries 设计了双目全方位监视器(BOOM)的原型。

4. 第四阶段(1990年至今)**虚拟现实理论的进一步完善和应用阶段**　这一阶段虚拟现实技术由研究向应用转变,广泛应用于科研、航空、医学、军事等领域。例如美国开发了用于军事训练的虚拟现实系统,浙江大学开发了虚拟故宫系统等。

（三）虚拟现实技术的应用场景

现阶段，虚拟现实技术的应用场景持续扩展，为各个领域带来了全新的体验。

1. 教育与培训领域 虚拟现实技术带来了教育方式的革新。学生可以通过虚拟环境实践和互动，相较于传统课堂，教学更加生动和有趣。虚拟实验室、虚拟实地考察等应用使得学习过程更加直观和深入，提高了学生的学习效率。

2. 医学领域 虚拟现实不仅为医学教育和培训带来了深刻的变革，还在临床治疗、手术规划、康复训练等方面发挥着重要作用，推动了医疗领域的进步与发展。

3. 建筑与设计领域 虚拟现实技术为设计师和客户提供了更好的展示和交流平台。设计师可以通过虚拟现实设备让客户"深入"设计方案，实时展示设计效果和空间布局，方便交流和沟通，从而得到更准确的反馈和意见。

4. 旅游与文化领域 虚拟现实技术为游客带来了全新的旅游方式。游客可以在家中通过虚拟现实设备"亲临"世界各地的名胜古迹和文化场所，身临其境地感受异国风情和历史文化。

5. 游戏和娱乐领域 虚拟现实技术带来了全新的游戏体验。玩家不再是简单地通过屏幕观看游戏世界，而是能够身临其境地融入其中。虚拟现实游戏可以让玩家感受到身体的参与，玩家通过手柄、触控和头部追踪等设备，与游戏角色进行互动，这种真实感和沉浸感让游戏变得更加生动、有趣和充满挑战性，吸引了越来越多的玩家。

综合来看，虚拟现实技术的应用场景不断扩展，为各行各业带来了全新的体验和机遇。随着技术的不断发展和进步，虚拟现实将继续带来更多的创新和改变。

（四）我国的虚拟现实技术

1. 我国虚拟现实技术的发展态势 在我国，虚拟现实在技术与市场方面逐渐走向成熟。随着5G网络、云计算、人工智能等前沿技术的不断进步，以及线上教育、娱乐和社交需求的增长，我国虚拟现实行业迎来了新的机遇与挑战，呈现以下显著特征：

（1）**技术创新推动发展**：我国虚拟现实行业在硬件、软件和内容等领域持续取得突破。国内某些企业推出高性能、成本适中、易于使用的一体机产品；某些企业不断发展多样化应用平台和内容库，持续提升用户体验；某些公司利用自身优势，在游戏、影视、动漫等领域打造高质量、高互动性的虚拟现实作品，获得用户的高度评价和市场认可等。

（2）**应用场景不断拓展**：现阶段虚拟现实已经在娱乐和游戏、教育与培训、医疗与健康、旅游与文化、建筑与设计、工业与制造、航空与航天、社交与沟通、体育与健身、心理治疗与调节等各个方面广泛应用。

（3）**政策支持不断加强**：我国政府高度重视虚拟现实产业发展，出台了一系列政策措施。例如：《国家新型信息基础设施建设三年行动计划（2020—2022）》提出推进5G+AR/虚拟现实应用示范项目。《关于促进虚拟现实产业发展的意见》明确支持虚拟现实产业发展，鼓励创新应用、技术研发和产业升级。《关于促进数字经济创新发展若干政策措施》指出支持数字经济发展。

此外政府设立了科研经费，鼓励科研机构、高校和企业开展虚拟现实技术的创新研发，提高技术水平和创新能力；设立风险投资基金支持虚拟现实产业的初创企业和项目，提供融资渠道和资金支持；针对虚拟现实产业，出台了税收优惠政策，降低企业的研发成本和运营成本，促进创新和产业发展；鼓励高校和培训机构开设与虚拟现实技术相关的专业和课程，培养更多的虚拟现实技术人才，满足产业发展的人才需求；支持虚拟现实产业的国际交流与合作，鼓励企业参与国际展会、技术交流等，促进技术引进和国际合作；推动虚拟现实技术在重要领域的示范应用，如教育、医疗、文化等，加速虚拟现实技术的商业化和推广应用；加强知识产权的保护，鼓励企业进行虚拟现实技术的自主研发和创新，提高核心竞争力；加强5G网络、云计算等基础设施的建设，为虚拟现实技术的高速传输和大数据处理提供支持。

这些政策措施的出台，为我国的虚拟现实产业发展提供了强大的动力和支持，促进了虚拟现实技术的不断创新和应用拓展，加速了我国虚拟现实产业的崛起。

2. 我国虚拟现实技术的发展目标　2022 年 10 月 28 日，工业和信息化部、教育部、文化和旅游部、国家广播电视总局、国家体育总局印发《虚拟现实与行业应用融合发展行动计划（2022—2026年)》中明确指出：到 2026 年，三维化、虚实融合沉浸影音关键技术重点突破，新一代适人化虚拟现实终端产品不断丰富，产业生态进一步完善，虚拟现实在经济社会重要行业领域实现规模化应用，形成若干具有较强国际竞争力的骨干企业和产业集群，打造技术、产品、服务和应用共同繁荣的产业发展格局。

（1）**创新能力显著增强**：在我国，多技术融合、产学研用高效协同的系统化创新体系基本形成，近眼显示、渲染处理、感知交互、网络传输、内容生产、压缩编码、安全可信等关键核心技术取得重要突破，研究制定虚拟现实标准体系，建设制造业创新中心，建设广播电视和网络视听虚拟现实制作实验区、虚拟现实赋能舞台艺术数字化制作实验区。

（2）**产业生态持续完善**：我国虚拟现实产业总体规模（含相关硬件、软件、应用等）超过 3 500 亿元，虚拟现实终端销量超过 2 500 万台，培育 100 家具有较强创新能力和行业影响力的骨干企业，打造 10 个具有区域影响力、引领虚拟现实生态发展的集聚区，建成 10 个产业公共服务平台。

（3）**融合应用成效凸显**：虚拟现实技术在工业生产、文化旅游、融合媒体、教育培训、体育健康、商贸创意、智慧城市等重点应用领域实现突破。

二、虚拟现实技术在医学中的应用

目前虚拟现实技术在医学领域已经得到广泛的应用，为医疗技术的发展提供了创新解决方案。以下是虚拟现实技术在医学中的一些主要应用：

（一）医学教育和培训

医学教育和培训是虚拟现实技术在医学领域的重要应用之一。虚拟现实技术通过创造高度沉浸的虚拟环境，为医学生和医务人员提供了更真实、生动的学习和实践机会，从而极大地改善了传统医学教育的方式。例如解剖学的三维可视化。传统的解剖学教学主要依赖于人体标本和图像，虚拟现实技术能够让医学生通过沉浸式的虚拟环境进行解剖学的学习。医学生可以自主选择不同层次的解剖结构进行探索，可以旋转、放大、缩小虚拟模型，从而更好地理解人体结构。

在手术操作模拟方面，虚拟现实技术为医学生提供了模拟真实手术的机会，让他们能够在虚拟环境中进行手术操作的练习。虚拟手术模拟器能够准确再现不同手术的步骤和情景，医学生可以通过虚拟手术模拟器进行反复练习，熟悉手术流程，提高手术技能。这种模拟训练有助于减少真实手术中的错误和风险，增加医学生的自信心和应急处理能力。

此外，虚拟现实技术还可以模拟各种临床场景，如急救、病例诊断等，让医学生在虚拟环境中面对各种医疗挑战，并进行实时决策和操作。通过这种实践训练，医学生可以更好地掌握临床技能，为将来的医疗实践做好准备。

总体而言，虚拟现实技术在医学教育和培训中的应用，为医学生提供了更加丰富、真实、高效的学习体验，有助于提高他们的专业水平和临床技能，从而为医疗领域的发展培养更多优秀的医学人才。

（二）手术规划和模拟

不同病人的解剖情况可能存在差异，包括器官的大小、位置、形状等，通过虚拟环境中的三维模型，医疗工作者可以更清楚地了解病人的解剖结构，从而进行手术规划和模拟手术，制订更精细的手术计划。此外，通过虚拟现实，医疗工作者可以模拟不同手术情境，观察在不同条件下可能出现的问题，并寻找解决方案。这有助于医疗工作者识别潜在的手术风险，采取适当的预防措施，减少手术风险和并发症的发生。在手术操作模拟方面，医疗工作者可以穿戴虚拟现实设备，进入虚拟手术室，在虚拟模型中进行手术操作模拟练习。这种模拟练习可以让医疗工作者熟悉手术流程和步骤，锤炼手术技能，提高操作的精准度和效率。通过不断地模拟练习，医疗工作者可以积累更丰富的手术经验，为实际手术做好准备。

综合而言，虚拟现实技术在手术规划和模拟方面的应用，为医疗工作者提供了更准确、安全、高效的手术方案和操作模拟，有助于提高手术的成功率和病人的安全性，推动了医疗领域的进步和创新。

（三）机器人辅助手术系统

机器人辅助手术系统是一种先进的医疗技术，常用于微创手术的精确定位，同时在外科手术规划模拟、教学训练、遥控操作、辅助导航等领域也得到了广泛应用。与传统医疗工作者手动操作相比，机器人在手术过程中具有其独特的特点：

1. 可以实现高精度的三维空间定位　在手术中，机器人能够准确地定位手术目标，使手术操作更加精准，这对于微创手术和需要高度精准定位的手术尤为重要，可以减少手术风险和并发症的发生。

2. 具有极高的重复操作精度　机器人系统能够按照预定的程序精确地执行操作，不会受到疲劳等因素的影响，可以确保每次手术操作的一致性和稳定性，这在耗时长和需要频繁重复操作的手术中优势尤为明显。

3. 具有不怕辐射的优势　在需要使用放射线进行导航和定位的手术中，机器人辅助手术系统尤为重要。由于机器人可以代替医疗工作者在放射线下进行操作，可以降低医疗工作者暴露在辐射中的风险。

4. 可以融合多种传感器信息　机器人辅助手术系统可以通过多种传感器获取实时的手术环境信息，如影像数据、生理信号等，从而帮助医疗工作者更好地了解手术区域的情况，做出更明智的决策。

目前，机器人辅助手术系统已经在医学领域得到广泛应用。它不仅提升了手术的精准度和安全性，还为医疗工作者提供了更多医疗工具和资源。

（四）远程医疗

远程医疗是一种创新性的医疗模式，它将虚拟现实技术与网络技术紧密结合，打破了地域的限制，从而为病人提供更先进、高效的医疗服务。

在远程医疗中，虚拟现实技术发挥着重要作用。异地病人的生理、病理参数等信息可以通过虚拟现实技术呈现在本地医疗工作者面前。本地医疗工作者可以借助头盔立体显示器等设备，实时接收手术的实际进展图像，同时将其与虚拟病人模型叠加显示，对虚拟病人模型进行手术操作，模拟实际手术的步骤和过程。这些操作通过高速网络传输给远程手术机器人，由机器人对病人进行手术操作。

远程医疗在实际应用中具有许多优势。首先，它能够充分利用医疗资源，让病人在异地也能获得高水平的医疗服务，特别是在医疗资源相对稀缺的地区。其次，远程医疗大大减少了病人的移动和排队等待时间，提高了医疗效率和病人的满意度。

（五）虚拟治疗和康复

虚拟治疗和康复是虚拟现实技术在医学领域的另一个重要应用方向。通过虚拟现实技术，医疗工作者可以为病人提供更具有个性化和沉浸式的治疗和康复体验。

对于神经系统疾病病人，虚拟现实技术可以发挥重要作用。虚拟现实技术可以模拟日常生活活动，如走路、上下楼梯、提握物体等，帮助病人进行功能康复训练。这对于恢复病人的运动功能、平衡能力、协调性等方面有很大的帮助。病人可以在虚拟环境中进行仿真的活动练习，通过模拟现实场景,达到更接近真实生活的康复效果。

虚拟现实技术还可以用于疼痛管理和心理疏导。在疼痛管理方面,虚拟现实技术可以通过分散病人的注意力,减轻他们对疼痛的感知。例如,病人可以穿戴虚拟现实设备,进入宁静的虚拟环境,如海底世界、森林等,从而减轻焦虑和疼痛感。在心理疏导方面,虚拟现实技术可以提供放松和冥想的虚拟场景,帮助病人减轻压力、焦虑和抑郁等问题。

虚拟治疗和康复的优势在于其个性化和灵活性。它可以根据病人的病情和需求,定制适合的康复方案和治疗计划。病人可以在虚拟环境中进行反复练习和体验,提高康复效果。此外,虚拟治疗还能够激发病人的积极性和参与度,使他们更有动力坚持康复训练。

(六) 医学研究和数据可视化

通过虚拟现实技术,医学研究人员可以将医学数据以三维可视化的形式展现,从而更加深入地分析和理解复杂的生物学过程和药物作用方式等。

在医学研究领域,虚拟现实技术可以将大量的医学数据,如分子结构、细胞互动、解剖图像等以逼真的三维模型呈现出来。研究人员可以在虚拟环境中进行互动式探索,如旋转、放大、缩小等操作,从而深入研究细胞结构、蛋白质相互作用、病理变化等。这种数据可视化方式可以帮助研究人员更清晰地观察细节,发现新的模式和关联。例如在药物研发过程中,虚拟现实技术可以用于模拟药物分子的结构和与生物分子的相互作用。研究人员可以在虚拟环境中建立药物分子的三维模型,并模拟其与目标蛋白质的结合过程,从而优化药物设计和研发过程,加快新药的推出速度。

(七) 病人沟通

通过虚拟现实技术,医疗工作者可以为病人提供更直观、更生动的医学信息,从而帮助他们更好地了解自己的疾病情况、治疗方案以及可能的手术过程。

医疗工作者可以用虚拟现实技术将医学知识、解剖结构和治疗流程以逼真的三维图像呈现给病人。病人可以通过虚拟现实设备进入虚拟环境,近距离观察身体内部结构、病变情况以及治疗手段,从而更加清晰地了解自己的健康状况。虚拟现实技术还可以用于模拟手术过程,让病人在虚拟环境中亲身体验手术的过程。这种虚拟手术模拟可以让病人更加了解手术的步骤和风险,减轻他们的紧张情绪,为实际手术做好心理准备,增加手术的成功率。

总的来说,虚拟现实技术在病人沟通方面的应用,可以帮助医疗工作者和病人进行更直观的交流,帮助病人更好地了解和参与医疗过程。这种交互式、沉浸式的体验不仅有助于提升病人的医学素养,还可以促进医患之间的信任和合作,从而提高治疗效果和病人的满意度。

(刘 楠)

思考题

1. 大数据对社会的影响是怎样的?如何制定有效的公共政策来规范和引导大数据的应用?

2. 虚拟世界中的行为是否应受到与现实世界相同的法律和道德规范约束?

ER 9-6

练习题

［1］ 国家信息中心. 信息化领域前沿热点技术通俗读本 [M]. 北京：人民出版社，2020.

［2］ 方风波，钱亮，杨利. 信息技术基础 [M]. 北京：中国铁道出版社，2021.

［3］ 高万萍，王德俊. 计算机应用基础教程 [M]. 北京：清华大学出版社，2019.

［4］ 陈菁，范青刚，张越，等. 计算机应用基础教程 [M]. 北京：清华大学出版社，2022.

［5］ 山东省教育厅. 计算机文化基础 [M]. 青岛：中国石油大学出版社，2020.

［6］ 何海燕，张亚娟，曾亚平，等. Word 2016 文档处理案例教程 [M]. 北京：清华大学出版社，2019.

［7］ 何坪，蒲飞. 医学信息技术 [M]. 北京：高等教育出版社，2022.

［8］ 马路，唐小利. 医学信息搜集与利用 [M]. 北京：人民卫生出版社，2023.

［9］ 蒋葵，张志美. 医学信息检索教程 [M]. 南京：东南大学出版社，2022.